STARK

ABITUR
2011

Prüfungsaufgaben
mit Lösungen

Mathematik
Grundkursniveau
Gymnasium
Sachsen-Anhalt
2004–2010

STARK

ISBN 978-3-89449-384-4

© 2010 by Stark Verlagsgesellschaft mbH & Co. KG
10. ergänzte Auflage
www.stark-verlag.de

Das Werk und alle seine Bestandteile sind urheberrechtlich geschützt. Jede vollständige oder teilweise Vervielfältigung, Verbreitung und Veröffentlichung bedarf der ausdrücklichen Genehmigung des Verlages.

Inhalt

Stichwortverzeichnis

Hinweise und Tipps zum Zentralabitur

Ablauf der Prüfung I
Inhalte und Schwerpunktthemen II
Leistungsanforderungen und Bewertung III
Operatoren IV
Methodische Hinweise und allgemeine Tipps zur schriftlichen Prüfung. VI
Zur Arbeit mit dem Übungsbuch. X
Checkliste. XI

Abiturprüfung 2004: Grundkurs Modellversuch 13 K

1.1 Analysis $y = f(x) = \frac{x^2 + 2x - 8}{x}$ 2004-K-1

1.2 Analysis $y = f(x) = 8 \cdot e^{\frac{x}{2} - 1}$ 2004-K-5

2.1 Analytische Geometrie 2004-K-9
2.2 Analytische Geometrie 2004-K-13

3.1 Stochastik 2004-K-17
3.2 Stochastik 2004-K-19

Abiturprüfung 2004: Grundkurs

1.1 Analysis $y = f(x) = -1 + \frac{1}{x}$ und $y = g(x) = \ln x$ . . . . G 2004-1

1.2 Analysis $y = f(x) = 10(e^x - e^{2x})$ . . . . G 2004-4

2.1 Analytische Geometrie . . . . G 2004-8
2.2 Analytische Geometrie . . . . G 2004-12

3.1 Stochastik . . . . G 2004-16
3.2 Stochastik . . . . G 2004-19

Abiturprüfung 2005: Grundkursniveau

Pflichtaufgabe G1: Analysis $y = f(x) = \frac{2(x-1)^2}{x^2 + 1}$ . . . . G 2005-1

Pflichtaufgabe G2: Analytische Geometrie . . . . G 2005-6
Pflichtaufgabe G3: Stochastik . . . . G 2005-9

Wahlpflichtaufgabe G4.1: Analysis . . . . G 2005-12
Wahlpflichtaufgabe G4.2: Analytische Geometrie . . . . G 2005-14

Abiturprüfung 2006: Grundkursniveau Modellversuch 13 K

Pflichtaufgabe G1: Analysis $y = f_a(x) = e^{x-a} - 3$ 2006-K-1
Pflichtaufgabe G2: Analytische Geometrie 2006-K-5
Pflichtaufgabe G3: Stochastik 2006-K-11

Wahlpflichtaufgabe G4.1: Analysis 2006-K-15
Wahlpflichtaufgabe G4.2: Analytische Geometrie 2006-K-18

Abiturprüfung 2006: Grundkursniveau

Pflichtaufgabe G1: Analysis $y = f_a(x) = 3 \cdot \frac{\ln x + a}{x}$ .... G 2006-1

Pflichtaufgabe G2: Analytische Geometrie .... G 2006-6
Pflichtaufgabe G3: Stochastik .... G 2006-11

Wahlpflichtaufgabe G4.1: Analysis .... G 2006-15
Wahlpflichtaufgabe G4.2: Analytische Geometrie .... G 2006-17

Abiturprüfung 2007: Grundkursniveau Modellversuch 13 K

Pflichtaufgabe G1: Analysis $y = f(x) = 2x - 5\ln(x+1)$

$$y = g_a(x) = \frac{ax - 3}{x + 1}$$ 2007-K-1

Pflichtaufgabe G2: Analytische Geometrie 2007-K-6
Pflichtaufgabe G3: Stochastik 2007-K-12

Wahlpflichtaufgabe G4.1: Analysis 2007-K-16
Wahlpflichtaufgabe G4.2: Analytische Geometrie 2007-K-18

Abiturprüfung 2007: Grundkursniveau

Pflichtaufgabe G1: Analysis $y = f(x) = x(x-1)(x-3)$

$$y = g_a(x) = \frac{ax^2 - 4x + 3}{x}$$ .... G 2007-1

Pflichtaufgabe G2: Analytische Geometrie .... G 2007-6
Pflichtaufgabe G3: Stochastik .... G 2007-11

Wahlpflichtaufgabe G4.1: Analysis .... G 2007-14
Wahlpflichtaufgabe G4.2: Analytische Geometrie .... G 2007-16

Abiturprüfung 2008: Grundkursniveau

Pflichtaufgabe G1: Analysis $y = f(x) = -\frac{1}{3}(x^2 - 5)(x^2 + 3)$

$$y = g(x) = e^{-x} + 4$$ .... G 2008-1

Pflichtaufgabe G2: Analytische Geometrie .... G 2008-6
Pflichtaufgabe G3: Stochastik .... G 2008-10

Wahlpflichtaufgabe G4.1: Analysis .... G 2008-14
Wahlpflichtaufgabe G4.2: Analytische Geometrie .... G 2008-17

Abiturprüfung 2009: Grundkursniveau

Pflichtaufgabe G1: Analysis $y = f(x) = \frac{3}{32}x^3 - \frac{9}{16}x^2 + 3$

$$y = g_a(x) = e^{ax+1} \quad \ldots\ldots\ldots\ldots\ldots\ldots\ldots \quad \text{G 2009-1}$$

Pflichtaufgabe G2: Analytische Geometrie $\ldots\ldots\ldots\ldots\ldots\ldots\ldots$ G 2009-5

Pflichtaufgabe G3: Stochastik $\ldots\ldots\ldots\ldots\ldots\ldots\ldots\ldots\ldots\ldots$ G 2009-9

Wahlpflichtaufgabe G4.1: Analysis $\ldots\ldots\ldots\ldots\ldots\ldots\ldots\ldots\ldots$ G 2009-13

Wahlpflichtaufgabe G4.2: Analytische Geometrie $\ldots\ldots\ldots\ldots\ldots\ldots$ G 2009-15

Abiturprüfung 2010: Grundkursniveau

Pflichtaufgabe G1: Analysis $y = f_b(x) = \frac{5}{x} - 5bx \quad \ldots\ldots\ldots\ldots\ldots\ldots$ G 2010-1

Pflichtaufgabe G2: Analytische Geometrie $\ldots\ldots\ldots\ldots\ldots\ldots\ldots\ldots$ G 2010-6

Pflichtaufgabe G3: Stochastik $\ldots\ldots\ldots\ldots\ldots\ldots\ldots\ldots\ldots\ldots$ G 2010-12

Wahlpflichtaufgabe G4.1: Analysis $\ldots\ldots\ldots\ldots\ldots\ldots\ldots\ldots\ldots$ G 2010-16

Wahlpflichtaufgabe G4.2: Analytische Geometrie $\ldots\ldots\ldots\ldots\ldots\ldots$ G 2010-19

Jeweils zu Beginn des neuen Schuljahres erscheinen die
neuen Ausgaben der Abitur-Prüfungsaufgaben mit Lösungen.

Lösungen der Aufgaben:

Wahrscheinlichkeitsrechnung/Stochastik: Ardito Messner, Schönebeck
Analysis, Analytische Geometrie: Sabine Zöllner, Stendal

Stichwortverzeichnis

Im Stichwortverzeichnis finden Sie eine Zuordnung von Begriffen zu den einzelnen Aufgaben bzw. Aufgabenteilen. Dadurch haben Sie die Möglichkeit, frühzeitig, also auch bereits zur Vorbereitung auf Ihre erste Klausur in der Qualifikationsphase gezielt die geeigneten Aufgabenteile zum Üben auszuwählen.

Es bedeutet zum Beispiel für den Jahrgang 2004

04 K-G2/1a: Abitur 2004 (Modellversuch), Gebiet G2 – Analytische Geometrie, Aufgabe 1, Teilaufgabe a

04 G3/1b, c, 2:   Abitur 2004, Gebiet G3 – Stochastik, Aufgabe 1, Teilaufgaben b, c und Aufgabe 2

und ab Jahrgang 2005

05 G3/a, b: Abitur 2005, Aufgabe 3, Teilaufgaben a und b, Pflichtaufgabe Gebiet G3 – Stochastik

05 G4.1:   Abitur 2005, Aufgabe 4, Wahlpflichtaufgabe Gebiet G1 – Analysis

05 G4.2:   Abitur 2005, Aufgabe 4, Wahlpflichtaufgabe Gebiet G2 – Analytische Geometrie

I. Analysis

Ableitung	
– Kettenregel	04 G1/2a; 09 G1/a
– Potenzregel	04 K-G1/1a, 2a; 04 G1/1a; 06 K-G1a; 07 K-G1/a; 07 G1/a; 09 G1/a; 10 G1/a, c
– Produktregel	04 G1/1c; 10 G4.1/a
– Quotientenregel	05 G1/a; 06 K-G1/a; 07 K-G1/b
Anwendungsaufgabe	04 K-G1/1c, 2d; 05 G4.1; 06 K-G4.1; 06 G4.1; 07 G4.1; 09 G1/c; 10 G1/c
Asymptote	
– schiefe	07 G1/b
– senkrechte	07 K-G1/b; 10 G1/a
– waagerechte	05 G1/a; 07 K-G1/b
Beschreiben	
– von Zusammenhängen	05 G1/a; 05 G1/a; 07 K-G1/b; 08 G1/c; 09 G1/a
Darstellung	
– grafische	04 G1/1a, 2a; 05 G1/a; 06 K-G1/a; 06 G1/a; 07 K-G1/a; 07 G1/a; 08 G1/b; 09 G4.1; 10 G1/a
Definitionsbereich	
– einer Funktion	04 G1/1a; 06 K-G1/c; 06 G1/a; 07 K-G1/a
Einfluss von Parametern	06 K-G1/a; 09 G1/a
Extrema	
– Art und Lage	04 K-G1/2a; 04 G1/1a, 2a; 05 G1/a; 06 K-G1/a; 06 G1/a; 07 K-G1/a; 07 G1/a, b; 07 G4.1; 08 G4.1; 09 G1/a

Extremwertaufgabe	04 K-G1/1c; 06 G4.1; 10 G1/c
Flächeninhalt	04 K-G1/1c, 2b; 04 G1/1b, c, 2b, c; 05 G1/c; 05 G4.1; 06 K-G1/b; 06 G1/c; 07 G1/b; 07 K-G4.1; 08 G1/b; 09 G1/b; 09 G4.1; 10 G1/b
Funktion	
– Exponential~	04 K-G1/2; 04 G1/2; 06 K-G1/a; 08 G4.1; 09 G1; 10 G4.1
– ganzrationale	07 G1; 08 G1; 09 G1
– gebrochenrationale	04 K-G1/1; 04 G1/1; 05 G1; 07 K-G1/b; 07 G1; 10 G1
– Logarithmus~	06 G1; 07 K-G1/a; 09 G4.1
– Umkehr~	06 K-G1/c
Funktionenschar	05 G1/c; 06 K-G1/1; 06 G1; 07 K-G1/b; 09 G1; 09 G4.1; 10 G1/a, b
Funktionsgleichungen	
– ermitteln	05 G4.1; 07 G4.1; 08 G1/a
Grenzwert	
– im Unendlichen	04 K-G1/1a, 2a; 04 G1/2a; 05 G1/a; 06 K-G1/a; 06 K-G4.1; 08 G1/b; 10 G1/a
Integral	
– bestimmtes	04 G1/1c, 2c; 09 G1/b; 09 G4.1; 10 G1/b
Monotonie	04 K-G1/1a, 2a; 04 G1/2a; 06 K-G1/a; 07 K-G1/b; 08 G1/b; 09 G1/a; 10 G1/a
Newton-Verfahren	08 G1/b
Nullstelle	04 K-G1/1a, 2a; 04 G1/2a; 05 G1/a; 07 G1/a; 09 G4.1; 10 G1/a
Ortskurve	06 G1/a
Parameter	
– Bestimmung der	05 G1/c; 09 G1/a
Polstellen	04 K-G1/1a; 05 G1/a; 10 G1/a
Rekonstruktion	
– von Funktionsgleichungen	04 K-G1/2d; 05 G4.1; 08 G1/a
Schnittpunkte	
– mit Koordinatenachsen	05 G1/a; 06 K-G1/a; 06 G1/a; 07 K-G1/a, b
– zwischen Graphen / Kurven	04 G1/1b
Stammfunktion	05 G1/c; 06 G1/c; 07 K-G1/b; 09 G4.1; 10 G1/b; 10 G4.1/b
Symmetrie	
– zum Koordinatenursprung	04 G1/1a; 10 G1/a
– zur y-Achse	04 G1/1a; 08 G4.1
Tangente	04 K-G1/1b; 04 G1/1b, 2c; 05 G1/b; 06 K-G1/b; 07 G1/b; 09 G1/a; 10 G4.1/a
Verhältnis	04 K-G1/2b; 06 K-G1/b
Wendepunkt	04 K-G1/2a; 07 K-G1a; 09 G1/a; 10 G4.1/a
Wertebereich	06 G1/b
Winkel	04 G1/b
Zahlenfolgen	06 K-G4.1
Zuordnung	
– Kurve – Graph	04 K-G1/2a; 09 G1/a

II. Analytische Geometrie

Abhängigkeit / Unabhängigkeit
- lineare   04 K-G2/1a

Abstand
- Punkt / Ebene   06 K-G2/c
- Punkt / Punkt   07 G2/b; 08 G2/b; 09 G4.2/b

Anwendungsaufgaben   04 K-G2/1b, c; 04 G2/1; 05 G2/b, c; 07 K-G4.2; 08 G2; 09 G4.2; 10 G4.2

Begründen einer Aussage   10 G4.2/a

Dreieck
- gleichschenkliges   05 G4.2; 08 G2/a
- gleichseitiges   06 K-G2/b; 06 G4.2
- rechtwinkliges   05 G4.2; 07 G4.2; 08 G2/a

Durchstoßpunkt   05 G2/a; 10 G2/c; 10 G4.2/b

Ebenengleichung
- Koordinatenform   04 K-G2/1c, 2a; 05 G2/a; 06 K-G2/a; 07 K-G2/a; 07 G2/a; 08 G2/a; 09 G2/b; 10 G2/b

Flächeninhalt   04 K-G2/2b; 06 K-G2/b

Geradengleichung   04 K-G2/1a, b; 04 G2/2a; 06 G4.2; 07 K-G4.2; 09 G2/a; 09 G.4.2

Kreis   04 G2/1a, 2b; 05 G4.2; 06 K-G4.2/a; 06 G4.2; 07 K-G2/c; 07 G4.2; 08 G4.2; 09 G.4.2/b; 10 G2

Kreiskegel   10 G2/c
Kugel   08 G2/b

Lagebeziehung
- Ebene / Ebene   07 G2/a
- Gerade / Ebene   05 G2/a; 07 G2/a; 09 G2/a
- Gerade / Gerade   04 K-G2/1a; 04 G2/1a, 2a; 09 G4.2/a
- Gerade / Kreis   04 G2/2c; 10 G2/a
- Kreis / Kreis   08 G4.2/a

Orthogonalität   04 G2/1b; 09 G2/a; 09 G4.2/b; 10 G4.2/a

Parallelität   07 G2/a
Prisma   06 K-G2/c
Punktprobe   04 K-G2/1c; 09 G2/b; 09 G4.2/a; 10 G2/b
Pyramide   04 K-G2/2c; 06 K-G4.2/b; 09 G2/b

Quadrat   07 K-G2/c; 08 G2/a

Schnitt
- Ebene / Ebene   10 G4.2/b
- Gerade / Ebene   09 G2/a; 10 G2/c
- Gerade / Gerade   07 K-G4.2; 09 G4.2

Sechseck   06 G4.2
Skalarprodukt   04 G2/1a; 09 G4.2
Spatprodukt   07 K-G2/b; 09 G2/b

Tangente
- an Kreis   08 G4.2/b; 09 G4.2/b; 10 G2/a

Volumen   09 G2/b

windschief   04 K-G2/1a
Winkel   04 K-G2/1b, 2b; 04 G2/1b, 2a; 05 G2/b; 07 G2/b; 09 G2/a; 10 G4.2/a

III. Wahrscheinlichkeitsrechnung/Stochastik

Abhängigkeit/Unabhängigkeit	
– von Ereignissen	04 K-G3/1, 2c, d; 07 K-G3/b
Additionssatz/Summenregel	05 G3/c
arithmetisches Mittel	08 G3/b
Baumdiagramm	05 G3/c; 06 G3/a
Bereich	
– Ablehnungs~/Annahme~	04 G3/2c; 05 G3/b; 07 G3/c; 08 G3/c; 09 G3/b; 10 G3/b
Bernoulli, Formel von	04 K-G3/1a; 04 G3/1b, 2b; 05 G3/a; 06 G3/a, b, c; 10 G3/a
Bernoulli-Kette	04 G3/2b; 06 G3/a; 08 G3/a; 09 G3/a; 10 G3/a
– Länge einer	04 K-G3/1a; 04 G3/1b
Binomialverteilung	04 K-G3/1a, b, c; 04 G3/1b, 2; 05 G3/a, b; 06 K-G3/a; 06 G3/a, b, c; 07 K-G3/b, c; 07 G3/a, b, c; 08 G3/a, b, c; 09 G3/a, b, c; 10 G3/a, b
– begründen/erläutern	04 G3/1b; 05 G3/a; 06 K-G3/a; 06 G3/a; 07 K-G3/b; 08 G3/a; 09 G3/a; 10 G3/a
– summierte	04 K-G3/1a; 06 K-G3/a; 06 G3/a, b; 07 G3/a; 08 G3/a, c; 09 G3/a, b, c; 10 G3/a, b
– Tabelle der summierten	04 K-G3/1a, c, 2c; 04 G3/1a, 2a, c; 05 G3/a, b; 06 K-G3/a; 07 K-G3/b, c; 07 G3/a, b, c; 08 G3/a, c; 09 G3/a, b; 10 G3/a, b
Entscheidungsregel	07 K-G3/c; 10 G3/b
Ereignis	04 K-G3/2a; 04 G3/1a; 05 G3/c; 06 K-G3/b, c; 06 G3/a; 07 K-G3/a; 08 G3/a; 09 G3/a; 10 G3/a
– beschreiben	04 K-G3/2a
Erwartungswert	04 K-G3/1b, 2b, d; 04 G3/1b; 06 K-G3/b; 06 G3/b; 07 K-G3/a; 07 G3/a; 08 G3/a, b; 09 G3/c; 10 G3/a
– Abweichung vom	06 G3/b
Faustregel	siehe Kriterium, empirisches
Fehler	
– 1. Art/2. Art	08 G3/c
Histogramm	09 G3/c
– Merkmale eines~	09 G3/c
Hypothese/Null-/Gegen-/ Alternativhypothese	04 G3/1c, 2c; 05 G3/b; 07 K-G3/c; 07 G3/c; 08 G3/c; 09 G3/b; 10 G3/b
Interpretation/Wertung	
– eines Erwartungswertes	04 K-G3/2b; 07 K-G3/a
Kriterium	
– empirisches	04 K-G3/1b, 2d; 10 G3/a
Multiplikationssatz	05 G3/c
Näherungsformel	
– von de Moivre-Laplace	04 K-G3/1b, 2d; 06 K-G3/b; 10 G3/a
Normalverteilung	04 K-G3/1b, 2d; 06 K-G3/b; 10 G3/a
– Tabelle zur	04 K-G3/1b, 2d; 06 K-G3/b; 10 G3/a
Nullhypothese	
– Wahl begründen	10 G3/b

Pfadregel
– erste (Produktregel)   05 G3/c
– zweite (Summenregel)   05 G3/c

Standardabweichung   04 K-G3/1b, 2d; 06 K-G3/b; 10 G3/a
Stichprobe   04 K-G3/1a, c; 04 G3/2c; 06 G3/c; 07 G3/b; 09 G3/a, b, c; 10 G3/a, b
– Umfang einer   04 K-G3/1a; 04 G3/1b

Test
– Ablehnungsbereich, Annahmebereich bei   04 G3/2c; 05 G3/b; 07 K-G3/c; 07 G3/c; 08 G3/c; 09 G3/b; 10 G3/b
– Entscheidungsregel bei   07 K-G3/c; 10 G3/b
– Signifikanzniveau bei   04 G3/2c; 05 G3/b; 07 K-G3/c; 07 G3/c; 09 G3/b; 10 G3/b
– Signifikanz~, einseitiger   04 G3/2c; 08 G3/c; 09 G3/b; 10 G3/b
Themenbereich/Sujet
– Allergie/Heuschnupfen   10 G3
– Autowaschanlage   04 K-G3/2
– Batterien/Produktion   04 G3/2
– Dichtungen/Baumarktkette   04 K-G3/1
– Einstellungstest   07 K-G3
– Großbäckerei/Kekse   08 G3
– Kunststoffgemisch/Chips   09 G3
– Linsen (optische)   06 G3
– Mixgetränk   07 G3
– Monitore   06 K-G3
– Umfrage/Eltern   05 G3
– Wähler einer Partei   04 G3/1

Unabhängigkeit/Abhängigkeit
– von Ereignissen   07 K-G3/b

Varianz/Streuung   04 K-G3/1b, 2d; 04 G3/1b; 06 K-G3/b; 10 G3/a
Verteilung
– Häufigkeits~   08 G3/b
– Wahrscheinlichkeits~   04 K-G3/2; 07 K-G3/a; 09 G3/c; 10 G3/a, b

Wahrscheinlichkeit   04 K-G3/1, 2a, c, d; 04 G3/1a, 2a; 05 G3/a; 06 G3/a, b, c; 07 K-G3/a, b; 07 G3/a; 08 G3/a, b, c; 09 G3/a, b, c; 10 G3/a, b
– bedingte   05 G3/c; 06 K-G3/c
– der Abweichung vom Erwartungswert   06 G3/b
– Mindest~   04 K-G3/1a; 04 G3/2b

Zufallsgröße   04 K-G3/1, 2; 04 G3/1b, c, 2; 05 G3/a, b; 06 K-G3/a, b; 06 G3/b, c; 07 K-G3/a, b, c; 07 G3/a, b, c; 08 G3/a, b, c; 09 G3/a, b, c; 10 G3/a, b

Hinweise und Tipps zum Zentralabitur

Ablauf der Prüfung

Die schriftliche Abiturprüfung mit zentraler Aufgabenstellung

Seit dem Schuljahr 1991/1992 gibt es im Land Sachen-Anhalt im Fach Mathematik schriftliche Abiturprüfungen mit zentraler Aufgabenstellung durch das Kultusministerium des Landes.

Mathematik wird seit dem Schuljahr 2003/04 in der Qualifikationsphase als Kernfach im Klassenverband unterrichtet. Alle Schülerinnen und Schüler müssen eine schriftliche Prüfung – entweder auf Grund- oder auf Leistungskursniveau – ablegen. Die Inhalte der Rahmenrichtlinien Mathematik gelten einheitlich für beide Niveaustufen. Sie bestimmen schwerpunktmäßig die Inhalte und Anforderungen der Abituraufgaben. Es werden keine gesonderten Prüfungsschwerpunkte vorgegeben.

Prüfungsaufgaben

In der Prüfung werden Ihnen fünf Aufgaben vorgelegt, von denen Sie **vier Aufgaben** bearbeiten müssen:

Pflichtaufgabe 1	**Pflichtaufgabe 2**	**Pflichtaufgabe 3**
Analyis	Analytische Geometrie	Stochastik

Wahlpflichtaufgabe 4.1	**Wahlpflichtaufgabe 4.2**
Analyis	Analytische Geometrie

Wahl einer der beiden Aufgaben
durch die Schülerin/den Schüler

Die Prüfungsarbeit kann somit **entweder** aus den Aufgaben **1, 2 und 3 sowie** der Aufgabe **4.1 oder** aus den Aufgaben **1, 2 und 3 sowie** der Aufgabe **4.2** bestehen.

Dauer der Prüfung

Die Arbeitszeit im Abitur auf **Grundkursniveau** beträgt 210 Minuten zuzüglich einer Einlesezeit von 30 Minuten. Die Einlesezeit wird gewährt, um sich mit den Aufgaben vertraut zu machen und eine der beiden Wahlpflichtaufgaben zur Bearbeitung auszuwählen.

Zugelassene Hilfsmittel

Die für die schriftliche Abiturprüfung im Fach Mathematik **zugelassenen Hilfsmittel** sind **Formel- und Tabellensammlung** (nur die von der Fachkonferenz der Schule zugelassene, im Unterricht verwendete Ausgabe), **Taschenrechner** (nicht programmierbar, nicht grafikfähig, ohne CAS), **Zeichengeräte**, die im Fach Mathematik Anwendung finden, einschließlich Kurvenschablonen, **Rechtschreibwörterbuch** (auf der Grundlage der neuen amtlichen Rechtschreibregeln).

I

Sämtliche Entwürfe und Aufzeichnungen gehören zur Abiturarbeit und dürfen – wie die Reinschrift – nur auf dem von der Schule ausgegebenen Papier (mit Schulstempel bzw. Aufdruck) angefertigt werden.

Inhalte und Schwerpunktthemen

Da die Inhalte der Rahmenrichtlinien Mathematik einheitlich für beide Niveaustufen gelten, sind im Folgenden Niveauunterschiede und damit Unterschiede in den Aufgaben auf Grund- und Leistungskursniveau aufgeführt:

Unterschiede im Grundkurs- und Leistungskursniveau sind insbesondere gekennzeichnet durch
- die Art und Weise der Bearbeitung der dominanten mathematischen Inhalte, die Komplexität in den Arbeitsmethoden und fachübergreifenden Betrachtungen,
- die Vielfalt des selbstständigen Anwendens und Reflektierens, des Übertragens auf neue Zusammenhänge und der Entwicklung problemlösenden Denkens.

(Prüfungs-)Aufgaben auf Grundkurs- und Leistungskursniveau unterscheiden sich folglich vornehmlich
- in der Strukturierung
  (Formulierung von Hinweisen/Impulsen, Untergliederung in Teilaufgaben, Vorgabe von Lösungswegen, ausführliche Skizzen, Ergebnisse zur Kontrolle, ...),
- im Schwierigkeitsgrad allgemein
  (Komplexität/Bekanntheitsgrad der mathematischen Inhalte, der anzuwendenden Verfahren und geforderten theoretischen Tiefe, ...).

In der folgenden Übersicht sind die **in der Qualifikationsphase dominanten Inhalte der Rahmenrichtlinien Mathematik** aufgeführt. Es ist stets zu beachten, dass darüber hinaus auch die Inhalte der Sekundarstufe relevant bleiben (z. B.: Satzgruppe des Pythagoras, Strahlensätze, Körperberechnung und Körperdarstellung, Funktionen und Gleichungen, Potenz-, Wurzel- und Logarithmengesetze, geometrische Konstruktionen und Beweise).

I. Analysis

- Zahlenfolgen (als spezielle Funktionen); Partialsummen
- Grenzwerte von Funktionen; Grenzwertsätze
- Stetigkeit; Sätze über stetige Funktionen
- Ableitung einer Funktion; Tangenten und Normalen; Ableitungsregeln
- Differenzierbarkeit; Zusammenhang zwischen Stetigkeit und Differenzierbarkeit
- Sätze der Differentialrechnung
- Untersuchung von Funktionen und Funktionsscharen („Kurvendiskussion"; lokales/globales Extremum, Wendestellen); ganzrationale und gebrochenrationale Funktionen, Exponential- und Logarithmusfunktionen; Verknüpfungen und Verkettungen von Funktionen; grafisches Darstellen
- Näherungsverfahren zur Bestimmung von Nullstellen (grafisch, NEWTON-Verfahren)
- Bestimmen von Funktionsgleichungen aus vorgegebenen Eigenschaften
- Integration einer Funktion; bestimmtes Integral und unbestimmtes Integral; Eigenschaften des bestimmten Integrals
- Integrierbarkeit; Hauptsatz der Differential- und Integralrechnung
- Stammfunktionen; Integrationsregeln und Integrationsverfahren (lineare Substitution, numerische Integration)
- Anwendungen der Differential- und Integralrechnung (Extremalprobleme; Flächen- und Volumenberechnung; Wachstumsvorgänge)

II. Analytische Geometrie

- Koordinatensysteme der Ebene und des Raumes
- Vektoren; Rechenoperationen mit Vektoren (Addition, skalare Multiplikation) und deren Eigenschaften; Betrag eines Vektors
- Linearkombination, lineare Abhängigkeit und lineare Unabhängigkeit
- Skalarprodukt, Vektorprodukt und deren Eigenschaften (auch Spatprodukt); Winkel zwischen Vektoren
- Geraden, Gleichungen (mit Parametern und parameterfrei); Lagebeziehungen von Geraden
- Ebenen, Gleichungen von Ebenen (Parametergleichung, Koordinatengleichung, HESSE-Normalform)
- Lagebeziehungen von Punkten, Geraden und Ebenen; analytische Beschreibung der Schnittelemente
- Winkel zwischen Geraden sowie Geraden und Ebenen
- Abstandsuntersuchungen (zwischen Punkten und Geraden in der Ebene sowie zwischen Punkten und Ebenen des Raumes)
- Kreise (in der Ebene); Gleichungen in Vektor- und Koordinatenform
- Lagebeziehungen (Punkt–Kreis, Gerade–Kreis, Kreis–Kreis); analytische Beschreibung der Schnittelemente
- Gleichung einer Tangente an einen Kreis, Tangenten an Kreise parallel zu einer Geraden
- Sachbezogene Anwendungen

III. Stochastik

- Ereignisse; Verknüpfung von Ereignissen ($A \cap B$; $A \cup B$); Vereinbarkeit und Unvereinbarkeit; (stochastische) Abhängigkeit und Unabhängigkeit
- Zufallsgrößen; Lage- und Streumaße (absolute Abweichung/mittlere Abweichung); Kenngrößen (Erwartungswert, Varianz und Standardabweichung)
- Wahrscheinlichkeit und bedingte Wahrscheinlichkeit; Pfadregeln (Produkt- und Summenregel), (spezieller und allgemeiner) Additions- und Multiplikationssatz
- Arbeiten mit Baumdiagrammen und Vierfeldertafeln
- Verteilung von (diskreten) Zufallsgrößen; Zufallsgrößen als Funktionen (Tabellennutzung)
- Binomialverteilung; BERNOULLI-Versuch; BERNOULLI-Kette; BERNOULLI-Formel
- Approximation der Binomialverteilung durch die Standard-Normalverteilung
- Näherungsbedingungen/empirische Kriterien, Bezüge zur Analysis; Eigenschaften der GAUSSschen Glockenkurve)
- Stichproben; Repräsentativität, Mindestumfänge; Mindestwahrscheinlichkeiten
- Testen von Hypothesen, Alternativ- und Signifikanztests (Hypothesenarten, Ablehnungsbereich, Entscheidungsregel; Fehler 1. und 2. Art; Signifikanzniveau)

Leistungsanforderungen und Bewertung

Die Bewertung Ihrer Prüfungsarbeit erfolgt auf der Grundlage einer Erst- und einer Zweitkorrektur. Die Erstkorrektur führt in der Regel Ihr Mathematiklehrer durch, der im letzten Kurshalbjahr den Unterricht regelmäßig erteilt hat. Die Zweitkorrektur erfolgt in der Regel durch einen anderen Mathematiklehrer Ihrer Schule. Beide Korrektoren legen gemeinsam die Bewertung durch Notenpunkte und Worturteil fest.
In die Bewertung geht zunächst einmal die **fachliche Richtigkeit** und **Vollständigkeit** ein. Ein weiteres wichtiges Bewertungskriterium ist die **Darstellungsqualität**, in welche der richtige Einsatz der Fachsprache und die Strukturierung der Ausführungen einfließen.

Sollten Sie in Ihrer Lösung unkonventionelle aber richtige Wege gehen, so werden diese natürlich entsprechend gewürdigt.
Selbstverständlich geht auch die **Sprachrichtigkeit** (Rechtschreibung, Grammatik, Zeichensetzung) bei Erläuterungen, Beschreibungen etc. in die Bewertung ein. Hier führen Verstöße gegen die sprachliche Korrektheit oder die saubere äußere Form zur Absenkung der Leistungsbewertung um bis zu zwei Notenpunkte.

Insgesamt sind für die vier Abituraufgaben auf **Grundkursniveau** 70 Bewertungseinheiten (BE; Aufgaben-Punkte) erreichbar, die wie folgt in Notenpunkte umgesetzt werden:

Bewertungs-einheiten	67–70	64–66	60–63	57–59	53–56	50–52	46–49	43–45
Notenpunkte	15	14	13	12	11	10	09	08

Bewertungs-einheiten	39–42	36–38	32–35	29–31	25–28	20–24	15–19	0–14
Notenpunkte	07	06	05	04	03	02	01	00

In den einzelnen Aufgaben der Prüfungsarbeit können Sie folgende Bewertungseinheiten erreichen:

Pflichtaufgabe 1 (Analysis)	30 BE
Pflichtaufgabe 2 (Analytische Geometrie)	15 BE
Pflichtaufgabe 3 (Stochastik)	15 BE
Wahlpflichtaufgabe 4.1 (Analysis) oder	
Wahlpflichtaufgabe 4.2 (Analytische Geometrie)	10 BE

Operatoren

Bei der Formulierung der zentralen Prüfungsaufgaben werden sogenannte Operatoren verwendet, die sicherstellen sollen, dass alle Schülerinnen/Schüler und Lehrkräfte unter bestimmten Aufgabenstellungen das Gleiche verstehen. Damit Sie die Aufgabenstellungen korrekt erfassen können, ist es zu empfehlen, sich mit diesen Operatoren auseinander zu setzen.
Im Folgenden finden Sie Operatoren, wie sie in Prüfungsaufgaben auftreten:

Operatoren	Definition
begründen, nachweisen zeigen	Herstellen von nachvollziehbaren Zusammenhängen zwischen Ursachen und Auswirkungen; eventuell mittels anschaulichen und plausiblen Schließens.
berechnen, lösen	Angeben eines Lösungsweges (Rechnung) und der Ergebnisse.
beschreiben	Ausführliches Wiedergeben oder Darstellen eines Sachverhalts im Einzelnen (mit Worten).
beweisen	Exaktes mathematischen Schließen mit dem Ziel, die Richtigkeit einer Aussage nachzuweisen; Beweisschritte sind klar darzulegen.
definieren	Die Bedeutung eines Begriffs oder einer Wortgruppe eindeutig festlegen.

durchführen einer Probe (Kontrolle), überprüfen	Nachweisen, dass das ermittelte Ergebnis die Bedingungen erfüllt.
erläutern	Nachvollziehbar und verständlich, in allen Einzelheiten den Inhalt eines Begriffs, einer Aussage, ... darstellen, so dass Zusammenhänge verständlich werden (durch Einbeziehen von Beispielen, Skizzen oder das Aufzählen von Besonderheiten, jedoch keine Beweise).
erklären	In allen Einzelheiten verdeutlichen, so dass die Zusammenhänge verstanden werden. Dazu: Untersuchen von Ursachen für eine Erscheinung, einen Vorgang oder eine Beobachtung. Erklären ist Erläutern mit Begründen
untersuchen	Nachvollziehbares Darstellen eines Lösungsweges.
nennen, angeben	Aufzählen von Begriffen, Formeln und Zusammenhängen.
notieren	Aufschreiben in Stichpunkten, in nominaler Ausdrucksweise.
ermitteln	Angeben der Ergebnisse und eines dazugehörigen Lösungsweges, der aber keine ausführliche Rechnung sein muss.
herleiten	Gewinnen von neuen Formeln (Zusammenhängen) auf direktem Wege aus bekannten Formeln (Zusammenhängen); besondere Form des Beweisens.
entwickeln	Sachverhalte und Methoden zielgerichtet in einen Zusammenhang bringen, also z. B. eine Skizze weiterführen und ausbauen.
interpretieren	Inhaltliches Erklären, Erläutern oder Deuten einer Aussage oder eines Zusammenhangs.
konstruieren	Erzeugen einer (geometrischen) Zeichnung mit Zeichengeräten (Zirkel und Lineal). In der Stochastik wird „einen Test konstruieren" häufig synonym formuliert für „einen Test entwickeln".
schlussfolgern	Herleiten eines neuen Sachverhalts als logische Folgerung aus einem gegebenen Sachverhalt.
skizzieren	Etwas in groben Zügen umreißen, auf das Wesentliche beschränkend darstellen oder aufzeichnen.
verallgemeinern	Übertragen von gewonnenen Erkenntnissen aus Einzelfällen auf andere (allgemeine) Fälle.
vergleichen	Ermitteln und Darstellen von Gemeinsamkeiten, Ähnlichkeiten und Unterschieden nach vorgegebenen oder selbst gewählten Gesichtspunkten.
wiedergeben	Reproduzieren von behandelten Sachverhalten (auch mit eigenen Worten).

V

zeichnen	Zeichnerisch genaues Darstellen des geforderten Sachverhalts mit Zeichengeräten und eventuell mit zusätzlich berechneten Werten.
zusammenfassen, systematisieren	Wiedergeben wesentlicher Teile des Inhalts des behandelten Stoffs in kurzgefasster und strukturierter Form; innere Ordnung, auch stichpunktartig.

Methodische Hinweise und allgemeine Tipps zur schriftlichen Prüfung

Vorbereitung

- Bereiten Sie sich **langfristig** auf die Abiturprüfung vor und fertigen Sie sich eine Übersicht über die von Ihnen bereits bearbeiteten Themen, Inhalte und Verfahren an. Teilen Sie die Inhalte in sinnvolle Teilbereiche ein und legen Sie fest, bis wann Sie welche Teilbereiche bearbeitet haben wollen. Es ist zweckmäßig, alle schriftlichen Bearbeitungen dieser Aufgaben übersichtlich aufzubewahren, das erleichtert spätere Wiederholungen.
- Benutzen Sie zur Prüfungsvorbereitung neben diesem Übungsbuch Ihre **Unterrichtsaufzeichnungen** und das Lehrbuch.
- Verwenden Sie während der Prüfungsvorbereitung grundsätzlich die **Hilfsmittel**, die auch in der Prüfung zugelassen sind. Prägen Sie sich wichtige Seiten in Ihrer Formelsammlung ein und nutzen Sie Ihren Taschenrechner mit allen Funktionen.
- Oft ist der Zeitfaktor ein großes Problem. Testen Sie, ob Sie eine Aufgabe in der dafür vorgegebenen Zeit allein lösen können. **Simulieren Sie selbst eine Prüfungssituation.**
- Gehen Sie optimistisch in die Prüfung. Wer gut vorbereitet ist, braucht sich keine Sorgen zu machen.
- Nutzen Sie die **Checkliste** aus diesem Übungsbuch.

Während der Prüfung

- Nutzen Sie die Einlesezeit tatsächlich zum Vertrautmachen mit den Aufgaben und zur Aufgabenauswahl.
- Lesen Sie alle Aufgabenstellungen genau durch, bevor Sie mit dem eigentlichen Bearbeiten beginnen. Achten Sie dabei auf die Operatoren und Zusammenhänge in den Aufgabenstellungen.
- Es ist hilfreich, wenn Sie bei den einzelnen Aufgaben wichtige Angaben oder Informationen (z. B. gegebene Größen, Lösungshinweise) **farblich markieren** bzw. die fertig bearbeitete Teilaufgabe abhaken, um keinen Aufgabenteil zu vergessen.
- Um einen Lösungsansatz zu einer Aufgabe zu finden oder die gegebene Problemstellung zu veranschaulichen, kann das **Anfertigen einer Skizze** nützlich sein.
- Beachten Sie, dass zu manchen Teilaufgaben „Zwischenlösungen" angegeben sind, die Ihnen als Kontrolle dienen bzw. mit denen Sie weiterarbeiten können.
- Falls Sie mit einer Aufgabe gar nicht weiterkommen, so halten Sie sich nicht zu lange daran auf. Versuchen Sie, mit der nächsten Teilaufgabe oder mit einer anderen Aufgabe weiterzumachen. Wenn Sie die andere Aufgabe bearbeitet haben, kommen Sie nochmals auf die angefangene Aufgabe zurück und versuchen Sie in Ruhe, eine Lösung zu finden.
- Achten Sie auf die **sprachliche Richtigkeit** und eine **saubere äußere Form** Ihrer Lösungen.

Lösungsplan

Aufgrund des Umfangs und der Komplexität von Aufgaben auf Abiturniveau empfiehlt es sich, beim Lösen sehr systematisch zu arbeiten. Folgende Vorgehensweise kann Ihnen dabei helfen:

Schritt 1:
Nehmen Sie sich ausreichend Zeit zum **Analysieren** der Aufgabenstellung. Stellen Sie fest, zu welchem Themengebiet die Aufgabe gehört. Sammeln Sie alle Informationen, welche direkt gegeben sind, und achten Sie darauf, ob evtl. versteckte Informationen enthalten sind.

Schritt 2:
Markieren Sie die **Operatoren** in der Aufgabenstellung. Diese geben an, was in der Aufgabe von Ihnen verlangt wird. Vergegenwärtigen Sie sich die Bedeutung der verwendeten Fachbegriffe.

Schritt 3:
Versuchen Sie, den Sachverhalt zu veranschaulichen. Fertigen Sie gegebenenfalls mithilfe der Angaben und Zwischenergebnisse aus vorherigen Teilaufgaben eine **Skizze** an. Prüfen Sie unbedingt, ob eine hier bereits angefertigte Zeichnung/grafische Darstellung genutzt werden kann.

Schritt 4:
Erarbeiten Sie sich schrittweise einen **Lösungsplan**, um aus den gegebenen Größen die gesuchte Größe zu erhalten. Notieren Sie sich, welche Einzel- bzw. Zwischenschritte auf dem Lösungsweg notwendig sind. Prinzipiell haben Sie zwei Möglichkeiten, oft hilft auch eine Kombination beider Vorgehensweisen:
- Sie gehen vom Gegebenen aus und versuchen, das Gesuchte zu erschließen.
- Sie gehen vom Gesuchten aus und überlegen „rückwärts", wie Sie zur Ausgangssituation kommen.

Schritt 5:
Suchen Sie nach geeigneten Möglichkeiten, das Endergebnis zu **kontrollieren**. Oftmals sind bereits Überschläge, Punktproben oder Grobskizzen ausreichend.

Anhand folgender **Teilaufgaben** aus dem Abitur 2007/13 K, Pflichtaufgabe 1 (Analysis) werden diese Schritte verdeutlicht:

Gegeben sind die Funktion f und die Funktionen g_a durch:

$$f: \quad y = f(x) = 2x - 5\ln(x+1); \quad x \in D_f;$$

$$g_a: \quad y = g_a(x) = \frac{ax-3}{x+1}; \quad a, x \in \mathbb{R}; \quad x > -1.$$

a) Geben Sie den größtmöglichen Definitionsbereich D_f an.
   Untersuchen Sie den Graphen der Funktion f auf lokale Extrempunkte. Geben Sie gegebenenfalls die Koordinaten dieser Punkte an.

b) Weisen Sie nach, dass die Funktion f eine Stammfunktion der Funktion g_2 ist.

Lösungsüberlegungen zu Teilaufgabe a:

Schritt 1:
Themenbereich: Kurvendiskussion einer reellen Funktion mit einem logarithmischen Term

Schritt 2:
- Der Operator „Angeben" bedeutet, mögliche Zusammenhänge aufzuzählen.
- Der Operator „Untersuchen Sie" bedeutet, einen nachvollziehbaren Lösungsweg darzustellen.
- Der größtmögliche Definitionsbereich ist die Menge aller x-Werte, die in den Funktionsterm eingesetzt werden dürfen.
- Unter der Existenz lokaler Extrempunkte versteht man das Vorhandensein lokaler Hoch- bzw. Tiefpunkte.

Schritt 3:
Eine Veranschaulichung durch eine Skizze wäre (mithilfe einer Wertetabelle) sinnvoll.

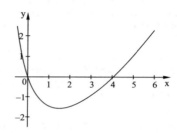

Schritt 4:
- Da eine Logarithmusfunktion vorliegt, ist zu überlegen, welche Zahlen in den Funktionsterm eingesetzt werden dürfen:
  D_f: $x \in \mathbb{R}$, $x > -1$
- Ausgehend von der gegebenen Funktion werden mögliche Extremstellen berechnet sowie deren Lage und Art ermittelt:
  - Die Funktion f lässt sich mit Summen-, Faktor- und Potenzregel ableiten. Für die Ableitung der Logarithmusfunktion gilt $(\ln x)' = \frac{1}{x}$.
  $$f'(x) = 2 - \frac{5}{x+1}$$

  Die Nullstellen der Ableitungsfunktion sind mögliche Extremstellen:
  $$2 - \frac{5}{x+1} = 0 \Rightarrow x = 1,5$$
  - Ob tatsächlich eine Extremstelle vorliegt, lässt sich durch Einsetzen in die zweite Ableitung überprüfen:
  $$f''(x) = \frac{5}{(x+1)^2}; \quad f''(1,5) = \frac{5}{(1,5+1)^2} > 0 \Rightarrow \text{Minimum bei } x = 1,5$$
  - Um die Lage angeben zu können, braucht man noch die y-Koordinate. Dazu wird die Extremstelle in den Funktionsterm eingesetzt:
  $f(1,5) = 3 - 5\ln 2,5$
  - Ergebnis: Tiefpunkt $(1,5 \mid 3 - 5\ln 2,5)$

Schritt 5:
Um das Ergebnis zu überprüfen, vergleicht man die Koordinaten des Extrempunktes am bereits skizzierten Graphen.

Lösungsüberlegungen zu Teilaufgabe b:

Schritt 1:
- Themenbereich: Zusammenhang Funktion und Stammfunktion
- Es sind die Funktion und Stammfunktionen sowie deren Parameter $a = 2$ gegeben.

Schritt 2:
Der Operator „Weisen Sie nach" bedeutet Herstellen eines nachvollziehbaren Zusammenhangs zwischen Ursache und Wirkung. (Funktion und zugehörige Stammfunktion sind gegeben.)

Schritt 3:
Eine Veranschaulichung ist nicht möglich.

Schritt 4:
Um nachzuweisen, dass die Funktion f die Funktion g_2 als Stammfunktion hat, kann entweder f abgeleitet oder g_2 integriert werden. Es muss dann gelten $f'(x) = g_2(x)$. Da das Bilden der Ableitung leichter als das Integrieren ist, bietet es sich hier an, die Stammfunktion f abzuleiten und den erhaltenen Term umzuformen. Da bereits in Aufgabenteil a die Ableitung gebildet wurde, ist hier nur noch Umformen notwendig:

$$f'(x) = 2 - \frac{5}{x+1} = \frac{2(x+1)-5}{x+1} = g_2(x) \quad \text{q.e.d.}$$

Schritt 5:
- Als Kontrolle ist es hier möglich, die Funktion g_2 zu integrieren. Dazu muss der Funktionsterm zuerst mithilfe von Polynomdivision umgeformt werden:

$$g_2(x) = 2 - \frac{5}{x+1}$$

- Durch Integration erhält man:

$$\int \left(2 - \frac{5}{x+1}\right) dx = 2x - 5\ln(x+1) = f(x)$$

Zur Arbeit mit dem Übungsbuch

Das Buch enthält die in Sachsen-Anhalt in den Jahren 2004 bis 2010 auf Grundkurs-niveau zentral gestellten Abituraufgaben. Von den Aufgaben der Jahre 2004 sowie 2006 und 2007 wurden neben den Aufgaben für das Abitur nach 12 bzw. 13 Schuljahren auch die gleichwertigen Aufgaben für das Abitur nach 12 ½ Schuljahren (Modellversuch 13 K an ausgewählten Gymnasien des Landes) einbezogen. Zu allen Aufgaben wurden aus-führliche **Lösungsvorschläge** – ab dem Jahrgang 2006 auch **Lösungshinweise und Tipps** – erarbeitet.

Sie sollten stets versuchen, die Aufgaben zunächst ohne Einsichtnahme in die Lösungs-vorschläge bzw. Hinweise und Tipps zu lösen. Bei auftretenden Schwierigkeiten geben die Lösungshinweise und Tipps „Schritt für Schritt" gezielte erste Hilfen.

Alle Aufgaben und Lösungsvorschläge finden Sie geordnet nach den drei Prüfungsgebie-ten. Das „G" steht dabei jeweils für Grundkurs bzw. Grundkursniveau; das zusätzlich vo-rangestellte „K" für die Abituraufgaben des Modellversuchs. Im Zusammenhang mit der Übersicht der dominanten Inhalte soll Ihnen durch die Inhaltsübersicht und das Stichwort-verzeichnis das gezielte Auffinden von gewünschten Übungsinhalten in den einzelnen Aufgaben erleichtert werden.

Weiterführende Informationen

Sie finden weitere Informationen und Aufgabenmaterialien zur schriftlichen Abiturprü-fung unter der Adresse **http://www.bildung-lsa.de/** im Internet. Denken Sie auch daran, bei konkreten Fragen Ihre Fachlehrerin/Ihren Fachlehrer zu konsultieren.

Sollten nach Erscheinen dieses Bandes noch wichtige Änderungen in der Abitur-Prü-fung 2011 vom Kultusministerium Sachsen-Anhalt bekannt gegeben werden, finden Sie aktuelle Informationen dazu im Internet unter:
http://www.stark-verlag.de/info.asp?zentrale-pruefung-aktuell

Checkliste
zur Vorbereitung auf das Abitur

Erledigt?
ja nein

1   Zugelassene Hilfsmittel im schriftlichen Abitur

Verwenden Sie diese Hilfsmittel unbedingt bei Ihrer Vorbereitung!

☐ ☐

1.1 Umgang mit dem Taschenrechner (TR)
Kennen Sie die Möglichkeiten Ihres TR? Sind Sie sicher im effektiven Bedienen des TR (z. B. Speichernutzung)?

Lesen Sie ggf. in der Bedienungsanleitung nach!

☐ ☐

1.2 Gebrauch der Formel- und Tabellensammlung
Wo steht was zu den drei Gebieten Analysis, Analytische Geometrie, Stochastik? Wie werden die Tabellen (Stochastik) genutzt? Arbeiten Sie gezielt mit dem Register?

Orientieren Sie sich an der Übersicht zu den dominanten Inhalten der RRL! (HINWEISE im vorliegenden Buch)

☐ ☐

1.3 Gebrauch des Rechtschreibwörterbuchs
Es nutzt Ihnen insbesondere auch zum inhaltlichen Erschließen von Begriffen.

Üben Sie die Handhabung beim Lösen von Aufgaben!

☐ ☐

2   Abiturvorbereitung anhand des vorliegenden Buches

Lesen Sie unbedingt die HINWEISE!

☐ ☐

2.1 Persönliche Zeitplanung
Erstellen Sie einen persönlichen Zeitplan unter Beachtung inhaltlicher Schwerpunkte!
Wiederholen Sie kontinuierlich mindestens einmal wöchentlich (zusammenhängende Arbeitszeit einplanen)!

Orientieren Sie sich an den Empfehlungen Ihres Fachlehrers! (Fragen Sie ggf. nach.)

☐ ☐

Konzentrieren Sie sich auf Aufgaben und Aufgabenteile, wo Sie unsicher sind bzw. Schwierigkeiten vermuten. Kennzeichnen Sie die bearbeiteten Aufgaben bzw. Aufgabenteile im Buch. Notieren Sie Fragen zu Problemen, die Sie nicht eigenständig bewältigen konnten.

Bearbeiten Sie insbesondere Aufgaben aus den Gebieten, die im Unterricht zurzeit nicht behandelt werden! Bitten Sie Ihren Fachlehrer um Hilfe! Auch Mitschüler können helfen!

☐ ☐

Erledigt?
ja nein

2.2 Vor den Klausuren

Wählen Sie Aufgaben bzw. Aufgabenteile nach den Klausurschwerpunkten aus! Nutzen Sie zum Nachschlagen auch Ihre eigenen Aufzeichnungen aus dem Unterricht, Ihr Lehrbuch und ggf. weitere Medien!

Bei der Auswahl hilft das Stichwortverzeichnis! Fragen Sie Ihren Fachlehrer nach Schwerpunkten!

☐ ☐

2.3 Vor der Klausur unter Abiturbedingungen („Vorabitur")

Bearbeiten Sie (mindestens) eine vollständige Abiturklausur nur mit den zugelassenen Hilfsmitteln unter Beachtung der verfügbaren Zeit! Lesen Sie alle Aufgaben der Klausur zunächst gründlich (Einlesezeit). Entscheiden Sie, mit welcher Aufgabe Sie beginnen und welche Wahlpflichtaufgabe Sie bearbeiten werden.

Sie können auch eine Klausur aus den Aufgaben verschiedener Jahrgänge zusammenstellen.

☐ ☐

Kontrollieren Sie Ihre Arbeitsergebnisse anhand der Lösungen; schätzen Sie zu Ihrer Orientierung auch die erreichte Punktzahl ein.
Berichtigen Sie unter Verwendung der Lösungshinweise / Tipps sowie Lösungen!

Eine Berichtigung ist nur sinnvoll, wenn Sie versuchen, Wissenslücken mithilfe Ihrer Aufzeichnungen aus dem Unterricht (auch Klausurauswertungen!), Ihres Lehrbuches und ggf. weiterer Medien zu schließen.

☐ ☐

2.4 Vor der Abitur-Klausur

– *noch **vier** Wochen bis zum Abitur*
Wählen Sie Einzel-Aufgaben aus den drei Gebieten zur Bearbeitung aus. Legen Sie sich vor dem Bearbeiten alle (zugelassenen) Hilfsmittel einschließlich Konzeptpapier bereit. Unterbrechen Sie das Bearbeiten der jeweiligen Aufgabe möglichst nicht.

Beziehen Sie auch die eine oder andere bereits bearbeitete Aufgabe ein! So erkennen Sie, was behalten worden ist oder noch Schwierigkeiten bereitet.

☐ ☐

– *noch **drei** Wochen bis zum Abitur*
Wählen Sie eine vollständige Klausur zur Bearbeitung aus (siehe auch 2.3).

Beachten Sie besonders die Position 1 der Checkliste! Ihre Klausur könnte auch von einem Mitschüler korrigiert werden.

☐ ☐

– *noch **zwei** Wochen bis zum Abitur*
Wo haben Sie noch besonders Schwierigkeiten? Welche Fehler haben Sie gemacht?
Es ist ratsam, gezielt Einzelaufgaben zum Üben auszuwählen!

☐ ☐

– *noch **eine** Woche bis zum Abitur*
Sie sollten grundsätzliche Vorgehensweisen durchdenken, an Einzelaufgaben erproben und sich nochmals mit den zugelassenen Hilfsmitteln vertraut machen.

Wenn nun alle Positionen der Checkliste mit einem ehrlichen „ja" belegt sind, haben Sie sich gut vorbereitet – viel Erfolg!

☐ ☐

Grundkurs Mathematik (Sachsen-Anhalt): Abiturprüfung (Modellversuch) 2004
Gebiet K-G1 – Aufgabe 1.1: Analysis

Gegeben ist die Funktion f durch

$$y = f(x) = \frac{x^2 + 2x - 8}{x}, \quad x \in \mathbb{R} \text{ und } x \neq 0$$

Der zugehörige Graph sei mit F bezeichnet.

a) Untersuchen Sie die Funktion f auf Nullstellen, auf Polstellen, auf Monotonie und auf das Verhalten für $x \to \pm\infty$.
Erklären Sie für die Funktion f einen Zusammenhang zwischen dem Monotonieverhalten und der Existenz lokaler Extrema.
Zeichnen Sie den Graphen F im Intervall $-8 \leq x \leq 8$. (15 BE)

b) An den Graphen F wird an der positiven Nullstelle der Funktion f die Tangente t_1 gelegt. Ermitteln Sie eine Gleichung der Tangente t_1 sowie eine Gleichung der Tangente t_2 an den Graphen F, die zur Tangente t_1 parallel ist ($t_1 \neq t_2$).
Berechnen Sie den Abstand der Tangenten t_1 und t_2. (11 BE)

Ein Schornstein soll aus drei gleichen rechteckigen Schächten mit je 8,00 dm² Flächeninhalt bestehen. Die Wände, die die Schächte umschließen, sollen jeweils 2,00 dm stark sein. Die Abbildung zeigt einen Grundriss dieses Schornsteins.

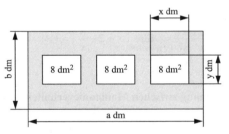

(Abbildung nicht maßstäblich)

c) Stellen Sie eine Gleichung für den Inhalt der in der Abbildung grau unterlegten Grundrissfläche des Schornsteins in Abhängigkeit von x auf.
Von den folgenden beiden Teilaufgaben ist entweder (1) oder (2) zu lösen.
(1) Ermitteln Sie die Werte von x und y, sodass der Flächeninhalt der Grundrissfläche des Schornsteins minimal wird.
(2) Beschreiben Sie detailliert das Lösen einer Extremwertaufgabe mithilfe der Differenzialrechnung ausgehend von einer stetigen Zielfunktion A mit $A = A(x)$ und $x \in D$ für den Fall, dass ein Minimum gesucht ist.

(9 BE)
(35 BE)

Lösungen

$$y = f(x) = \frac{x^2 + 2x - 8}{x}, \quad x \in \mathbb{R}, \quad x \neq 0$$

$$f'(x) = \frac{x^2 + 8}{x^2} = 1 + \frac{8}{x^2}$$

$$f''(x) = -\frac{16}{x^3}$$

a) Nullstellen:

$f(x) = 0; \quad \frac{x^2 + 2x - 8}{x} = 0; \quad x^2 + 2x - 8 = 0; \quad (x-2)(x+4) = 0; \quad x_1 = 2; \quad x_2 = -4$

Polstelle:
$x_p = 0$

Monotonieverhalten:

$m = f'(x) = 1 + \frac{8}{x^2} > 0 \quad$ für alle $x \in$ Definitionsbereich, also $-\infty < x < 0$ und $0 < x < +\infty$

monoton wachsend

Verhalten im Unendlichen:

$$\lim_{x \to +\infty} \frac{x^2 + 2x - 8}{x} = \lim_{x \to +\infty} \left(x + 2 - \frac{8}{x} \right) = +\infty;$$

$$\lim_{x \to -\infty} \left(x + 2 - \frac{8}{x} \right) = -\infty$$

Zusammenhang zwischen Monotonieverhalten und Existenz lokaler Extrema, z. B.:
Da die Funktion f im Definitionsbereich streng monoton wächst, also kein Monotoniewechsel vorliegt, besitzt die Funktion auch keine lokalen Extrema.

Zeichnen des Graphen F im Intervall:

x	-8	-7	-6	-5	-4	-3	-2	-1	0	1	2	3	4	5	6	7	8
f(x)	-5	-3,9	-2,7	-1,4	0	1,7	4	9	-	-5	0	2,3	4	5,4	6,7	7,9	9

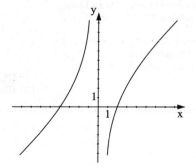

b) **Ermitteln der Tangentengleichungen:**

t_1: $m = f'(2) = 1 + \dfrac{8}{2^2} = 3$;

    $y = 3x + n$ mit $S_x(2 \mid 0)$

    $0 = 3 \cdot 2 + n$, $n = -6$,   also

t_1: $y = 3x - 6$

t_2: $t_1 \parallel t_2$, also $y = 3x + n$ und

    t_2 auch Tangente an F, also

Ermitteln der Koordinaten des Berührungspunktes:

$m = f'(x_B) = 3$; $1 + \dfrac{8}{x_B^2} = 3$; $x_B^2 = 4$;

$x_{B_1} = 2$ entfällt

$x_{B_2} = -2$,   also $B(-2 \mid 4)$ und damit

$y = 3x + n$

$4 = 3 \cdot (-2) + n$, $n = 10$, also

t_2: $y = 3x + 10$.

Berechnen des Abstandes der beiden Tangenten, z. B.:
$d(t_1, t_2) = d(B, t_1)$

(1) Gerade h, die senkrecht zu t_1 durch Punkt B verläuft:

    $m_\perp = -\dfrac{1}{3}$,   also

    $y = -\dfrac{1}{3}x + n$ mit $B(-2 \mid 4)$

    $4 = -\dfrac{1}{3} \cdot (-2) + n$, $n = \dfrac{10}{3}$

    h: $y = -\dfrac{1}{3}x + \dfrac{10}{3}$

(2) $h \cap t_1 = \{P\}$:

    $3x - 6 = -\dfrac{1}{3}x + \dfrac{10}{3}$; $x = 2{,}8$;   also

    $P(2{,}8 \mid 2{,}4)$

(3) $d = |\overrightarrow{BP}|$:

    $d = \left| \begin{pmatrix} 4{,}8 \\ -1{,}6 \end{pmatrix} \right| = \sqrt{4{,}8^2 + (-1{,}6)^2} \approx 5{,}06$

Der Abstand der beiden Tangenten voneinander beträgt rund 5,06.

2004-K-3

c) **Aufstellen einer Gleichung für den Flächeninhalt, z. B.:**

$A_{ges.} = a \cdot b$

mit

$a = 2 + x + 2 + x + 2 + x + 2$

$a = 8 + 3x;$

$b = 2 + y + 2$

$b = 4 + y$

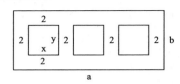

$A_{ges.} = (8 + 3x)(4 + y) = 32 + 8y + 12x + 3xy$ und

$x \cdot y = 8; \quad y = \dfrac{8}{x}$

$A_{ges.} = 32 + 8 \cdot \dfrac{8}{x} + 12x + 3x \cdot \dfrac{8}{x}$

$A_{ges.} = 56 + 12x + \dfrac{64}{x}$

$A = A_{ges.} - 3 \cdot 8$

$A(x) = 56 + 12x + \dfrac{64}{x} - 24$

$A(x) = 32 + 12x + \dfrac{64}{x}$

Lösen der Teilaufgabe (1), also Berechnen der Werte x und y für A minimal:

$A'(x) = 12 + 64 \cdot (-1)x^{-2} = 12 - \dfrac{64}{x^2}$

$0 = 12 - \dfrac{64}{x^2}; \quad x^2 = \dfrac{16}{3}; \quad x_{1,2} = \pm\sqrt{\dfrac{16}{3}} = \pm\dfrac{4}{3}\sqrt{3}$

$x_1 = \dfrac{4}{3}\sqrt{3} \approx 2{,}31; \quad y_1 = 2\sqrt{3} \approx 3{,}46$

x_2 entfällt, da negativ.

$A''(x) = \dfrac{128}{x^3}$

$A''(2{,}31) = \dfrac{128}{2{,}31^3} \approx 10{,}4 > 0, \text{ Minimum}$

Lösen der Teilaufgabe (2), also Beschreiben des Sachverhalts:
Es ist das globale Minimum von A im Definitionsbereich einer stetigen Funktion gesucht.

Dazu ermittelt man zunächst die lokalen Minima aus $A'(x_E) = 0$ (notwendige Bedingung) und $A''(x_E) > 0$ (hinreichende Bedingung). Dann ist zu entscheiden, ob das gesuchte globale Minimum eines der lokalen Minima ist oder am Rand des Definitionsbereichs liegt.

Ist der Definitionsbereich ein abgeschlossenes Intervall, dann sind die Funktionswerte der Zielfunktion an den Rändern des Definitionsbereichs zu untersuchen und mit dem kleinsten lokalen Minimum zu vergleichen.

Ist der Definitionsbereich ein offenes Intervall und hat A zum Beispiel genau ein lokales Extremum (nämlich das lokale Minimum), dann ist dieses auch das globale Minimum.

Grundkurs Mathematik (Sachsen-Anhalt): Abiturprüfung (Modellversuch) 2004
Gebiet K-G1 – Aufgabe 1.2: Analysis

Gegeben ist die Funktion f durch

$$y = f(x) = 8 \cdot e^{\frac{x}{2}-1}, \quad x \in \mathbb{R}$$

a) Untersuchen Sie die Funktion f auf Nullstellen, Monotonie und auf das Verhalten für $x \to \pm\infty$.
Begründen Sie, dass der Graph der Funktion f weder lokale Extrempunkte noch Wendepunkte besitzt.

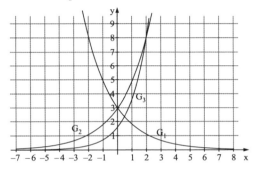

Die Abbildung zeigt die Graphen G_1, G_2 und G_3 dreier Funktionen, von denen nachfolgende drei Funktionsgleichungen gegeben sind.

(I) $y = f(x) = 8 \cdot e^{\frac{x}{2}-1}$ (II) $y = g(x) = 8 \cdot 5^{\frac{x}{2}-1}$ (III) $y = h(x) = 3 \cdot e^{-\frac{x}{2}}$

Ordnen Sie den Graphen diese Funktionsgleichungen zu und begründen Sie die Zuordnung. (17 BE)

b) Die Koordinatenachsen, der Graph der Funktion f und die Gerade mit der Gleichung $x = 2$ begrenzen eine Fläche vollständig. Ermitteln Sie das Verhältnis, in welchem die Tangente an den Graphen der Funktion f im Punkt $P(2|f(2))$ diese Fläche teilt. (9 BE)

c) Begründen Sie die folgende Integrationsregel:

$$\int f(mx+n)dx = \frac{1}{m} \cdot F(mx+n) + c, \quad c \in \mathbb{R}$$ (3 BE)

d) Der Tabelle kann man die Bevölkerungsentwicklung eines Landes für den Zeitraum von 30 Jahren entnehmen (Angabe in Millionen).

Zeit t in Jahren	0	10	20	30
Anzahl N in Millionen	3,9	5,3	7,2	9,6

2004-K-5

Weisen Sie nach, dass die Bevölkerungsentwicklung in diesem Zeitraum durch eine Funktion mit der Gleichung $N(t) = a \cdot e^{b \cdot t}$ näherungsweise beschrieben werden kann.

Berechnen Sie, in welcher Zeit sich die Bevölkerungszahl unter den gegebenen Bedingungen verdoppelt.

(6 BE)

(35 BE)

Lösungen

$$y = f(x) = 8e^{\frac{x}{2}-1}, \quad x \in \mathbb{R}$$

$$f'(x) = 4e^{\frac{1}{2}x-1}$$

$$f''(x) = 2e^{\frac{1}{2}x-1}$$

a) **Nullstellen:**

$$f(x) = 0; \quad 8e^{\frac{1}{2}x-1} = 0; \quad \text{da } e^{\frac{1}{2}x-1} \neq 0$$

gibt es keine Nullstellen.

Monotonie:

$$m = f'(x) = 4e^{\frac{1}{2}x-1} > 0, \quad \text{da } e^{\frac{1}{2}x-1} > 0 \quad \text{für alle } x, \text{ also}$$

Funktion monoton wachsend.

Verhalten im Unendlichen:

$$\lim_{x \to +\infty} (8e^{\frac{1}{2}x-1}) = +\infty \quad \text{und}$$

$$\lim_{x \to -\infty} (8e^{\frac{1}{2}x-1}) = 0$$

Begründen, dass weder lokale Extrempunkte noch Wendepunkte existieren:

Extrempunkte:

$$f'(x) = 0; \quad 4e^{\frac{1}{2}x-1} = 0, \text{ Widerspruch } 4 = 0;$$

Wendepunkte:

$$f''(x) = 0; \quad 2e^{\frac{1}{2}x-1} = 0; \text{ Widerspruch } 2 = 0;$$

also es existieren weder Extrempunkte noch Wendepunkte.

2004-K-6

Zuordnen der Funktionsgleichungen, z. B.: mittels S_y und Monotonie, also

(I) $\quad f(0) = 8 \cdot e^{-1} \approx 2{,}94 \quad$ und

(II) $\quad g(0) = 8 \cdot 5^{-1} \approx 1{,}6 \quad$ und

(III) $\quad h(0) = 3 \cdot e^0 = 3 \quad$ und damit

(I) $\;\to G_2$, da monoton wachsend

(II) $\to G_3$

(III) $\to G_1$, da monoton fallend

b) **Ermitteln des Verhältnisses, z. B.:**
$P(2\,|\,f(2))$, $\;P(2\,|\,8)$

Tangentengleichung:
$m = f'(2) = 4$
$y = 4x + n \quad$ mit P
$8 = 4 \cdot 2 + n, \quad n = 0$
$t: \; y = 4x$

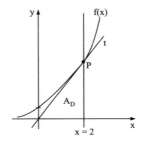

Fläche unter dem Graphen der Funktion:
$$A = \int_0^2 8e^{\frac{1}{2}x-1} dx = [16e^{\frac{1}{2}x-1}]_0^2$$
$A = 16e^0 - 16e^{-1}$

Dreiecksfläche:
$$A_D = \frac{1}{2} \cdot 2 \cdot 8 = 8$$

Restfläche:
$A_R = A - A_D = 8 - 16e^{-1}$

Verhältnis:
$$\frac{A_R}{A_D} = \frac{8 - 16e^{-1}}{8} = 1 - \frac{2}{e} \approx 0{,}264$$

c) **Begründen der Integrationsregel:**
durch Ableiten der Funktion, also
$$\left[\frac{1}{m} \cdot F(mx+n) + c\right]' = \frac{1}{m} \cdot f(mx+n) \cdot m + 0 = f(mx+n)$$

d) **Nachweisen, z. B.:**

Einsetzen der Wertepaare, also

(1) $3,9 = a \cdot e^{b \cdot 0}$, also $a = 3,9$

(2) $5,3 = 3,9 \cdot e^{b \cdot 10}$, Gleichung lösen

$$e^{10b} = \frac{5,3}{3,9}$$

$$\ln e^{10b} \approx \ln 1,36$$

$$10b \approx 0,3075$$

$$b \approx 0,03075$$

$$N(t) = 3,9 \cdot e^{0,03075t}$$

(3) $7,2 = 3,9 \cdot e^{0,03075 \cdot 20}$

$7,2 \approx 7,2137$; stimmt etwa überein

(4) $9,6 = 3,9 \cdot e^{0,03075 \cdot 30}$

$9,6 \approx 9,8107$; es treten geringe Abweichungen auf

näherungsweise kann man diese Gleichung nutzen.

Berechnen der Verdopplungszeit, z. B.:

$N = 7,8$ Millionen; also

$$3,9 \cdot e^{0,03075t} = 7,8$$

$$e^{0,03075t} = 2$$

$$\ln e^{0,03075t} = \ln 2$$

$$0,03075t = \ln 2$$

$$t = 22,54$$

Die Verdopplungszeit beträgt 22,54 Jahre.

Grundkurs Mathematik (Sachsen-Anhalt): Abiturprüfung (Modellversuch) 2004
Gebiet K-G2 – Aufgabe 2.1: Analytische Geometrie

In einem kartesischen Koordinatensystem sind die Punkte

$\quad$ A(3|5|−10)$\quad$ B(93|−55|−30)$\quad$ C(3|8|−19)$\quad$ und$\quad$ D(51|−32|−27)

gegeben.

a) Die Punkte A und B bestimmen eine Gerade g; die Punkte C und D bestimmen eine Gerade h.
Stellen Sie jeweils eine Gleichung für die Geraden g und h auf und weisen Sie nach, dass diese Geraden zueinander windschief liegen. $\hfill$ (7 BE)

In einem Bergwerk wird der Verlauf zweier Stollen I und II im oben genannten kartesischen Koordinatensystem durch die Strecken $\overline{AB}$ bzw. $\overline{CD}$ beschrieben.
Eine Einheit im Koordinatensystem entspricht 10 m.
Vom Punkt C des Stollens II aus soll ein neuer Stollen III parallel zum Stollen I gebaut werden.

b) Stellen Sie eine Gleichung der Geraden auf, die den Verlauf des Stollens III charakterisiert.
Berechnen Sie das Gradmaß des Winkels, unter dem die Stollen II und III zueinander verlaufen. $\hfill$ (5 BE)

c) Im Punkt B trifft der Stollen I orthogonal auf eine nicht abbauwürdige Schicht.
Die Grenzfläche dieser durch den Punkt B verlaufenden Schicht kann durch Punkte einer Ebene E beschrieben werden.
Stellen Sie eine Koordinatengleichung für diese Ebene E auf.

Der Stollen III würde im Punkt S auf diese nicht abbauwürdige Schicht treffen, soll aber 110 m vorher im Punkt P enden.
Weisen Sie nach, dass die Lage des Punktes S durch den Ortsvektor

$$\overrightarrow{OS} = \begin{pmatrix} 93 \\ -52 \\ -39 \end{pmatrix}$$

beschrieben wird und berechnen Sie die Koordinaten des Punktes P. $\hfill$ (8 BE)

$\hfill$ (20 BE)

Lösungen

a) **Aufstellen der Geradengleichungen:**

$g(A, B)$: $\vec{x} = \overrightarrow{OA} + t\overrightarrow{AB}$;

$$\vec{x} = \begin{pmatrix} 3 \\ 5 \\ -10 \end{pmatrix} + t_1 \begin{pmatrix} 90 \\ -60 \\ -20 \end{pmatrix}$$

$$\vec{x} = \begin{pmatrix} 3 \\ 5 \\ -10 \end{pmatrix} + t \begin{pmatrix} 9 \\ -6 \\ -2 \end{pmatrix} \ , t \in \mathbb{R}$$

$h(C, D)$: $\vec{x} = \begin{pmatrix} 3 \\ 8 \\ -19 \end{pmatrix} + s_1 \begin{pmatrix} 48 \\ -40 \\ -8 \end{pmatrix}$

$$\vec{x} = \begin{pmatrix} 3 \\ 8 \\ -19 \end{pmatrix} + s \begin{pmatrix} 6 \\ -5 \\ -1 \end{pmatrix} \ , s \in \mathbb{R}$$

Nachweisen, dass Geraden windschief zueinander liegen z. B.:

(1) Richtungsvektoren müssen linear unabhängig sein, also

$$\begin{pmatrix} 9 \\ -6 \\ -2 \end{pmatrix} = k \begin{pmatrix} 6 \\ -5 \\ -1 \end{pmatrix}, \quad \begin{matrix} 9 = 6k, & k = 1,5 \\ -6 = -5k, & k = 1,2 \\ -2 = -k, & k = 2 \end{matrix}$$

Widerspruch, also Richtungsvektoren linear unabhängig.

(2) Gleichungssystem besitzt keine Lösung, also

$$\begin{pmatrix} 3 \\ 5 \\ -10 \end{pmatrix} + t \begin{pmatrix} 9 \\ -6 \\ -2 \end{pmatrix} = \begin{pmatrix} 3 \\ 8 \\ -19 \end{pmatrix} + s \begin{pmatrix} 6 \\ -5 \\ -1 \end{pmatrix}$$

$$\begin{aligned} 3 + 9t &= 3 + 6s \\ 5 - 6t &= 8 - 5s \\ -10 - 2t &= -19 - s \end{aligned}$$

$$\begin{array}{ll} 9t - 6s = 0 & \mid \cdot 2 \quad \mid \cdot 2 \\ -6t + 5s = 3 & \mid \cdot 3 \\ \underline{-2t + s = -9} & \mid \cdot 9 \end{array}$$

$$\begin{array}{ll} 3s = 9 & s = 3 \\ -3s = -81 & s = 27 \end{array}$$

Widerspruch, Gleichungssystem nicht lösbar; aus (1) und (2) folgt windschief.

b) **Aufstellen einer Gleichung für Stollen III:**

$j(C;$ parallel zu I$)$

j: $\vec{x} = \overrightarrow{OC} + r\vec{v}_g$

$$\vec{x} = \begin{pmatrix} 3 \\ 8 \\ -19 \end{pmatrix} + r \begin{pmatrix} 9 \\ -6 \\ -2 \end{pmatrix}, \quad r \in \mathbb{R}$$

2004-K-10

Berechnen des Gradmaßes des Winkels:
Winkel zwischen h und j, also gleiche Objekte

$$\cos \alpha = \frac{\begin{pmatrix} 6 \\ -5 \\ -1 \end{pmatrix} \circ \begin{pmatrix} 9 \\ -6 \\ -2 \end{pmatrix}}{\left|\begin{pmatrix} 6 \\ -5 \\ -1 \end{pmatrix}\right| \cdot \left|\begin{pmatrix} 9 \\ -6 \\ -2 \end{pmatrix}\right|} = \frac{86}{11 \cdot \sqrt{62}}; \quad \alpha \approx 6{,}83°$$

c) **Aufstellen der Koordinatengleichung der Ebene:**

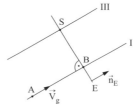

$\vec{n}_E = \vec{v}_g = \begin{pmatrix} 9 \\ -6 \\ -2 \end{pmatrix}$ und $B \in E$, also

$9x - 6y - 2z = d$
$9 \cdot 93 - 6 \cdot (-55) - 2 \cdot (-30) = d,$
$d = 1227,$ also
E : $9x - 6y - 2z = 1227$

Nachweisen der Lage des Punktes S:
(1) $S \in j$ (Stollen III)

Punktprobe $\begin{pmatrix} 93 \\ -52 \\ -39 \end{pmatrix} = \begin{pmatrix} 3 \\ 8 \\ -19 \end{pmatrix} + r \begin{pmatrix} 9 \\ -6 \\ -2 \end{pmatrix}$

$93 = 3 + 9r$
$-52 = 8 - 6r$
$\underline{-39 = -19 - 2r}$
$r = 10,$ also

S liegt auf der Geraden j.
(2) $S \in E$
Punktprobe, S in E einsetzen, also
$9 \cdot 93 - 6 \cdot (-52) - 2 \cdot (-39) = 1227$
$837 + 312 + 78 = 1227$ w. A.

aus (1) und (2) folgt, dass die Lage des Punktes S so beschrieben werden kann.

Berechnen der Koordinaten des Punktes P, z. B.:

$\overline{PS} = 110 \text{ m},$ da

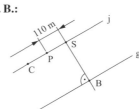

1 Einheit $\triangleq 10$ m folgt

$|\overrightarrow{PS}| = 11$

und $P \in j$, also
$P(3 + 9r \mid 8 - 6r \mid -19 - 2r)$

$|\overrightarrow{PS}| = \left|\begin{pmatrix} 93 - 3 - 9r \\ -52 - 8 + 6r \\ -39 + 19 + 2r \end{pmatrix}\right| = \left|\begin{pmatrix} 90 - 9r \\ -60 + 6r \\ -20 + 2r \end{pmatrix}\right| = 11,$ also

$(90 - 9r)^2 + (-60 + 6r)^2 + (-20 + 2r)^2 = 11^2$
$8\,100 - 1\,620r + 81r^2 + 36r^2 - 720r + 3\,600 + 4r^2 - 80r + 400 = 121$

$121r^2 - 2\,420r + 12\,100 = 121$
$r^2 - 20r + 99 = 0$
$r_{1,2} = 10 \pm \sqrt{100 - 99}$
$r_1 = 11;\ r_2 = 9,$ damit

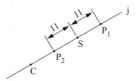

$P_1(102\,|-58\,|-41);$
$P_2(84\,|-46\,|-37)$

$\overrightarrow{OP}_{1,2} = \overrightarrow{OC} + t\overrightarrow{CS}$ mit $0 < t < 1,$ wenn

Punkt P zwischen C und S liegt:

$P_1: \begin{pmatrix} 102 \\ -58 \\ -41 \end{pmatrix} = \begin{pmatrix} 3 \\ 8 \\ -19 \end{pmatrix} + \ell \begin{pmatrix} 90 \\ -60 \\ -20 \end{pmatrix},\quad \ell = \dfrac{11}{10} = 1{,}1$

entfällt, P_1 liegt nicht zwischen C und S.

$P_2: \begin{pmatrix} 84 \\ -46 \\ -37 \end{pmatrix} = \begin{pmatrix} 3 \\ 8 \\ -19 \end{pmatrix} + \ell \begin{pmatrix} 90 \\ -60 \\ -20 \end{pmatrix},\quad \ell = \dfrac{9}{10} = 0{,}9$

wahre Aussage, P_2 liegt zwischen C und S.
Der Punkt $P_2(84\,|-46\,|-37)$ erfüllt die Bedingungen.

Andere Möglichkeit:

$|\overrightarrow{PS}| = k \cdot |\vec{v}_E| = 11;\quad k \cdot \left|\begin{pmatrix} 9 \\ -6 \\ -2 \end{pmatrix}\right| = 11;$

$k \cdot \sqrt{9^2 + (-6)^2 + (-2)^2} = 11;\quad k = 1,$ also

$|\overrightarrow{PS}| = 1 \cdot \left|\begin{pmatrix} 9 \\ -6 \\ -2 \end{pmatrix}\right|$ und damit $\overrightarrow{PS} = \left|\begin{pmatrix} 9 \\ -6 \\ -2 \end{pmatrix}\right|;$

$\overrightarrow{OP} = \overrightarrow{OS} - \overrightarrow{PS}$

$\overrightarrow{OP} = \begin{pmatrix} 93 \\ -52 \\ -39 \end{pmatrix} - \begin{pmatrix} 9 \\ -6 \\ -2 \end{pmatrix} = \begin{pmatrix} 84 \\ -46 \\ -37 \end{pmatrix},\quad P(84\,|-46\,|-37)$

Grundkurs Mathematik (Sachsen-Anhalt): Abiturprüfung (Modellversuch) 2004
Gebiet K-G2 – Aufgabe 2.2: Analytische Geometrie

Gegeben sind in einem kartesischen Koordinatensystem von einer Ebene E die Punkte

$A(2|1|3)$, $B(9|5|7)$ und $C(-2|-6|7)$.

a) Stellen Sie eine Koordinatengleichung der Ebene E auf. (5 BE)

b) Ein Punkt D liege so in der Ebene E, dass das Viereck ABCD ein Parallelogramm ist. Prüfen Sie, ob dieses Parallelogramm ein Rhombus ist.
Berechnen Sie das Gradmaß des Innenwinkels $\angle ABC$ und die Maßzahl des Flächeninhalts des Parallelogramms ABCD.
Ermitteln Sie die Koordinaten des Schnittpunktes M der Diagonalen des Parallelogramms ABCD. (9 BE)

c) Das Parallelogramm ABCD soll die Grundfläche von zwei Pyramiden mit den Spitzen $S_i (i = 1; 2)$ sein. Die Höhe dieser Pyramiden sei $h = \overline{MS_i} = \sqrt{41}$.
Ermitteln Sie die Koordinaten der Punkte S_i.
Berechnen Sie die Maßzahl des Gesamtvolumens beider Pyramiden. (6 BE)
(20 BE)

2004-K-13

Lösungen

a) **Aufstellen der Koordinatengleichung der Ebene E, z. B.:**

Parametergleichung der Ebene E:

$$\vec{x} = \overrightarrow{OA} + t\,\overrightarrow{AB} + s\,\overrightarrow{AC}$$

$$x = \begin{pmatrix} 2 \\ 1 \\ 3 \end{pmatrix} + t \begin{pmatrix} 7 \\ 4 \\ 4 \end{pmatrix} + s \begin{pmatrix} -4 \\ -7 \\ 4 \end{pmatrix}$$

Koordinatengleichung der Ebene E:

1. Möglichkeit:

Den Normalenvektor $\vec{n}$ von E berechnet man

$$\begin{pmatrix} 7 \\ 4 \\ 4 \end{pmatrix} \times \begin{pmatrix} -4 \\ -7 \\ 4 \end{pmatrix} = \begin{pmatrix} 44 \\ -44 \\ -33 \end{pmatrix} = 11 \cdot \begin{pmatrix} 4 \\ -4 \\ -3 \end{pmatrix} \quad \text{und}$$

mit Ansatz $4x - 4y - 3z = a$ und wegen $A(2\,|\,1\,|\,3) \in E$ ergibt sich $4 \cdot 2 - 4 \cdot 1 - 3 \cdot 3 = -5$ also

E: $\quad 4x - 4y - 3z = -5 \quad$ oder

$\qquad 4x - 4y - 3z + 5 = 0.$

2. Möglichkeit:

Der Normalenvektor $\vec{n}$ steht senkrecht auf den Spannvektoren der Ebene, also

$$\vec{n} \perp \begin{pmatrix} 7 \\ 4 \\ 4 \end{pmatrix} \quad \text{und} \quad \vec{n} \perp \begin{pmatrix} -4 \\ -7 \\ 4 \end{pmatrix}, \text{ damit gilt}$$

$$\vec{n} \circ \begin{pmatrix} 7 \\ 4 \\ 4 \end{pmatrix} = 0 \quad \text{und} \quad \vec{n} \circ \begin{pmatrix} -4 \\ -7 \\ 4 \end{pmatrix} = 0$$

$$\begin{array}{l} 7n_1 + 4n_2 + 4n_3 = 0 \\ -4n_1 - 7n_2 + 4n_3 = 0 \quad | \cdot (-1) \\ \hline 11n_1 + 11n_2 = 0 \end{array} \Big]+$$

$n_1 = 1; \quad n_2 = -1, \quad n_3 = -\dfrac{3}{4}$

$x - y - \dfrac{3}{4}z = a$ und wegen $A(2\,|\,1\,|\,3) \in E$ ergibt sich $1 \cdot 2 - 1 \cdot 1 - \dfrac{3}{4} \cdot 3 = -\dfrac{5}{4}$, also

E: $\quad x - y - \dfrac{3}{4}z = -\dfrac{5}{4} \quad$ oder

$\qquad 4x - 4y - 3z = -5.$

3. Möglichkeit:
Aus der Parametergleichung von E folgt

I. $\quad x = 2 + 7t - 4s$

II. $\quad y = 1 + 4t - 7s \quad \left.\begin{array}{l} \\ \end{array}\right| \cdot 4 \quad \left.\begin{array}{l} \\ \end{array}\right]+$

III. $\quad z = 3 + 4t + 4s \quad |\cdot(-1)\;\Big] \;\Big|\cdot 7$

$$\underline{\begin{array}{l} y - z = -2 \quad -11s \\ 4y + 7z = 25 + 44t \end{array}}$$

umgestellt nach s bzw. t und eingesetzt in I.

$$s = -\frac{1}{11}y + \frac{1}{11}z - \frac{2}{11}$$

$$t = \frac{1}{11}y + \frac{7}{44}z - \frac{25}{44}, \quad \text{also}$$

$$x = 2 + 7\left(\frac{1}{11}y + \frac{7}{44}z - \frac{25}{44}\right) - 4\left(-\frac{1}{11}y + \frac{1}{11}z - \frac{2}{11}\right)$$

$$x = -\frac{55}{44} + y + \frac{33}{44}z$$

$$4x = -5 + 4y + 3z$$

E: $\quad 4x - 4y - 3z = -5$.

b) **Prüfen, ob das Parallelogramm ein Rhombus ist, z. B.:**
die Seiten sind gleich lang, also

$$\overrightarrow{AB} = \overrightarrow{BC}; \quad \left|\begin{pmatrix} 7 \\ 4 \\ 4 \end{pmatrix}\right| = \left|\begin{pmatrix} -11 \\ -11 \\ 0 \end{pmatrix}\right|; \quad \sqrt{81} = \sqrt{242} \quad \text{falsche Aussage,}$$

das Parallelogramm ist kein Rhombus.

Berechnen des Gradmaßes des Innenwinkels, z. B.:

$$\cos \sphericalangle(ABC) = \frac{\overrightarrow{BA} \circ \overrightarrow{BC}}{\left|\overrightarrow{BA}\right| \cdot \left|\overrightarrow{BC}\right|} = \frac{\begin{pmatrix} -7 \\ -4 \\ -4 \end{pmatrix} \circ \begin{pmatrix} -11 \\ -11 \\ 0 \end{pmatrix}}{9 \cdot \sqrt{242}} = \frac{121}{9 \cdot \sqrt{242}}$$

$$\sphericalangle(ABC) \approx 30,2°$$

Berechnen der Maßzahl des Flächeninhalts, z. B.:

$$A = \left|\overrightarrow{BA} \times \overrightarrow{BC}\right| = \left|\begin{pmatrix} -7 \\ -4 \\ -4 \end{pmatrix} \times \begin{pmatrix} -11 \\ -11 \\ 0 \end{pmatrix}\right| = \left|\begin{pmatrix} -44 \\ 44 \\ 33 \end{pmatrix}\right|$$

$$A \approx 70,4$$

Andere Möglichkeit mittels Flächenformel:

$$A = \left|\overrightarrow{AB}\right| \cdot \left|\overrightarrow{BC}\right| \cdot \sin \sphericalangle(ABC)$$

$$A = 9 \cdot \sqrt{242} \cdot \sin 30,2° \approx 70,4$$

Ermitteln der Koordinaten des Diagonalschnittpunktes:

$\overrightarrow{OM} = \overrightarrow{OA} + \frac{1}{2}\overrightarrow{AC}$

$\overrightarrow{OM} = \begin{pmatrix} 2 \\ 1 \\ 3 \end{pmatrix} + \frac{1}{2}\begin{pmatrix} -4 \\ -7 \\ 4 \end{pmatrix}$

$M(0 | -2,5 | 5)$

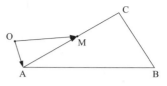

c) **Ermitteln der Koordinaten der Punkte S_1 und S_2, z. B.:**

$S_{1,2} \in g(M, \vec{n}_E)$, also

$g: \ \vec{x} = \begin{pmatrix} 0 \\ -2,5 \\ 5 \end{pmatrix} + t \begin{pmatrix} 4 \\ -4 \\ -3 \end{pmatrix}$, also

haben $S_{1,2}$ die folgenden Koordinaten:
$S_{1,2}(0+4t | -2,5-4t | 5-3t)$ und es gilt

$\overrightarrow{MS_1} = \overrightarrow{MS_2} = \sqrt{41}$, also

$|\overrightarrow{MS_{1,2}}| = \left| \begin{pmatrix} 4t \\ -4t \\ -3t \end{pmatrix} \right| = \sqrt{41};$

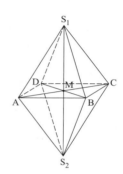

$\sqrt{(4t)^2 + (-4t)^2 + (-3t)^2} = \sqrt{41}$
$\qquad 16t^2 + 16t^2 + 9t^2 = 41$
$\qquad \qquad \qquad \qquad \ \ t^2 = 1$
$\qquad \qquad \qquad \ t_1 = 1; \ \ t_2 = -1$, also

$S_1(4 | -6,5 | 2); \ \ S_2(-4 | 1,5 | 8).$

Andere Möglichkeit:

$|\overrightarrow{MS_{1,2}}| = \sqrt{41} = k \cdot |\vec{n}_E|;$

$\sqrt{41} = k \cdot \left| \begin{pmatrix} 4 \\ -4 \\ -3 \end{pmatrix} \right|; \ k = 1$ und damit $\overrightarrow{MS_1} = \begin{pmatrix} 4 \\ -4 \\ -3 \end{pmatrix}$ und

$\overrightarrow{OS_1} = \overrightarrow{OM} + \overrightarrow{MS_1} = \begin{pmatrix} 0 \\ -2,5 \\ 5 \end{pmatrix} + \begin{pmatrix} 4 \\ -4 \\ -3 \end{pmatrix}, \ S_1(4|-6,5|2)$ und

$\overrightarrow{OS_2} = \overrightarrow{OM} + \overrightarrow{MS_2}$ mit $\overrightarrow{MS_2} = -\overrightarrow{MS_1};$ also

$\overrightarrow{OS_2} = \begin{pmatrix} 0 \\ -2,5 \\ 5 \end{pmatrix} - \begin{pmatrix} 4 \\ -4 \\ -3 \end{pmatrix}, \ S_2(-4|1,5|8).$

Berechnen der Maßzahl des Volumens, z. B.:

$V = 2 \cdot \frac{1}{3} A \cdot h = \frac{2}{3} \cdot 70,4 \cdot \sqrt{41}$
$V \approx 300,52.$

| Grundkurs Mathematik (Sachsen-Anhalt): Abiturprüfung (Modellversuch) 2004 |
| Gebiet K-G3 – Aufgabe 3.1: Stochastik |

In einer Firma werden Dichtungen produziert. Die Dichtungen werden unabhängig voneinander hergestellt. Die Wahrscheinlichkeit für eine fehlerhafte Dichtung beträgt 5 %.

a) Der Produktion wird eine Stichprobe von 50 Dichtungen entnommen.
   Berechnen Sie die Wahrscheinlichkeit, mit der mehr als drei Dichtungen fehlerhaft sind.
   Berechnen Sie den Umfang einer Stichprobe, wenn in dieser mit einer Wahrscheinlichkeit von mindestens 95 % mindestens eine fehlerhafte Dichtung enthalten sein soll. (7 BE)

b) Eine Baumarktkette soll mit 1 000 Dichtungen beliefert werden. Als Ersatz für fehlerhafte Dichtungen will die Firma zusätzlich 60 Dichtungen liefern.
   Berechnen Sie näherungsweise mithilfe der Standardnormalverteilung die Wahrscheinlichkeit, mit der auf diese Weise mindestens 1 000 fehlerfreie Dichtungen geliefert werden. (4 BE)

c) Die Lieferung an die Baumarktkette erfolgt in 10 Packungen zu je 100 Dichtungen.
   Für eine Stichprobe werden jeder Packung zufällig fünf Dichtungen entnommen. Sind in der so entstandenen Stichprobe mehr als vier fehlerhafte Dichtungen, so wird die Lieferung zurückgewiesen.
   Berechnen Sie die Wahrscheinlichkeit, mit der eine Lieferung zurückgewiesen wird. (4 BE)

(15 BE)

Lösungen

a) **Berechnen der gesuchten Wahrscheinlichkeit:**
   Die Zufallsgröße X beschreibe die Anzahl der fehlerhaften Dichtungen (in der Stichprobe).
   Die Zufallsgröße X ist binomialverteilt mit $n = 50$ und $p = 0,05$; $X \sim B_{50;\,0,05}$.

   $P(X > 3) = 1 - P(X \le 3) = 1 - B_{50;\,0,05}(\{0; 1; 2; 3\}) = 1 - 0,76041 = 0,23959$

   $P(X > 3) \approx 24,0\ \%$ (Tabellenwert)

Berechnen des Mindestumfangs n der Stichprobe (Mindestlänge einer BERNOULLI-Kette):
Die Zufallsgröße X_n beschreibe die Anzahl der fehlerhaften Dichtungen in einer Stichprobe mit dem Umfang n. Die Zufallsgröße X_n ist binomialverteilt mit unbekanntem n und $p = 0,05$; $X_n \sim B_{50;\,0,05}$.

Es wird die Bedingung $P(X_n \ge 1) \ge 0,95$ gefordert.

Wegen $P(X_n \ge 1) = 1 - P(X_n = 0)$ ist diese Bedingung äquivalent mit $P(X_n = 0) \le 0,05$.

Mit $P(X_n = 0) = \binom{n}{0} \cdot 0,05^0 \cdot 0,95^n = 0,95^n$ (Anwenden der BERNOULLI-Formel)

folgt $0,95^n \le 0,05$.

2004-K-17

$$n \cdot \ln 0,95 \leq \ln 0,05 \quad \text{(Logarithmieren; Logarithmengesetz)}$$

$$n \geq \frac{\ln 0,05}{\ln 0,95} \quad \text{(Umkehrung des Relationszeichens wegen } \ln 0,95 < 0\text{)}$$

$$n \geq 58,40\ldots$$

Mindestens 59 Dichtungen muss die Stichprobe umfassen.

b) **Näherungsweises Berechnen der gesuchten Wahrscheinlichkeit:**
Die Zufallsgröße Y beschreibe die Anzahl fehlerhafter Dichtungen in der Gesamtlieferung von 1 060 Dichtungen. Die Zufallsgröße Y ist binomialverteilt mit $n = 1\,060$ und $p = 0,05$; $Y \sim B_{1\,060;\,0,05}.$
(Die Zufallsgröße Y wird näherungsweise als normalverteilt angesehen, da im vorliegenden Fall n hinreichend groß ist; Faustregel: $V(Y) = n \cdot p \cdot (1 - p) > 9$ mit $V(Y) = 50,35 > 9$ erfüllt.)
Die gesuchte Wahrscheinlichkeit kann mithilfe der Φ-Funktion der Standardnormalverteilung näherungsweise ermittelt werden:

$$P(Y \leq k) = B_{n;\,p}(\{0; 1; \ldots; k\}) \approx \Phi\left(\frac{k + 0,5 - \mu}{\sigma}\right);$$

Näherungsformel nach dem Grenzwertsatz von DE MOIVRE-LAPLACE.

k – kritischer Wert   0,5 – Korrektursummand

μ – Erwartungswert $\mu = E(Y) = n \cdot p$

σ – Standardabweichung $\sigma = \sqrt{V(Y)} = \sqrt{n \cdot p \cdot (1 - p)}$

Sollen mindestens 1 000 fehlerfreie Dichtungen geliefert werden, darf die Gesamtlieferung höchstens 60 fehlerhafte Dichtungen enthalten. Somit ist der kritische Wert $k = 60$. Mit $k = 60$, $\mu = E(Y) = 1\,060 \cdot 0,05 = 53$ und $\sigma = \sqrt{1\,060 \cdot 0,05 \cdot 0,95} = \sqrt{50,35} \approx 7,10$ erhält man

$$P(Y \leq 60) \approx \Phi\left(\frac{60 + 0,5 - 53}{7,10}\right) \approx \Phi(1,06).$$

Einer Tabelle der Funktionswerte $\Phi(X)$ der Normalverteilung entnimmt man den Wert $\Phi(1,06) = 0,8554$.
Die Wahrscheinlichkeit, mit der die Gesamtlieferung mindestens 1 000 fehlerfreie Dichtungen enthält, beträgt etwa 86,0 %.

c) **Berechnen der Wahrscheinlichkeit für das Zurückweisen einer Lieferung:**
Die Zufallsgröße Z beschreibe die Anzahl der fehlerfreien Dichtungen in der Stichprobe; Stichprobenumfang n: $n = 10 \cdot 5 = 50$.
Die Zufallsgröße Z ist binomialverteilt mit $n = 50$ und $p = 0,05$; $Z \sim B_{50;\,0,05}.$
Bei mehr als vier fehlerhaften Dichtungen in der Stichprobe wird die Lieferung zurückgewiesen.

$$P(Z > 4) = 1 - P(Z \leq 4) = 1 - B_{50;\,0,05}(\{0; 1; \ldots; 4\}) = 1 - 0,89638 \quad \text{(Tabellenwert)}$$

$$P(Z > 4) = 0,10362$$

Die Wahrscheinlichkeit für das Zurückweisen beträgt etwa 10,4 %.

Grundkurs Mathematik (Sachsen-Anhalt): Abiturprüfung (Modellversuch) 2004
Gebiet K-G3 – Aufgabe 3.2: Stochastik

Eine Unternehmensgruppe untersucht in einem Langzeittest eine Autowaschanlage, die über ein neuartiges Sicherheitssystem zum Schutz der Autos vor
Beschädigungen verfügt.
Die Zufallsgröße X beschreibe die Anzahl der täglichen störungsbedingten Abschaltungen der Anlage. Es ist die folgende Wahrscheinlichkeitsverteilung ermittelt worden:

$X = x_i$	0	1	2	3	4
$P(X = x_i)$	0,56	0,24	0,09	0,07	0,04

a) Betrachtet werden die nachstehenden Ereignisse:

   A: Die Anlage ist täglich höchstens dreimal störungsbedingt abgeschaltet.
   B: Die Anlage ist täglich mindestens einmal störungsbedingt abgeschaltet.
   C: $2 < X \leq 4$
   Berechnen Sie jeweils die Wahrscheinlichkeit für das Eintreten der Ereignisse
   und beschreiben Sie das Ereignis C verbal. (4 BE)

b) Berechnen Sie den Erwartungswert der Zufallsgröße X und interpretieren Sie
   diesen Erwartungswert. (4 BE)

Bei einer technischen Überprüfung der Anlage wird festgestellt, dass die störungsbedingten Abschaltungen unabhängig voneinander erfolgen und 75 % dieser
Abschaltungen auf eine Übersensibilisierung des Sicherheitssystems zurückzuführen sind.

c) Berechnen Sie die Wahrscheinlichkeit dafür, dass von 200 störungsbedingten
   Abschaltungen mehr als 150 auf Übersensibilisierung zurückzuführen sind. (3 BE)

d) Berechnen Sie näherungsweise mithilfe der Standardnormalverteilung die
   Wahrscheinlichkeit dafür, dass von 150 störungsbedingten Abschaltungen
   höchstens 120 auf Übersensibilisierung zurückzuführen sind. (4 BE)

(15 BE)

Lösungen

a) **Berechnen der Wahrscheinlichkeiten der Ereignisse:**
$P(A) = P(X \le 3) = 1 - P(X = 4) = 1 - 0,04 = 0,96$
$P(B) = P(X \ge 1) = 1 - P(X = 0) = 1 - 0,56 = 0,44$
$P(C) = P(2 < X \le 4) = P(X = 3) + P(X = 4) = 0,07 + 0,04 = 0,11$

Verbales Beschreiben des Ereignisses C:
Die Anlage ist täglich dreimal oder viermal störungsbedingt abgeschaltet.

b) **Berechnen und Interpretieren des Erwartungswerts der Zufallsgröße X:**
$E(X) = 0,24 + 2 \cdot 0,09 + 3 \cdot 0,07 + 4 \cdot 0,04 = 0,79 \approx 0,8$
Auf lange Sicht ist eine durchschnittliche störungsbedingte Abschaltung von 0,8 zu erwarten, also weniger als eine tägliche störungsbedingte Abschaltung.

c) **Berechnen der gesuchten Wahrscheinlichkeit:**
Die Zufallsgröße Y beschreibe die Anzahl der störungsbedingten Abschaltungen durch Übersensibilisierung. Die Zufallsgröße Y ist binomialverteilt mit $n = 200$ und $p = 0,75$; $Y \sim B_{200;\,0,75}$.

$P(Y > 150) = 1 - P(Y \le 150) = 1 - B_{200;\,0,75}(\{0; 1; \ldots; 150\}) = 1 - 0,52712 = 0,47288$
(Tabellenwert)

Die Wahrscheinlichkeit, dass von 200 störungsbedingten Abschaltungen mehr als 150 auf Übersensibilisierung zurückzuführen sind, beträgt etwa 47 %.

d) **Näherungsweises Berechnen der gesuchten Wahrscheinlichkeit:**
Die Zufallsgröße Z beschreibe die Anzahl der störungsbedingten Abschaltungen durch Übersensibilisierung. Die Zufallsgröße Z ist binomialverteilt mit $n = 150$ und $p = 0,75$; $Z \sim B_{150;\,0,75}$. (Die Zufallsgröße Z wird näherungsweise als normalverteilt angesehen, da im vorliegenden Fall n hinreichend groß ist; Faustregel: $V(Z) = n \cdot p \cdot (1-p) > 9$ mit $V(Z) = 28,125 > 9$ erfüllt.)
Die gesuchte Wahrscheinlichkeit kann mithilfe der Φ-Funktion der Standardnormalverteilung näherungsweise ermittelt werden:

$$P(Z \le k) = B_{n;\,p}(\{0; 1; \ldots; k\}) \approx \Phi\left(\frac{k + 0,5 - \mu}{\sigma}\right);$$

Näherungsformel nach dem Grenzwertsatz von DE MOIVRE-LAPLACE.

k – kritischer Wert $\qquad$ 0,5 – Korrektursummand

μ – Erwartungswert $\qquad$ $\mu = E(Z) = n \cdot p$

σ – Standardabweichung $\qquad$ $\sigma = \sqrt{V(Z)} = \sqrt{n \cdot p \cdot (1-p)}$

Mit $k = 120$, $\mu = E(Z) = 150 \cdot 0,75 = 112,5$ und $\sigma = \sqrt{150 \cdot 0,75 \cdot 0,25} = \sqrt{28,125} \approx 5,30$ erhält man

$$P(Z \le k) \approx \Phi\left(\frac{120 + 0,5 - 112,5}{5,30}\right) \approx \Phi(1,51).$$

Einer Tabelle der Funktionswerte $\Phi(X)$ der Normalverteilung entnimmt man den Wert $\Phi(1,51) = 0,9345$.
Die Wahrscheinlichkeit, dass von 150 störungsbedingten Abschaltungen höchstens 120 auf Übersensibilisierung zurückzuführen sind, beträgt etwa 93 %.

| Grundkurs Mathematik (Sachsen-Anhalt): Abiturprüfung 2004 |
| Gebiet G1 – Aufgabe 1.1: Analysis |

Gegeben sind die Funktionen f und g durch

$$y = f(x) = -1 + \frac{1}{x}, \quad x \in D_f \text{ und}$$

$$y = g(x) = \ln x, \qquad x \in \mathbb{R}, x > 0.$$

Ihre Graphen werden mit F bzw. G bezeichnet.

a) Ermitteln Sie den größtmöglichen Definitionsbereich D_f der Funktion f.
Untersuchen Sie die Funktion f auf Monotonie und auf die Existenz von lokalen Extrema.
Untersuchen Sie den Graphen F auf Symmetrie zur y-Achse und auf Punktsymmetrie zum Koordinatenursprung.
Zeichnen Sie den Graphen F im Intervall $-6 \leq x \leq 6$. (13 BE)

b) Weisen Sie nach: Die Graphen F und G schneiden einander in genau einem Punkt P.
Ermitteln Sie das Gradmaß des Winkels, unter dem die Graphen F und G einander im Punkt P schneiden.
Die Tangenten an die Graphen F und G im Punkt P schließen mit der y-Achse eine Dreiecksfläche ein.
Berechnen Sie die Maßzahl des Flächeninhalts dieser Dreiecksfläche. (14 BE)

c) Zeigen Sie, dass die Funktion h mit der Gleichung $h(x) = x \cdot \ln x - x$ eine Stammfunktion der Funktion g ist.
Die Graphen F und G und die Gerade mit der Gleichung $x = 2$ begrenzen vollständig eine Fläche.
Berechnen Sie die Maßzahl des Inhalts dieser Fläche. (8 BE)
(35 BE)

===

Lösungen

$$y = f(x) = -1 + \frac{1}{x}, \quad x \in D_f$$

$$y = g(x) = \ln x, \qquad x \in \mathbb{R}, x > 0$$

$$f'(x) = -\frac{1}{x^2}$$

a) **Ermitteln des größtmöglichen Definitionsbereichs:**

$D_f: x \in \mathbb{R}, x \neq 0$

G 2004-1

Untersuchen auf Monotonie, z. B.:

$m = f'(x) = -\dfrac{1}{x^2} < 0$ für alle $x \in D_f$,

also ist die Funktion monoton fallend für $-\infty < x < 0$ und $0 < x < +\infty$.

Extrempunkte:

$f'(x) = 0$

$-\dfrac{1}{x^2} = 0$, $-1 = 0$ f. A., es existieren keine lokalen Extrema.

Symmetrie:

Symmetrie zur y-Achse, also

$f(x) = f(-x)$

$-1 + \dfrac{1}{x} = -1 + \dfrac{1}{-x}$ f. A., nicht symmetrisch zur y-Achse.

Symmetrie zum Koordinatenursprung, also

$f(x) = -f(-x)$

$-1 + \dfrac{1}{x} = -\left(-1 + \dfrac{1}{-x}\right) = 1 + \dfrac{1}{x}$ f. A., nicht symmetrisch zum Koordinatenursprung.

Wertetabelle für $f(x) = -1 + \dfrac{1}{x}$:

x	−6	−5	−4	−3	−2	−1	1	2	3	4	5	6
f(x)	−1,17	−1,2	−1,25	−1,3	−1,5	−2	0	−0,5	−0,7	−0,75	−0,8	−0,83

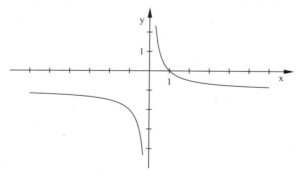

b) **Nachweisen des gemeinsamen Schnittpunktes, z. B.:**

(1) $f(x) = g(x)$

$-1 + \dfrac{1}{x} = \ln x$, $x = 1$, denn $-1 + \dfrac{1}{1} = \ln 1$ w. A., also existiert ein Schnittpunkt $P(1\,|\,0)$.

(2) Für x < 1 gilt f(x) > 0 und g(x) < 0.
Für x > 1 gilt f(x) < 0 und g(x) > 0.
Also existiert genau ein Schnittpunkt.

Ermitteln des Gradmaßes des Winkels, z. B.:
Schnittwinkel zwischen den Graphen F und G

F: $m_F = f'(1) = -\frac{1}{1^2} = -1$

G: $m_G = g'(1) = \frac{1}{1} = 1$, da $g'(x) = \frac{1}{x}$

$m_F \cdot m_G = -1$
$-1 \cdot 1 = -1$ w. A., also $\alpha = 90°$.
Der Schnittwinkel beträgt 90°.

Berechnen der Maßzahl des Inhalts der Dreiecksfläche, z. B.:
Aufstellen der Tangentengleichungen
t_1: $y = -x + n$ mit $P(1|0)$
 $y = -x + 1$
t_2: $y = x + n$ mit $P(1|0)$
 $y = x - 1$

$A = \frac{1}{2} \cdot (1 + |-1|) \cdot 1$

$A = 1$.
Die Maßzahl des Inhalts der Dreiecksfläche beträgt 1.

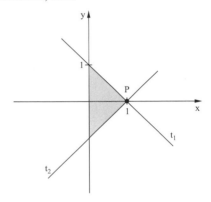

c) **Zeigen, dass h Stammfunktion zu g ist:**
h: $h(x) = x \cdot \ln x - x$

$h'(x) = 1 \cdot \ln x + x \cdot \frac{1}{x} - 1 = \ln x$

Berechnen der Maßzahl des Inhalts der Fläche:

$A = \int_1^2 \left(\ln x - \left(-1 + \frac{1}{x}\right)\right) dx$

$A = \int_1^2 \left(\ln x + 1 - \frac{1}{x}\right) dx = [x \cdot \ln x - \cancel{x} + \cancel{x} - \ln x]_1^2 = 2 \cdot \ln 2 - \ln 2 - (\ln 1 - \ln 1)$

$A = \ln 2 \approx 0{,}69$

Die Maßzahl des Inhalts der Fläche beträgt ln 2.

Grundkurs Mathematik (Sachsen-Anhalt): Abiturprüfung 2004
Gebiet G1 – Aufgabe 1.2: Analysis

Gegeben ist die Funktion f durch

$y = f(x) = 10(e^x - e^{2x}), \quad x \in \mathbb{R}.$

Der Graph der Funktion f wird mit G bezeichnet.

a) Untersuchen Sie die Funktion f auf Nullstellen, Monotonie und ihr Verhalten
   für $x \to \pm\infty$.
   Ermitteln Sie Art und Lage des lokalen Extrempunktes des Graphen G.
   Der Graph G hat den Wendepunkt $W\left(-2\ln 2 \ \middle| \ \frac{15}{8}\right)$.
   Zeichnen Sie den Graphen G im Intervall $-5 \le x \le 0$. (16 BE)

b) Der Graph G, die x-Achse und die Gerade mit der Gleichung $x = -3,5$ schließen eine Fläche F_1 vollständig ein.
   Berechnen Sie die Maßzahl des Inhalts dieser Fläche. (5 BE)

c) Die Tangente t an den Graphen G im Koordinatenursprung, die Gerade s durch
   die Punkte $P(-3,5 \,|\, 0)$ und $Q(0 \,|\, 3)$ sowie die x-Achse begrenzen eine weitere
   Fläche F_2 vollständig.
   Berechnen Sie die Maßzahl des Inhalts dieser Fläche.
   Berechnen Sie die prozentuale Abweichung des Inhalts der Fläche F_2 vom In-
   halt der Fläche F_1. (9 BE)

d) Es existiert ein Punkt R des Graphen G im Intervall $-1 \le x \le 0$, der vom Koordinatenursprung einen maximalen Abstand hat.
   Zeigen Sie mithilfe eines Beispiels, dass dieser Punkt R nicht der lokale Extrempunkt des Graphen G ist. <ins>(5 BE)</ins>
   (35 BE)

Lösungen

$y = f(x) = 10 \cdot (e^x - e^{2x}), \quad x \in \mathbb{R}$

$f'(x) = 10 \cdot (e^x - 2e^{2x})$

$f''(x) = 10 \cdot (e^x - 4e^{2x})$

a) **Nullstellen:**

$$f(x) = 0$$
$$10 \cdot (e^x - e^{2x}) = 0$$
$$e^x (1 - e^x) = 0$$
$$e^x \neq 0, \text{ also}$$
$$1 - e^x = 0$$
$$e^x = 1$$
$$x = 0$$

Monotonie:

$$m = f'(x) = 10 \cdot (e^x - 2e^{2x}) > 0$$
$$e^x (1 - 2e^x) > 0$$
$$1 - 2e^x > 0$$
$$e^x < \frac{1}{2}$$
$$x < \ln\frac{1}{2}$$

monoton steigend.

$$m = f'(x) = 10 \cdot (e^x - 2e^{2x}) < 0$$
$$e^x > \frac{1}{2}$$
$$x > \ln\frac{1}{2}$$

monoton fallend, also

für $-\infty < x < \ln 0,5$ monoton steigend und

für $\ln 0,5 < x < \infty$ monoton fallend.

Verhalten im Unendlichen:

$$\lim_{x \to \infty} [10 \cdot (e^x - e^{2x})] = -\infty$$

$$\lim_{x \to -\infty} [10 \cdot (e^x - e^{2x})] = 0$$

G 2004-5

Extrema:

$$f'(x) = 0$$
$$10 \cdot (e^x - 2e^{2x}) = 0$$
$$e^x(1 - 2e^x) = 0$$
$$1 - 2e^x = 0$$
$$e^x = \frac{1}{2}$$
$$x = \ln\frac{1}{2}$$

$$f''(\ln 0,5) = 10 \cdot (e^{\ln 0,5} - 4e^{2 \cdot \ln 0,5})$$
$$= 10 \cdot \left(\frac{1}{2} - 4 \cdot \frac{1}{4}\right)$$
$$= -5 < 0$$

Maximum H(ln 0,5 | 2,5)

Wertetabelle:

x	-5	-4	-3	-2	-1	0
f(x)	0,07	0,18	0,47	1,17	2,33	0

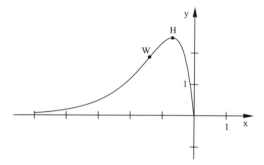

b) Berechnen der Maßzahl des Inhalts der Fläche F_1:

$$F_1 = \int_{-3,5}^{0} [10 \cdot (e^x - e^{2x})]\,dx = 10 \cdot \left[e^x - \frac{1}{2}e^{2x}\right]_{-3,5}^{0}$$

$$F_1 = 10 \cdot \left[e^0 - \frac{1}{2}e^{2 \cdot 0} - \left(e^{-3,5} - \frac{1}{2}e^{2 \cdot (-3,5)}\right)\right]$$

$$F_1 = 10 \cdot \left(1 - \frac{1}{2} - e^{-3,5} + \frac{1}{2}e^{-7}\right)$$

$$F_1 \approx 4,7$$

Die Maßzahl des Inhalts der Fläche F_1 beträgt rund 4,7.

c) **Berechnen der Maßzahl des Inhalts der Fläche F_2:**

(1) Tangente an G in O(0|0):
$m = f'(0) = 10 \cdot (e^0 - 2e^{2 \cdot 0})$
$m = -10$,
t: $y = -10x$

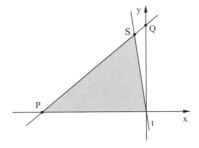

(2) Gerade g(P, Q):
$m = \dfrac{\Delta y}{\Delta x} = \dfrac{3-0}{0-(-3,5)} = \dfrac{3}{3,5} = \dfrac{6}{7}$,

g: $y = \dfrac{6}{7}x + 3$

(3) $t \cap g = \{S\}$:
$-10x = \dfrac{6}{7}x + 3 \quad | \cdot 7$
$-70x = 6x + 21$
$x = -\dfrac{21}{76}; \quad y = \dfrac{105}{38}; \quad S\left(-\dfrac{21}{76} \mid \dfrac{105}{38}\right)$

also

$F_2 = \dfrac{1}{2}\overline{PO} \cdot y_S$

$F_2 = \dfrac{1}{2}|-3,5| \cdot \dfrac{105}{38} \approx 4,84.$

Die Maßzahl des Inhalts der Fläche F_2 beträgt rund 4,84.

Berechnen der prozentualen Abweichung:

$\dfrac{4,84}{100\,\%} = \dfrac{4,7}{x}; \quad x \approx 97,11\,\%,$

also beträgt die prozentuale Abweichung rund 2,9 %.

d) **Zeigen, dass R nicht der lokale Extrempunkt ist, z. B.:**

Abstand $d_1(O, H) = |\overline{OH}| = \left|\binom{\ln 2,5}{2,5}\right| = \sqrt{(\ln 2,5)^2 + 2,5^2}$

$d_1(O, H) \approx 2,594$

Suche einen geeigneten Punkt P im Intervall $-1 \leq x \leq \ln\dfrac{1}{2}$

z. B. P(-0,75 | f(-0,75))

$d_2(O, P) \approx \left|\binom{-0,75}{2,49}\right| \approx 2,60$

$d_1(O, H) < d_2(O, P)$, also
ist R nicht der lokale Extrempunkt des Graphen G.

Grundkurs Mathematik (Sachsen-Anhalt): Abiturprüfung 2004
Gebiet G2 – Aufgabe 2.1: Analytische Geometrie

Zwei Apparate haben die Form gerader Kreiszylinder. Sie sollen an eine Rohrleitung p, die vom Punkt P(0|−1) in Richtung des Vektors $\vec{p} = \binom{3}{1}$ verläuft, angeschlossen werden.

Die Apparate und die Rohrleitungen sind im Grundriss dargestellt. Der Verlauf der Rohrleitungen kann durch Punkte von Geraden charakterisiert werden, die alle in der Grundrissebene liegen. Ihre analytische Beschreibung erfolgt in einem kartesischen Koordinatensystem, wobei eine Einheit einem Meter entspricht.

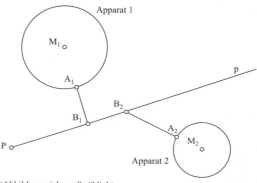

(Abbildung nicht maßstäblich)

a) Vom Punkt $B_1(6|y_{B_1})$ der Rohrleitung p wird der Apparat 1 im Punkt $A_1(5|4)$ angeschlossen. Der Grundriss dieses Apparates ist ein Kreis mit dem Mittelpunkt $M_1(4|7)$.
Ermitteln Sie eine Gleichung dieses Kreises.
Berechnen Sie die Länge der Anschlussleitung $\overline{A_1B_1}$.
Zeigen Sie, dass die Anschlussleitung $\overline{A_1B_1}$ sowohl senkrecht zur Rohrleitung p als auch senkrecht zur Tangente des Grundrisskreises des Apparates 1 im Punkt A_1 verläuft. (11 BE)

b) Der Grundriss des Apparates 2 ist ein Kreis mit dem Mittelpunkt $M_2(15|−1)$. Dieser Apparat soll im Punkt $A_2(13|0)$ durch eine Leitung angeschlossen werden, die im Winkel von 45° zur Rohrleitung p verläuft.
Begründen Sie, dass dafür als Anschlusspunkt der Punkt $B_2(9|2)$ auf der Rohrleitung p in Frage kommen kann.
Weisen Sie nach, dass die Punkte A_2, B_2 und M_2 auf ein und derselben Geraden liegen.
Die Rohrleitung p soll aus Sicherheitsgründen einen Abstand von mindestens 2,50 m zum Apparat 2 haben.
Prüfen Sie, ob diese Sicherheitsbestimmung eingehalten wird. (9 BE)
(20 BE)

G 2004-8

Lösungen

a) **Ermitteln der Gleichung des Kreises, z. B.:**

$M_1(4|7)$

$r_1 = \overline{M_1A_1} = \left|\begin{pmatrix} 1 \\ -3 \end{pmatrix}\right| = \sqrt{1^2 + (-3)^2}$

$r_1 = \sqrt{10}$

k: $(x-4)^2 + (y-7)^2 = 10$

Berechnen der Länge der Anschlussleitung $\overline{A_1B_1}$:

$B_1(6|y_{B_1}) \in p(P, \vec{p})$, also

p: $\quad \vec{x} = \begin{pmatrix} 0 \\ -1 \end{pmatrix} + t\begin{pmatrix} 3 \\ 1 \end{pmatrix}$ und B_1 einsetzen

$\begin{pmatrix} 6 \\ y_{B_1} \end{pmatrix} = \begin{pmatrix} 0 \\ -1 \end{pmatrix} + t\begin{pmatrix} 3 \\ 1 \end{pmatrix}$

$t = 2$, also $y_{B_1} = 1$

$B_1(6|1)$ und damit

$\overline{A_1B_1} = |\overrightarrow{A_1B_1}| = \left|\begin{pmatrix} 1 \\ -3 \end{pmatrix}\right| = \sqrt{1^2 + (-3)^2} = \sqrt{10} \approx 3{,}16.$

Die Länge der Anschlussleitung beträgt 3,16 m.

Zeigen des senkrechten Verlaufs:

(1) $\overline{A_1B_1} \perp p$, also

$\overrightarrow{A_1B_1} \circ \vec{p} = 0$

$\begin{pmatrix} 1 \\ -3 \end{pmatrix} \circ \begin{pmatrix} 3 \\ 1 \end{pmatrix} = 3 - 3 = 0$

(2) $\overline{A_1B_1} \perp t(k_1 \text{ in } A_1)$:

$\overrightarrow{A_1M_1} \circ \vec{v}_t = 0$

$\begin{pmatrix} -1 \\ 3 \end{pmatrix} \circ \begin{pmatrix} x \\ y \end{pmatrix} = 0$

$\vec{v}_t = \begin{pmatrix} 3 \\ 1 \end{pmatrix}$, also

t: $\vec{x} = \begin{pmatrix} 5 \\ 4 \end{pmatrix} + s\begin{pmatrix} 3 \\ 1 \end{pmatrix}$ und

$\begin{pmatrix} 1 \\ -3 \end{pmatrix} \circ \begin{pmatrix} 3 \\ 1 \end{pmatrix} = 0$

$3 + (-3) = 0$, w. A.

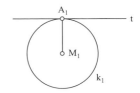

Die Anschlussleitung verläuft sowohl senkrecht zur Rohrleitung als auch zur Tangente.

b) **Begründen, dass der Punkt B₂ in Frage kommt, z. B.:**

$\sphericalangle (p; \overrightarrow{A_2B_2}) = 45°$

$\cos\alpha = \dfrac{\vec{p} \circ \overrightarrow{B_2A_2}}{|\vec{p}| \cdot |\overrightarrow{B_2A_2}|}$

$\cos\alpha = \dfrac{\binom{3}{1} \circ \binom{4}{-2}}{\sqrt{10} \cdot \sqrt{20}} = \dfrac{10}{\sqrt{200}} = \dfrac{10}{10 \cdot \sqrt{2}} = \dfrac{1}{\sqrt{2}}$

$\cos\alpha = \dfrac{1}{2}\sqrt{2}$, also $\alpha = 45°$ w. A.

Nachweisen, dass die Punkte auf ein und derselben Geraden liegen, z. B.:

Eine Geradengleichung aus zwei Punkten aufstellen, den dritten Punkt einsetzen, also $M_2 \in g(A_2, B_2)$

g: $\vec{x} = \binom{13}{0} + r\binom{-4}{2}$

$\binom{15}{-1} = \binom{13}{0} + r\binom{-4}{2}$

$15 = 13 - 4r, \quad r = -\dfrac{1}{2}$

$-1 = \quad\quad 2s, \quad r = -\dfrac{1}{2}$,

also liegen die Punkte auf ein und derselben Geraden.

Prüfen, ob die Sicherheitsbestimmung eingehalten wird, z. B.:

$d = (\overline{S_1M_2} - r_2) \geq 2{,}50\ m$

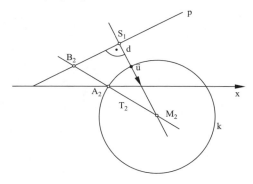

G 2004-10

(1) $\overline{S_1M_2}$ berechnen:

$p \cap h(M_2, \vec{u}) = \{S_1\}$ mit $\vec{u} \perp \vec{p}$, also

$\vec{u} \circ \begin{pmatrix} 3 \\ 1 \end{pmatrix} = 0$, also $\vec{u} = \begin{pmatrix} -1 \\ 3 \end{pmatrix}$

h: $\vec{x} = \begin{pmatrix} 15 \\ -1 \end{pmatrix} + \ell \begin{pmatrix} -1 \\ 3 \end{pmatrix}$ und damit

$$\begin{pmatrix} 15 \\ -1 \end{pmatrix} + \ell \begin{pmatrix} -1 \\ 3 \end{pmatrix} = \begin{pmatrix} 0 \\ -1 \end{pmatrix} + t \begin{pmatrix} 3 \\ 1 \end{pmatrix}$$

$$\begin{array}{rl} 15 - \ \ell = & 3t \\ \underline{-1 + 3\ell = -1 +} & \underline{t} \end{array} \quad \Big| \cdot (-3) \Big] +$$

$$18 - 10\ell = \ 3$$

$$\ell = \frac{3}{2}$$

$S_1(13{,}5 \mid 3{,}5)$ und $\left| \overrightarrow{S_1M_2} \right| = \left| \begin{pmatrix} 1{,}5 \\ -4{,}5 \end{pmatrix} \right| = \sqrt{22{,}5}$

(2) $r_2 = \overline{A_2M_2} = \left| \overrightarrow{A_2M_2} \right| = \left| \begin{pmatrix} 2 \\ -1 \end{pmatrix} \right| = \sqrt{5}$

mit (1) und (2) folgt

$d = \sqrt{22{,}5} - \sqrt{5} \approx 2{,}51 \geq 2{,}50$,

also wurde die Sicherheitsbestimmung eingehalten.

Andere Möglichkeit zur Berechnung von $\overline{S_1M_2}$:

$\sin 45° = \dfrac{\overline{S_1M_2}}{\overline{B_2M_2}}$

$\overline{S_1M_2} = \overline{B_2M_2} \cdot \sin 45°$, also

$\overline{S_1M_2} = \left| \begin{pmatrix} 6 \\ -3 \end{pmatrix} \right| \cdot \sin 45° = \sqrt{45} \cdot \dfrac{1}{2}\sqrt{2} \approx 4{,}74$.

G 2004-11

Grundkurs Mathematik (Sachsen-Anhalt): Abiturprüfung 2004
Gebiet G2 – Aufgabe 2.2: Analytische Geometrie

In einem kartesischen Koordinatensystem seien gegeben die Punkte $A(8|-4)$ und $P(-6|6)$ sowie die Gerade g durch

$$g: \vec{x} = \begin{pmatrix} 8 \\ 6 \end{pmatrix} + t \begin{pmatrix} -6 \\ 1 \end{pmatrix}, \ t \in \mathbb{R}.$$

a) Berechnen Sie die Koordinaten des Schnittpunktes der Geraden g mit der Geraden durch die Punkte A und P sowie das Gradmaß des Schnittwinkels beider Geraden. (7 BE)

b) Gegeben seien Kreise durch

$(x - [1 + 5n])^2 + (y - [1 + 7n])^2 = 74(1 + n^2), \ n \in \mathbb{Z}$.

Zeigen Sie, dass der Punkt A auf jedem dieser Kreise liegt.
Geben Sie die Gleichung jenes Kreises k an, für den $n = 0$ ist.
Weisen Sie nach, dass die Strecke $\overline{AP}$ Durchmesser des Kreises k ist. (5 BE)

c) Die Gerade g schneidet den Kreis k aus Aufgabe b in genau zwei Punkten B und C.
Berechnen Sie die Koordinaten dieser Punkte.
Diese Punkte bilden mit dem Punkt A das Dreieck ABC.
Zeigen Sie: Fällt man vom Punkt P aus die Lote auf jede der Seiten des Dreiecks ABC bzw. deren Verlängerungen, so liegen die sich ergebenden Lotfußpunkte auf genau einer Geraden. (8 BE)
(20 BE)

Lösungen

a) **Berechnen der Koordinaten des Schnittpunktes, z. B.:**

$g \cap h(A, P) = \{S\}$

$h: \vec{x} = \begin{pmatrix} 8 \\ -4 \end{pmatrix} + r_1 \begin{pmatrix} -14 \\ 10 \end{pmatrix}$

$ \vec{x} = \begin{pmatrix} 8 \\ -4 \end{pmatrix} + r \begin{pmatrix} -7 \\ 5 \end{pmatrix}$

und damit

$\begin{pmatrix} 8 \\ 6 \end{pmatrix} + t \begin{pmatrix} -6 \\ 1 \end{pmatrix} = \begin{pmatrix} 8 \\ -4 \end{pmatrix} + r \begin{pmatrix} -7 \\ 5 \end{pmatrix}$

$$
\begin{aligned}
8 - 6t &= 8 - 7r \\
6 + t &= -4 + 5r \qquad \big| \cdot 6 \,\big] + \\
\hline
44 &= -16 + 23r \\
r &= \frac{60}{23},
\end{aligned}
$$

also $S\left(-\dfrac{236}{23} \,\Big|\, \dfrac{208}{23}\right)$, $S(-10,27 \,|\, 9,05)$ mit gerundeten Werten gerechnet.

Andere Möglichkeit:

$h(A, P)$ mit $y = mx + n$,

$m = \dfrac{\Delta y}{\Delta x} = \dfrac{6 - (-4)}{-6 - 8} = \dfrac{10}{-14}$, also

$y = -\dfrac{5}{7}x + n$ mit $A(8 \,|\, -4)$

$-4 = -\dfrac{5}{7} \cdot 8 + n$

$n = \dfrac{12}{7}$

$h: \ y = -\dfrac{5}{7}x + \dfrac{12}{7}$ und

g in h: $6 + t = -\dfrac{5}{7}(8 - 6t) + \dfrac{12}{7}$

$\phantom{g \text{ in } h: \ \ } 6 + t = -\dfrac{40}{7} + \dfrac{30}{7}t + \dfrac{12}{7}$

$\phantom{g \text{ in } h: \ \ } 6 + t = -4 + \dfrac{30}{7}t$

$\phantom{g \text{ in } h: \ \ \ \ } 10 = \dfrac{23}{7}t$

G 2004-13

$t = \dfrac{70}{23}$, also

$\vec{x} = \begin{pmatrix} 8 \\ 6 \end{pmatrix} + \dfrac{70}{23} \cdot \begin{pmatrix} -6 \\ 1 \end{pmatrix}$,

$S\left(-\dfrac{236}{23} \,\Big|\, \dfrac{208}{23}\right)$.

Berechnen des Gradmaßes des Schnittwinkels, z. B.:

$\cos \alpha = \dfrac{\begin{pmatrix} -6 \\ 1 \end{pmatrix} \circ \begin{pmatrix} -7 \\ 5 \end{pmatrix}}{\sqrt{37} \cdot \sqrt{74}}$

$\alpha \approx 26{,}1°$

b) **Zeigen, dass der Punkt A auf jedem der Kreise liegt, z. B.:**
A einsetzen,

$(8 - [1+5n])^2 + (-4 - [1+7n])^2 = 74(1+n^2)$
$(7 - 5n)^2 + (-5 - 7n)^2 = 74 + 74n^2$
$49 - 70n + 25n^2 + 25 + 70n + 49n^2 = 74 + 74n^2$
$74n^2 + 74 = 74 + 74n^2$ w. A.

A liegt auf jedem der Kreise.

Angeben der Kreisgleichung k:
k: $(x-1)^2 + (y-1)^2 = 74$; $M(1 \,|\, 1)$; $r = \sqrt{74}$

Nachweisen, dass $\overline{AP}$ Durchmesser des Kreises ist, z. B.:
$P \in k \,\land\, \overrightarrow{OP} = \overrightarrow{OA} + 2\overrightarrow{AM}$
$P \in k$:
$(-6-1)^2 + (6-1)^2 = 74$
$49 + 25 = 74$, w. A.

P liegt auf dem Kreis.

$\overrightarrow{OP} = \begin{pmatrix} 8 \\ -4 \end{pmatrix} + 2\begin{pmatrix} -7 \\ 5 \end{pmatrix} = \begin{pmatrix} -6 \\ 6 \end{pmatrix}$,

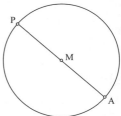

$P(-6\,|\,6)$, die Koordinaten stimmen überein, also ist die Strecke $\overline{AP}$ Durchmesser des Kreises.

c) **Berechnen der Koordinaten der Schnittpunkte, z. B.:**

$g \cap k = \{B, C\}$, also

$$(8 - 6t - 1)^2 + (6 + t - 1)^2 = 74$$
$$(7 - 6t)^2 + (5 + t)^2 = 74$$
$$49 - 84t + 36t^2 + 25 + 10t + t^2 = 74$$
$$37t^2 - 74t = 0$$
$$t(37t - 74) = 0$$
$$t_1 = 0$$
$$t_2 = 2 \quad \text{und}$$

B(8|6), C(−4|8)

Zeigen, dass die Lotfußpunkte auf genau einer Geraden liegen, z. B.:

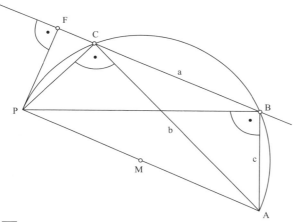

$\overline{AP}$ ist Durchmesser des Kreises k:

(1) Das Lot von P auf die Seite $\overline{AC} = b$ hat den Fußpunkt C – nach Satz des Thales.
(2) Das Lot von P auf die Seite $\overline{AB} = c$ hat den Fußpunkt B – nach Satz des Thales.
(3) Die Dreiecksseite a liegt auf der Geraden durch die Punkte B und C.

Aus (1), (2), (3) folgt:

Das Lot von P auf die Dreiecksseite a liegt damit auf der Verbindungsgeraden der beiden anderen Lotfußpunkte. Somit liegen alle drei Lotfußpunkte auf genau einer Geraden.

Grundkurs Mathematik (Sachsen-Anhalt): Abiturprüfung 2004
Gebiet G3 – Aufgabe 3.1: Stochastik

Bei einer Wahl haben 10 % der Wähler für die Partei Z gestimmt.

a) Berechnen Sie die Wahrscheinlichkeiten folgender Ereignisse für jeweils 100 zufällig ausgewählte Wähler:

A: Genau 10 Wähler haben die Partei Z gewählt.
B: Weniger als 10 Wähler haben die Partei Z gewählt. (3 BE)

Die Zufallsgröße X sei die Anzahl der Wähler der Partei Z in einer Stichprobe von 500 Wählern.

b) Begründen Sie, dass die Zufallsgröße X binomialverteilt ist.

Ermitteln Sie den Erwartungswert und die Varianz der Zufallsgröße X.

Berechnen Sie, wie groß eine Stichprobe mindestens sein muss, damit die Wahrscheinlichkeit dafür, dass sie keinen Wähler der Partei Z enthält, höchstens 10 % beträgt. (9 BE)

Durch frühere Befragungen in der wahlberechtigten Bevölkerung ist ermittelt worden, dass die politischen Zielstellungen der Partei Z einen Bekanntheitsgrad von 70 % haben. Rechtzeitig vor der nächsten Wahl möchte die Partei Z durch eine Befragung von 1 500 zufällig ausgewählten wahlberechtigten Personen überprüfen, ob sich dieser Bekanntheitsgrad verringert hat. Sollten höchstens 1 020 befragte Personen mit den Zielstellungen bekannt sein, so will die Partei Z eine Werbekampagne starten.

c) Geben Sie dafür eine Nullhypothese H_0, die zugehörige Gegenhypothese H_1 und den Ablehnungsbereich für H_0 an. (3 BE)

(15 BE)

G 2004-16

Lösungen

a) **Berechnen der Wahrscheinlichkeiten der Ereignisse A und B:**

$P(A) = B_{100;\,0,10}(\{10\}) = 0,13187$ (Tabellenwert); $\quad$ **$P(A) \approx 13\,\%$**

$P(B) = B_{100;\,0,10}(\{0;\,1;\,\ldots;\,9\}) = 0,45129$ (Tabellenwert); $\quad$ **$P(B) \approx 45\,\%$**

b) **Begründen, dass die Zufallsgröße X binomialverteilt ist:**

- Die Entscheidungsmöglichkeiten jedes Wählers sind gleich und lassen sich zu genau zwei Ereignissen zusammenfassen; Ereignis „Stimme *für* die Partei" und zugehöriges Gegenereignis „Stimme *nicht für* die Partei" (Gegenstimmen, Stimmenthaltungen, ungültige Stimmen).

- Bei jedem Wähler beträgt die Wahrscheinlichkeit p für das Ereignis „Stimme *für* die Partei" p = 0,10.

- Es wird angenommen, dass alle Wähler unabhängig voneinander wählen; die Wahrscheinlichkeit p = 0,10 bleibt (bei der gesamten Wahl) konstant.

Ermitteln von Erwartungswert und Varianz der Zufallsgröße X:

μ – Erwartungswert:

$\mu = E(X) = n \cdot p = 500 \cdot 0,10 = 50$

$V(X)$ – Varianz:

$V(X) = n \cdot p \cdot (1 - p) = 500 \cdot 0,10 \cdot 0,90 = 45$

Berechnen des Mindestumfangs n der Stichprobe (Mindestlänge einer BERNOULLI-Kette):

Die Zufallsgröße X_n beschreibe die Anzahl der Wähler in einer Stichprobe mit dem Umfang n. Die Zufallsgröße X_n ist binomialverteilt mit unbekanntem n und p = 0,10; $X_n \sim B_{n;\,0,10}$.

Es wird die Bedingung $P(X_n = 0) \le 0,10$ gefordert.

Mit

$$P(X_n = 0) = \binom{n}{0} \cdot 0,10^0 \cdot 0,90^n = 0,90^n \quad \text{(Anwendung der BERNOULLI-Formel) folgt}$$

$0,90^n \le 0,10$.

$n \cdot \ln 0,90 \;\le\; \ln 0,10 \qquad$ (Logarithmieren; Logarithmengesetz)

$n \;\ge\; \dfrac{\ln 0,10}{\ln 0,90} \qquad$ (Umkehrung des Relationszeichens wegen $\ln 0,90 < 0$)

$n \;\ge\; 21,85\ldots$

Zur Stichprobe müssen mindestens 22 Wähler gehören.

c) **Angeben der Hypothesen und des (größtmöglichen) Ablehnungsbereichs für die Null-hypothese:**

Die Zufallsgröße Y beschreibe die Anzahl der Wahlberechtigten (in der Stichprobe), die die Zielstellungen der Partei Z kennen. Vermutet wird ein (früher ermittelter) Bekannt-heitsgrad der Zielstellungen von 70 %. Die Zufallsgröße Y ist binomialverteilt mit $n = 1\,500$ und $p = 0,70$; $Y \sim B_{1\,500;\ 0,70}$ (bei wahrer Nullhypothese).

Somit ergeben sich:

- Nullhypothese H_0: $p_0 = 0,70$
  (weil: Bekanntheitsgrad 70 % und Verteilung von Y bei wahrer H_0)
- Gegenhypothese H_1: $p_1 < 0,70$
  (weil: aus Ablehnung von H_0 soll folgen, dass sich der Bekanntheitsgrad verringert hat)
- Ablehnungsbereich $\overline{A}$ der Nullhypothese: $\overline{A} = \{0; 1; \ldots; 1\,020\}$
  (weil: Vorgabe des kritischen Werts „höchstens 1 020"; kleine Werte von Y sprechen gegen H_0, also linksseitiger Ablehnungsbereich)

Grundkurs Mathematik (Sachsen-Anhalt): Abiturprüfung 2004
Gebiet G3 – Aufgabe 3.2: Stochastik

Ein Batterieproduzent hat Batterien einer bestimmten Sorte im Dauerbetrieb geprüft. Es ist festgestellt worden, dass die Wahrscheinlichkeit für den vorzeitigen Ausfall einer Batterie 20 % beträgt.

a) Ermitteln Sie jeweils die Wahrscheinlichkeit der folgenden Ereignisse.

A: Von 100 Batterien fallen weniger als 20 vorzeitig aus.
B: Von 200 Batterien fallen mehr als 30 vorzeitig aus.
C: Von zehn Batterien fallen genau zwei vorzeitig aus. (6 BE)

b) Berechnen Sie, wie groß der Anteil der vorzeitig ausfallenden Batterien mindestens sein muss, damit mit einer Wahrscheinlichkeit von mindestens 99 % unter 50 Batterien mindestens eine vorzeitig ausfällt. (5 BE)

c) In Auswertung umfangreicher Batterieprüfungen vermutet man, dass der Anteil vorzeitig ausfallender Batterien weniger als 5 % beträgt. Um diese Vermutung zu beurteilen, wird eine Stichprobe von 100 Batterien geprüft und ein Signifikanztest durchgeführt. Die Zufallsgröße X beschreibe dabei die Anzahl der vorzeitig ausfallenden Batterien.

Ermitteln Sie zu der Nullhypothese „H_0: $p_0 \geq 0{,}05$" den größtmöglichen linksseitigen Ablehnungsbereich $\overline{A}$ auf dem Signifikanzniveau $\alpha = 0{,}1$. (4 BE)

(15 BE)

G 2004-19

Lösungen

a) **Ermitteln der Wahrscheinlichkeiten der Ereignisse A, B und C:**

Die Zufallsgröße X_n sei die Anzahl der vorzeitig ausfallenden Batterien. Die Zufallsgröße X_n ist binomialverteilt mit n und $p = 0{,}20$; $X_n \sim B_{n;\,0,20}$.

$P(A) = P(X_{100} \le 19) = B_{100;\,0,20}(\{0;\,1;\,\ldots;\,19\}) = 0{,}46016$ (Tabellenwert)
$P(A) \approx 46\,\%$

$P(B) = P(X_{200} \ge 31) = B_{200;\,0,20}(\{31;\,32;\,\ldots;\,200\}) = 1 - B_{200;\,0,20}(\{0;\,1;\,\ldots;\,30\})$
$\qquad\quad = 1 - 0{,}04302 = 0{,}95698$
$\qquad\qquad$ (Tabellenwert)

$P(B) \approx 96\,\%$

$P(C) = P(X_{10} = 2) = B_{10;\,0,20}(\{2\}) = 0{,}30199$ (Tabellenwert)
$P(C) \approx 30\,\%$

b) **Berechnen des gesuchten Mindestanteils (Mindestwahrscheinlichkeit):**

Die Zufallsgröße X_p sei die Anzahl der vorzeitig ausfallenden Batterien. Die Zufallsgröße X_p ist binomialverteilt mit $n = 50$ und unbekanntem Wert p; $X_p \sim B_{50;\,p}$.
Es wird die Bedingung $P(X_p \ge 1) \ge 0{,}99$ gefordert.
Wegen $P(X_p \ge 1) = 1 - P(X_p = 0)$ ist diese Bedingung äquivalent mit $P(X_p = 0) \le 0{,}01$.

Berechnung mithilfe der BERNOULLI-Formel $P(X_p = k) = \binom{n}{k} \cdot p^k \cdot (1-p)^{n-k}$:

$$P(X_p = 0) = \binom{50}{0} \cdot p^0 \cdot (1-p)^{50} = (1-p)^{50};$$

$$(1-p)^{50} \le 0{,}01 \quad \Leftrightarrow \quad p \ge 1 - \sqrt[50]{0{,}01};$$

$$p \ge 0{,}0879\ldots$$

Der Mindestanteil beträgt etwa 8,8 %.

c) **Ermitteln des größtmöglichen linksseitigen Ablehnungsbereichs:**

Die Zufallsgröße X ist binomialverteilt mit $n = 100$ und $p = 0{,}05$; $X \sim B_{100;\,0,05}$ (bei wahrer Nullhypothese).

Mit den Vorgaben

(1) Nullhypothese H_0: $p_0 \ge 0{,}05$ und

(2) Signifikanzniveau α: $\alpha = 0{,}10$

folgt (da kleine Werte der Zufallsgröße X gegen die Nullhypothese sprechen) für den größtmöglichen linksseitigen Ablehnungsbereich $\overline{A}$: $\overline{A} = \{0;\,1;\,\ldots;\,k\}$. Die zugehörige Ungleichung $P(X \le k) = B_{100;\,0,05}(\{0;\,1;\,\ldots;\,k\}) \le 0{,}10$ zur Ermittlung des kritischen Werts k ist letztmalig erfüllt für den Wert $k = 1$ [Tabellenwert $B_{100;\,0,05}(\{0;\,1\}) = 0{,}03708$].

Der größtmögliche linksseitige Ablehnungsbereich lautet folglich $\overline{A} = \{0;\,1\}$.

G 2004-20

Kernfach Mathematik (Sachsen-Anhalt): Abiturprüfung 2005
Grundkursniveau – Pflichtaufgabe G1: Analysis

Gegeben ist die Funktion f durch

$$y = f(x) = \frac{2(x-1)^2}{x^2+1}, \quad x \in \mathbb{R}.$$

Ihr Graph sei G.

a) Untersuchen Sie die Funktion f auf Nullstellen, Polstellen sowie auf ihr Verhalten für $x \to \pm\infty$ und geben Sie die Gleichungen der Asymptoten an.
Ermitteln Sie vom Graphen G die Koordinaten des Schnittpunktes mit der y-Achse sowie Art und Lage der lokalen Extrempunkte.
Zeichnen Sie den Graphen G im Intervall $-5 \leq x \leq 5$.

Begründen und beschreiben Sie mithilfe einer Skizze, wie sich der Graph der Funktion h mit

$$y = h(x) = \frac{-2(1-x)^2}{x^2+1} \quad (x \in \mathbb{R})$$

aus dem Graphen G entwickeln lässt. (21 BE)

b) Die Tangente an den Graphen G im Schnittpunkt mit der y-Achse stimmt im Intervall $-0{,}4 \leq x \leq 0{,}4$ mit dem Graphen G näherungsweise überein. Daher kann man in diesem Intervall die Funktion f durch eine die Tangente beschreibende lineare Funktion ersetzen.
Berechnen Sie die Abweichungen der Funktionswerte an den Intervallenden, die bei Verwendung der linearen Funktion auftreten. (4 BE)

c) Weisen Sie nach, dass die Funktionen F_a mit $y = F_a(x) = a[x - \ln(x^2+1)]$ Stammfunktionen der Funktionen f_a mit

$$y = f_a(x) = a\frac{(x-1)^2}{x^2+1}, \quad x, a \in \mathbb{R} \text{ und } a > 0 \text{ sind.}$$

Die Graphen der Funktionen f_a und die Koordinatenachsen schließen Flächen vollständig ein.
Berechnen Sie den Wert für a, so dass der Inhalt einer solchen Fläche die Maßzahl 1 hat. (5 BE)

(30 BE)

G 2005-1

Lösungen

$$y = f(x) = \frac{2(x-1)^2}{x^2+1}, \quad x \in \mathbb{R}$$

$$f'(x) = \frac{4(x^2-1)}{(x^2+1)^2}$$

$$f''(x) = \frac{8x(-x^4+2x^2+3)}{(x^2+1)^4} = \frac{8x(-x^2+3)}{(x^2+1)^3}$$

a) **Nullstellen:**

$$f(x) = 0; \quad \frac{2(x-1)^2}{x^2+1} = 0; \quad 2(x-1)^2 = 0; \quad x-1 = 0; \quad x = 1$$

Polstellen:

$x^2 + 1 = 0, x^2 = -1$ n. l., keine Polstellen

Verhalten im Unendlichen:

$$\lim_{x \to \pm\infty} \frac{2(x-1)^2}{x^2+1} = \lim_{x \to \pm\infty} \frac{2x^2-4x+2}{x^2+1} = \lim_{x \to \pm\infty} \frac{2 - \frac{4}{x} + \frac{2}{x^2}}{1 + \frac{1}{x^2}} = 2$$

Gleichung der Asymptoten: $y = 2$

Schnittpunkt mit der y-Achse:

$$x = 0; \quad f(0) = \frac{2(0-1)^2}{0^2+1} = 2; \quad S_y(0|2)$$

Extrema:

Die Ableitungen werden nach der Quotientenregel berechnet:

$$f'(x) = \frac{2 \cdot 2(x-1)(x^2+1) - 2(x-1)^2 \cdot 2x}{(x^2+1)^2}$$

$$f'(x) = \frac{4x^3+4x-4x^2-4 - (4x^3-8x^2+4x)}{(x^2+1)^2}$$

$$f'(x) = \frac{4x^3+4x-4x^2-4-4x^3+8x^2-4x}{(x^2+1)^2}$$

$$f'(x) = \frac{4x^2-4}{(x^2+1)^2} = \frac{4(x^2-1)}{(x^2+1)^2}$$

G 2005-2

$$f''(x) = \frac{8x(x^2+1)^2 - (4x^2-4) \cdot 2(x^2+1) \cdot 2x}{(x^2+1)^4}$$

$$f''(x) = \frac{8x(x^4+2x^2+1) - (4x^2-4)(4x^3+4x)}{(x^2+1)^4}$$

$$f''(x) = \frac{8x^5 + 16x^3 + 8x - 16x^5 - 16x^3 + 16x^3 + 16x}{(x^2+1)^4}$$

$$f''(x) = \frac{-8x^5 + 16x^3 + 24x}{(x^2+1)^4} = \frac{8x(-x^4+2x^2+3)}{(x^2+1)^4}$$

Man vereinfacht sich die Rechnung, wenn man in der 2. Ableitung kürzt:

$$f''(x) = \frac{8x(x^2+1)^{\cancel{2}} - (4x^2-4) \cdot 2\cancel{(x^2+1)} \cdot 2x}{(x^2+1)^{\cancel{4}\,3}}$$

$$f''(x) = \frac{8x^3 + 8x - 16x^3 + 16x}{(x^2+1)^3}$$

$$f''(x) = \frac{-8x^3 + 24x}{(x^2+1)^3} = \frac{8x(-x^2+3)}{(x^2+1)^3}$$

Berechnungen:

$$f'(x) = 0; \quad \frac{4(x^2-1)}{(x^2+1)^2} = 0; \quad 4(x^2-1) = 0; \quad x^2 = 1; \quad x_1 = 1; \quad x_2 = -1$$

$$f''(1) = \frac{8 \cdot 1 \cdot (-1^4 + 2 \cdot 1^2 + 3)}{(1^2+1)^4} = \frac{32}{16} = 2 > 0 \quad T(1|0)$$

$$f''(-1) = \frac{8 \cdot (-1) \cdot (-(-1)^4 + 2(-1)^2 + 3)}{((-1)^2+1)^4} = \frac{-32}{16} = -2 < 0 \quad H(-1|4)$$

Graph G im Intervall $-5 \leq x \leq 5$:

x	−5	−4	−3	−2	−1	0	1	2	3	4	5
f(x)	2,8	2,9	3,2	3,6	4	2	0	0,4	0,8	1,1	1,2

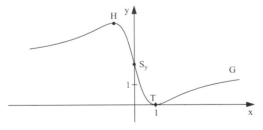

Begründen und Beschreiben, z. B.:
Da $h(x) = -f(x)$ für alle $x \in \mathbb{R}$ gilt, entsteht der Graph von h aus der Spiegelung des Graphen G an der x-Achse.
Skizze:

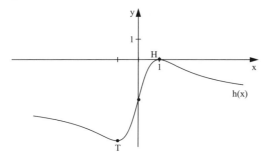

b) **Berechnen der Abweichungen, z. B.:**
Aufstellen der Tangentengleichung für das Intervall $-0{,}4 \leq x \leq 0{,}4$ im Punkt $S_y(0|2)$:
$m = f'(0) = \dfrac{4 \cdot (0^2 - 1)}{(0^2 + 1)^2} = -4$, also
t: $y = -4x + n$ mit S_y folgt
$2 = -4 \cdot 0 + n$, $n = 2$, also
$y = -4x + 2$

Abweichungen an den Intervallenden:
$x_1 = -0{,}4$: $f(-0{,}4) = \dfrac{2 \cdot (-0{,}4 - 1)^2}{(-0{,}4)^2 + 1} = \dfrac{98}{29} \approx 3{,}38$ und
$y = -4 \cdot (-0{,}4) + 2 = 3{,}6$
Abweichung:
$\Delta y = |3{,}38 - 3{,}6| = 0{,}22$;

$x_2 = 0{,}4$: $f(0{,}4) = \dfrac{2 \cdot (0{,}4 - 1)^2}{0{,}4^2 + 1} = \dfrac{18}{29} \approx 0{,}62$ und
$y = -4 \cdot 0{,}4 + 2 = 0{,}4$
Abweichung:
$\Delta y = |0{,}62 - 0{,}4| = 0{,}22$, also
die Abweichung an den Intervallenden beträgt jeweils 0,22.

c) **Nachweisen der Stammfunktionen durch Ableiten:**

$F_a(x) = a[x - \ln(x^2 + 1)]$

$F_a'(x) = a \cdot \left[1 - \dfrac{1}{x^2 + 1} \cdot 2x\right]$

$F_a'(x) = a \cdot \left[\dfrac{x^2 + 1 - 2x}{x^2 + 1}\right] = a \cdot \dfrac{x^2 - 2x + 1}{x^2 + 1} = a \cdot \dfrac{(x-1)^2}{x^2 + 1} = f_a(x)$

Berechnen des Wertes für a, z. B.:

$A = 1$ und $A = \displaystyle\int_0^1 f_a(x)\,dx$, da die Nullstelle von $f_a(x)$ bei $x = 1$ liegt, also

$1 = |a[x - \ln(x^2 + 1)]|_0^1$

$1 = a - a\ln(1^2 + 1)$

$1 = a(1 - \ln 2)$

$a = \dfrac{1}{1 - \ln 2} \approx 3,26.$

Kernfach Mathematik (Sachsen-Anhalt): Abiturprüfung 2005
Grundkursniveau – Pflichtaufgabe G2: Analytische Geometrie

In einem kartesischen Koordinatensystem sind die Eckpunkte eines Tetraeders*)
$H_1(6|0|0)$, $H_2(0|6|0)$, $H_3(0|0|6)$ und $H_4(6|6|6)$ sowie der Punkt $C(3|3|3)$ gegeben.

a) Die Punkte C, H_1 und H_2 bestimmen eine Ebene E.
   Zeigen Sie, dass der Vektor $\overrightarrow{H_3H_4}$ ein Normalenvektor dieser Ebene ist und geben Sie eine Koordinatengleichung dieser Ebene an.
   Berechnen Sie die Koordinaten des Durchstoßpunktes der Strecke $\overline{H_3H_4}$ durch die Ebene E und charakterisieren Sie dessen spezielle Lage auf dieser Strecke.
   Schlussfolgern Sie die Lage der Punkte H_3 und H_4 zur Ebene E. (9 BE)

b) Im Modell eines Methanmoleküls befinden sich die Wasserstoffatome in den Eckpunkten H_i (i = 1; 2; 3; 4) und das Kohlenstoffatom im Mittelpunkt C eines Tetraeders. Der Winkel α heißt Bindungswinkel zwischen dem Kohlenstoffatom und jeweils einem Wasserstoffatom (siehe Abbildung).
   Berechnen Sie das Gradmaß des Bindungswinkels α.

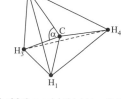

Abb.: Methanmolekül (nicht maßstäblich) (3 BE)

c) Projiziert man die Punkte H_i (i = 1; 2; 3; 4) und den Punkt C durch senkrechte Parallelprojektion in die x-y-Ebene, so erhält man die Bildpunkte $H'_1(6|0|0)$, $H'_2(0|6|0)$, $H'_3(0|0|0)$, H'_4 und C'.
   Zeigen Sie, dass durch diese Projektion folgende Strukturformel des Methanmoleküls aus geometrischer Sicht gerechtfertigt ist.

   H
   |
   H — C — H
   |
   H
   (3 BE)
   (15 BE)

*) Ein Tetraeder ist ein Körper, der von vier gleichseitigen Dreiecken begrenzt wird.

Lösungen

a) **Zeigen, dass $\overrightarrow{H_3H_4}$ Normalenvektor der Ebene $E(C, H_1, H_2)$ ist:**

Parametergleichung der Ebene:

$$E: \vec{x} = \begin{pmatrix} 3 \\ 3 \\ 3 \end{pmatrix} + t_1 \begin{pmatrix} 3 \\ -3 \\ -3 \end{pmatrix} + s_1 \begin{pmatrix} -3 \\ 3 \\ -3 \end{pmatrix}$$

$$\vec{x} = \begin{pmatrix} 3 \\ 3 \\ 3 \end{pmatrix} + t \begin{pmatrix} 1 \\ -1 \\ -1 \end{pmatrix} + s \begin{pmatrix} -1 \\ 1 \\ -1 \end{pmatrix}, \quad t, s \in \mathbb{R}$$

$$\vec{n} = \begin{pmatrix} 1 \\ -1 \\ -1 \end{pmatrix} \times \begin{pmatrix} -1 \\ 1 \\ -1 \end{pmatrix} = \begin{pmatrix} 2 \\ 2 \\ 0 \end{pmatrix} = 2 \begin{pmatrix} 1 \\ 1 \\ 0 \end{pmatrix}$$

Vektor $\overrightarrow{H_3H_4} = \begin{pmatrix} 6 \\ 6 \\ 0 \end{pmatrix} = 6 \begin{pmatrix} 1 \\ 1 \\ 0 \end{pmatrix}$, also $\vec{n} = \frac{1}{3} \overrightarrow{H_3H_4}$,

die Vektoren stimmen überein.

Koordinatengleichung der Ebene, z. B.:

$1x + 1y = a$ und wegen $C(3\,|\,3\,|\,3) \in E$ ergibt sich
$1 \cdot 3 + 1 \cdot 3 = 6$, also
$E: \ x + y = 6$.

Berechnen der Koordinaten des Durchstoßpunktes:

$g(H_3, H_4) \cap E = \{D\}$, also

$$g: \vec{x} = \begin{pmatrix} 0 \\ 0 \\ 6 \end{pmatrix} + r_1 \begin{pmatrix} 6 \\ 6 \\ 0 \end{pmatrix}$$

$$\vec{x} = \begin{pmatrix} 0 \\ 0 \\ 6 \end{pmatrix} + r \begin{pmatrix} 1 \\ 1 \\ 0 \end{pmatrix}, \ r \in \mathbb{R} \text{ in } E \text{ eingesetzt}$$

$r + r = 6, \ r = 3$ und damit $D(3\,|\,3\,|\,6)$.

Charakterisieren der Lage, z. B.:

$H_3(0\,|\,0\,|\,6) \ - \ D(3\,|\,3\,|\,6) \ - \ H_4(6\,|\,6\,|\,6)$, also

D ist Mittelpunkt der Strecke $\overline{H_3H_4}$;

oder $\overrightarrow{OD} = \overrightarrow{OH_3} + t\,\overrightarrow{H_3H_4}$; $t = \frac{1}{2}$ also

D Mittelpunkt von $\overline{H_3H_4}$.

Schlussfolgern der Lage der Punkte H_3 und H_4, z. B.:

Da die Strecke $\overline{H_3H_4}$ senkrecht zur Ebene E verläuft und die Punkte H_3 und H_4 den gleichen Abstand zur Ebene E haben, liegen die Punkte H_3 und H_4 symmetrisch bezüglich der Ebene E.

b) **Berechnen des Gradmaßes des Winkels α:**

$$\cos\alpha = \frac{\overrightarrow{CH_3} \circ \overrightarrow{CH_2}}{|\overrightarrow{CH_3}| \cdot |\overrightarrow{CH_2}|} = \frac{\begin{pmatrix}-3\\-3\\3\end{pmatrix} \circ \begin{pmatrix}-3\\3\\-3\end{pmatrix}}{\sqrt{27} \cdot \sqrt{27}} = -\frac{1}{3}, \quad \alpha \approx 109{,}5°$$

c) **Zeigen, dass die Strukturformel gerechtfertigt ist, z. B.:**
Die Koordinaten der Punkte H_4' und C' lauten:
$H_4'(6|6|0)$ und C'(3|3|0).

Man zeichnet die Punkte in ein Koordinatensystem:
Die Punkte H_1', H_2', H_3' und H_4' sind Eckpunkte
eines Quadrats und C' ist der Schnittpunkt der
Diagonalen, d. h. die Strukturformel des Methanmoleküls kann als Projektion des Methanmoleküls
betrachtet werden.

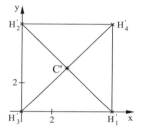

Kernfach Mathematik (Sachsen-Anhalt): Abiturprüfung 2005
Grundkursniveau – Pflichtaufgabe G3: Stochastik

Bei einer bundesweiten Umfrage unter berufstätigen Frauen und Männern mit Kindern unter 18 Jahren gaben 60 % der Befragten an, dass ihr Arbeitgeber auf ihre Bedürfnisse als Eltern Rücksicht nehme. Die Zufallsgröße X beschreibe die Anzahl der Befragten in einer Stichprobe, die diese Antwort gaben.

a) Begründen Sie, dass die Zufallsgröße X als binomialverteilt angesehen werden kann.
Berechnen Sie die Wahrscheinlichkeit dafür, dass unter 50 Befragten
– die Zufallsgröße X den Wert 30 annimmt,
– die Zufallsgröße X einen Wert von 27 bis höchstens 33 annimmt. (6 BE)

b) Die Leitung eines großen Unternehmens plant in Kenntnis dieser Umfrageergebnisse eine Befragung ihrer Belegschaft. Dazu werden 100 Beschäftige mit Kindern unter 18 Jahren zufällig ausgewählt und befragt. Es wird vermutet, dass mindestens 60 % der Befragten der Meinung sind, dass ihr Arbeitgeber auf ihre Bedürfnisse als Eltern Rücksicht nimmt.
Ermitteln Sie für die Nullhypothese H_0: $p_0 \geq 0{,}6$ den größtmöglichen Ablehnungsbereich auf einem Signifikanzniveau von 5 %. (5 BE)

c) Eine Analyse der bundesweiten Umfrageergebnisse hat gezeigt, dass 60 % der befragten Personen Männer waren, von denen 75 % angaben, dass ihr Arbeitgeber auf ihre Bedürfnisse als Eltern Rücksicht nimmt.
Berechnen Sie den Anteil der Frauen, die ihre Bedürfnisse als Eltern durch ihren Arbeitgeber berücksichtigt sehen. (4 BE)

(15 BE)

Lösungen

a) **Begründen, dass die Zufallsgröße X als binomialverteilt angesehen werden kann:**
   - Die Antwortmöglichkeiten jedes Befragten lassen sich zu genau zwei Ereignissen zusammenfassen; Ereignis „Arbeitgeber nimmt Rücksicht" und zugehöriges Gegenereignis („Arbeitgeber nimmt keine Rücksicht", „weiß nicht", „keine Antwort" usw.).
   - Bei jedem Befragten beträgt die Wahrscheinlichkeit p für das Ereignis „Arbeitgeber nimmt Rücksicht" $p = 0{,}60$.
   - Es ist davon auszugehen, dass alle Befragten unabhängig voneinander antworten; die Wahrscheinlichkeit $p = 0{,}60$ bleibt somit (in der gesamten Stichprobe) unverändert.

   Berechnen der gesuchten Wahrscheinlichkeiten:

   Die Zufallsgröße X ist binomialverteilt mit $n = 50$ und $p = 0{,}60$; $X \sim B_{50;\,0{,}60}$.

   $P(X = 30) = B_{50;\,0{,}60}(\{30\}) = 0{,}11456$ (Tabellenwert)

   $\mathbf{P(X = 30) \approx 11\ \%}$

   $P(27 \leq X \leq 33) = P(X \leq 33) - P(X \leq 26)$

   $P(27 \leq X \leq 33) = B_{50;\,0{,}60}(\{0;\ 1;\ \ldots;\ 33\}) - B_{50;\,0{,}60}(\{0;\ 1;\ \ldots;\ 26\}) =$

   $\quad = 0{,}84391 - 0{,}15617 = 0{,}68774$

   (Tabellenwerte)

   $\mathbf{P(27 \leq X \leq 33) \approx 69\ \%}$

b) **Ermitteln des größtmöglichen Ablehnungsbereichs:**

   Die Zufallsgröße Y beschreibe die Anzahl der Befragten, die der Meinung sind, dass ihr Arbeitgeber auf ihre Bedürfnisse als Eltern Rücksicht nimmt. Die Zufallsgröße Y ist binomialverteilt mit $n = 100$ und $p = 0{,}60$; $Y \sim B_{100;\,0{,}60}$ (bei wahrer Nullhypothese).

   Mit den Vorgaben

   (1) Nullhypothese H_0: $p_0 \geq 0{,}60$ und

   (2) Signifikanzniveau α: $\alpha = 0{,}05$

   folgt (da *kleine* Werte der Zufallsgröße Y gegen die Nullhypothese sprechen) für den größtmöglichen Ablehnungsbereich der *linksseitige* Ablehnungsbereich $\overline{\mathrm{A}}$: $\overline{\mathrm{A}} = \{0; 1; \ldots; k\}$.

   Die zugehörige Ungleichung $P(Y \leq k) = B_{100;\,0{,}60}(\{0;\ 1;\ \ldots;\ k\}) \leq 0{,}05$ zur Ermittlung des kritischen Werts k ist letztmalig erfüllt für den Wert $k = 51$ [Tabellenwert $B_{100;\,0{,}60}(\{0;\ 1;\ \ldots;\ 51\}) = 0{,}04230$].

   Der größtmögliche Ablehnungsbereich ist $\overline{\mathrm{A}} = \{0; 1; \ldots; 51\}$.

c) **Berechnen des gesuchten Anteils:**

   Vorüberlegung:
   Der zu berechnende Anteil wird ausgedrückt durch die bedingte Wahrscheinlichkeit dafür, dass eine befragte Person, die eine Frau ist, ihre Bedürfnisse als Eltern berücksichtigt sieht.
   Unter Verwendung eines Baumdiagramms sind die Zusammenhänge gut überschaubar.

G 2005-10

Ereignisse:

Ereignis M:	Eine befragte Person ist ein Mann.	P(M) = 0,60
Ereignis R:	Es wird angegeben, dass der Arbeitgeber auf die Bedürfnisse als Eltern Rücksicht nimmt.	P(R) = 0,60
Ereignis F:	Eine befragte Person ist eine Frau.	P(F) = 1 – 0,60 = 0,40

Bedingte Wahrscheinlichkeiten:

$P_M(R) = 0{,}75$

Wahrscheinlichkeit dafür, dass eine befragte Person, die ein Mann ist, ihre Bedürfnisse als Eltern berücksichtigt sieht.

$P_F(R) = x$ Gesuchter Anteil!

Wahrscheinlichkeit dafür, dass eine befragte Person, die eine Frau ist, ihre Bedürfnisse als Eltern berücksichtigt sieht.

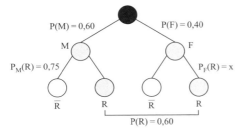

$P(M) \cdot P_M(R) + P(F) \cdot P_F(R) = P(R)$

(Anwenden des Multiplikations- und des Additionssatzes)

$$0{,}60 \cdot 0{,}75 + 0{,}40 \cdot x = 0{,}60 \quad \Rightarrow \quad x = \frac{0{,}60 - 0{,}60 \cdot 0{,}75}{0{,}40} = 0{,}375; \quad x \approx 38\,\%$$

Der **Anteil der Frauen**, die ihre Bedürfnisse durch ihren Arbeitgeber berücksichtigt sehen, beträgt **etwa 38 %**.

Kernfach Mathematik (Sachsen-Anhalt): Abiturprüfung 2005
Grundkursniveau – Wahlpflichtaufgabe G4.1: Analysis

Eine Firma stellt Modeschmuck her. Als Rohlinge für einen Anhänger werden kleine Metallplatten in der Form von gleichschenkligen Dreiecken verwendet. Diese haben eine Basislänge von 5,0 cm und eine Höhe über der Basis von 9,5 cm. Die Rohlinge werden so ausgestanzt, dass die in der Abbildung dargestellte Schmuckform erhalten wird. Der Bogen über $\overline{AC}$ hat die Form einer Parabel zweiten Grades. Die Begrenzungslinien $\overline{AB}$ und $\overline{BC}$ liegen auf den Tangenten an den Parabelbogen in dem Punkt A bzw. in dem Punkt C.
Der Anhänger soll einseitig vergoldet werden (Fläche F).
Berechnen Sie den Inhalt der pro Anhänger zu vergoldenden Fläche.

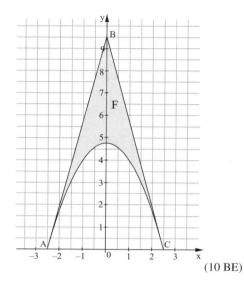

(10 BE)

Lösungen

Aufstellen der Gleichung für die Parabel, z. B.:

$y = f(x) = ax^2 + bx + c$

$f'(x) = 2ax + b$ und

$A(-2,5 \mid 0)$, $B(0 \mid 9,5)$, $C(2,5 \mid 0)$ und damit

Tangente in C:

$m = \dfrac{\Delta y}{\Delta x} = \dfrac{9,5 - 0}{0 - 2,5} = -3,8$, also

$f'(2,5) = -3,8$ → I. $\quad 5a + b = -3,8$
$f(-2,5) = 0$ → II. $\quad 6,25a - 2,5b + c = 0$
$f(2,5) = 0$ → III. $\quad 6,25a + 2,5b + c = 0$

Lösen des Gleichungssystems:

$b = -3,8 - 5a$ in II., also $6,25a - 2,5(-3,8 - 5a) + c = 0$

und in III., also $6,25a + 2,5(-3,8 - 5a) + c = 0$

$6,25a + 9,5 + 12,5a + c = 0$

$\underline{6,25a - 9,5 - 12,5a + c = 0}$

$\quad 18,75a + 9,5 + c = 0$

$\underline{\quad -6,25a - 9,5 + c = 0} \quad | \cdot (-1)$

$\quad\quad 25a + 19 = 0, \quad a = -\dfrac{19}{25} = -0,76$ in I.

$\quad\quad 5 \cdot (-0,76) + b = -3,8$

$\quad\quad\quad b = 0$ und in II.

$6,25 \cdot (-0,76) - 2,5 \cdot 0 + c = 0$

$\quad\quad\quad c = 4,75, \text{ also}$

$\quad\quad\quad f(x) = -0,76x^2 + 4,75.$

Andere Möglichkeit:
Parabel symmetrisch zur y-Achse, also $b = 0$ und damit $f(x) = ax^2 + c$, $f'(x) = 2ax$

Bedingungen:

$C(2,5|0) \quad\quad\quad \rightarrow \quad$ I. $\quad 6,25a + c = 0$

$f'(2,5) = -3,8 \quad\quad \rightarrow \quad$ II. $\quad\quad 5a = -3,8$

$\quad\quad\quad\quad\quad\quad\quad\quad\quad\quad\quad\quad \underline{\quad\quad a = -0,76 \text{ in I.}}$

$\quad\quad\quad\quad\quad\quad\quad\quad\quad\quad c = 4,75 \text{ und damit}$

$\quad f(x) = -0,76x^2 + 4,75.$

Berechnen des Flächeninhalts, z. B.:

Inhalt der Dreiecksfläche:

$A_1 = \dfrac{1}{2} A_G \cdot h = \dfrac{1}{2} \cdot 5,0 \text{ cm} \cdot 9,5 \text{ cm},$

$A_1 = 23,75 \text{ cm}^2.$

Inhalt der Fläche, die von der Parabel und der x-Achse eingeschlossen wird, z. B.:

$A_2 = 2 \cdot \displaystyle\int_0^{2,5} (-0,76x^2 + 4,75)dx = 2\left[-0,76 \cdot \dfrac{x^3}{3} + 4,75x\right]_0^{2,5}$

$A_2 = 2\left[-0,76 \cdot \dfrac{2,5^3}{3} + 4,75 \cdot 2,5\right]$

$A_2 \approx 15,83, \text{ also } 15,83 \text{ cm}^2.$

$A_{ges.} = A_1 - A_2 = 23,75 \text{ cm}^2 - 15,83 \text{ cm}^2 = 7,92 \text{ cm}^2.$

Die zu vergoldende Fläche beträgt $7,92 \text{ cm}^2$.

G 2005-13

Kernfach Mathematik (Sachsen-Anhalt): Abiturprüfung 2005
Grundkursniveau – Wahlpflichtaufgabe G4.2: Analytische Geometrie

In einem kartesischen Koordinatensystem ist das Dreieck ABC durch die Punkte A($-1\,|\,5$), B($9\,|-19$) und C($4\,|\,6$) gegeben.

Weisen Sie nach, dass das Dreieck ABC ein rechtwinkliges Dreieck mit der Hypotenuse $\overline{AB}$ ist.

Begründen Sie, dass der Mittelpunkt des Umkreises k des Dreiecks ABC auch Mittelpunkt der Hypotenuse $\overline{AB}$ dieses Dreiecks ist und geben Sie eine Gleichung des Umkreises k an.

Unter Beibehaltung der Hypotenuse $\overline{AB}$ gibt es genau zwei Punkte C_1 und C_2, so dass die Dreiecke ABC_1 und ABC_2 rechtwinklig gleichschenklig sind.

Ermitteln Sie die Koordinaten dieser Punkte C_1 und C_2. (10 BE)

G 2005-14

Lösungen

Nachweisen, dass das Dreieck ABC rechtwinklig ist, z. B.:
Bedingung:
$\angle BCA = 90°$, da $\overline{AB}$ Hypotenuse,
also $\vec{CA} \circ \vec{CB} = 0$, $\begin{pmatrix}-5\\-1\end{pmatrix} \circ \begin{pmatrix}5\\-25\end{pmatrix} = 0$, $-5 \cdot 5 + (-1) \cdot (-25) = 0$ w. A.,
also $\triangle ABC$ rechtwinklig.
Andere Möglichkeit über den Satz des Pythagoras, also
$\overline{AB}^2 = \overline{BC}^2 + \overline{AC}^2$
$\left|\begin{pmatrix}10\\-24\end{pmatrix}\right|^2 = \left|\begin{pmatrix}-5\\25\end{pmatrix}\right|^2 + \left|\begin{pmatrix}5\\1\end{pmatrix}\right|^2$
$(\sqrt{100+576})^2 = (\sqrt{25+625})^2 + (\sqrt{25+1})^2$
$676 = 650 + 26$ w. A.

Begründen der Aussage, z. B.:
Mittelpunkt der Hypotenuse:
$\vec{OM}_{AB} = \vec{OA} + \frac{1}{2}\vec{AB} = \begin{pmatrix}-1\\5\end{pmatrix} + \frac{1}{2}\begin{pmatrix}10\\-24\end{pmatrix}$
$M_{\overline{AB}}(4|-7)$
Mittelpunkt M des Umkreises des Dreiecks ABC soll $M_{\overline{AB}}$ sein:
$|\vec{AM}| = |\vec{BM}| = |\vec{CM}| = r$
$|\vec{AM}| = \left|\begin{pmatrix}5\\-12\end{pmatrix}\right| = \sqrt{25+144} = 13$
$|\vec{BM}| = \left|\begin{pmatrix}-5\\12\end{pmatrix}\right| = \sqrt{25+144} = 13$
$|\vec{CM}| = \left|\begin{pmatrix}0\\-13\end{pmatrix}\right| = 13$, also

alle Punkte A, B, C haben vom Mittelpunkt M den gleichen Abstand.
Gleichung des Umkreises k:
$(x-4)^2 + (y+7)^2 = 169$

Ermitteln der Koordinaten der Punkte C_1 und C_2, z. B.:
Skizze:

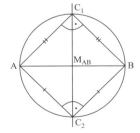

$g(M_{AB}, \vec{v}_{\perp AB}) \cap k = \{C_1, C_2\}$, also g: $\vec{u}_{AB} = \overrightarrow{AB} = \begin{pmatrix} 10 \\ -24 \end{pmatrix}$ und der senkrechte Vektor $\vec{v}$

$\begin{pmatrix} 10 \\ -24 \end{pmatrix} \circ \vec{v} = 0, \quad \vec{v} = \begin{pmatrix} 24 \\ 10 \end{pmatrix} = 2 \begin{pmatrix} 12 \\ 5 \end{pmatrix}$

$\vec{x} = \overrightarrow{OM}_{AB} + t\vec{v}$

$\vec{x} = \begin{pmatrix} 4 \\ -7 \end{pmatrix} + t \begin{pmatrix} 12 \\ 5 \end{pmatrix}$ eingesetzt in k

$(4 + 12t - 4)^2 + (-7 + 5t + 7)^2 = 169$

$\qquad 144t^2 + 25t^2 = 169$

$\qquad\qquad t^2 = 1,$ also

$t_1 = 1, \quad t_2 = -1$ und damit $C_1(16|-2)$ und $C_2(-8|-12)$.

Andere Möglichkeit: $C(x|y)$

Bedingungen:

$|\overrightarrow{C_1A}| = |\overrightarrow{C_1B}|$ und $\overrightarrow{C_1A} \circ \overrightarrow{C_1B} = 0$

analog:

$|\overrightarrow{C_2A}| = |\overrightarrow{C_2B}|$ und $\overrightarrow{C_2A} \circ \overrightarrow{C_2B} = 0$ also

I. $\left| \begin{pmatrix} -1 - x \\ 5 - y \end{pmatrix} \right| = \left| \begin{pmatrix} 9 - x \\ -19 - y \end{pmatrix} \right|$

II. $\begin{pmatrix} -1 - x \\ 5 - y \end{pmatrix} \circ \begin{pmatrix} 9 - x \\ -19 - y \end{pmatrix} = 0$

I. $(-1-x)^2 + (5-y)^2 = (9-x)^2 + (-19-y)^2$

umgeformt

$1 + 2x + x^2 + 25 - 10y + y^2 = 81 - 18x + x^2 + 361 + 38y + y^2;$

$-48y + 20x = 416$

II. $(-1-x) \cdot (9-x) + (5-y) \cdot (-19-y) = 0$

$-9 + x - 9x + x^2 - 95 - 5y + 19y + y^2 = 0$

$x^2 - 8x + y^2 + 14y - 104 = 0$

Gleichung I. umgestellt nach $x = 20{,}8 + 2{,}4y$ und eingesetzt in II.:

$(20{,}8 + 2{,}4y)^2 - 8 \cdot (20{,}8 + 2{,}4y) + y^2 + 14y - 104 = 0$

$\qquad 6{,}76y^2 + 94{,}64y + 162{,}24 = 0$

$\qquad\qquad y^2 + 14y + 24 = 0$

$y_{1,2} = -7 \pm \sqrt{49 - 24}$

$y_{1,2} = -7 \pm 5$

$y_1 = -2 \quad$ und $x_1 = 16 \quad \rightarrow \quad C_1(16|-2)$

$y_2 = -12 \quad$ und $x_2 = -8 \quad \rightarrow \quad C_2(-8|-12)$

G 2005-16

Kernfach Mathematik (Sachsen-Anhalt): Abiturprüfung (Modellversuch) 2006
Grundkursniveau – Pflichtaufgabe K-G1: Analysis

Gegeben sind die Funktionen f_a durch

$$y = f_a(x) = e^{x-a} - 3, \quad x \in \mathbb{R}, \, a \in \mathbb{R}.$$

Ihre Graphen werden mit G_a bezeichnet.

a) Berechnen Sie die Koordinaten der Schnittpunkte der Graphen G_a mit den Koordinatenachsen.

Untersuchen Sie die Funktionen f_a auf Monotonie, auf die Existenz von lokalen Extremstellen sowie auf ihr Verhalten für $x \to \pm\infty$.

Zeichnen Sie den Graphen G_1 und seine Asymptote im Intervall $-2 \le x \le 3$.

Geben Sie an, welchen Einfluss der Parameter a auf den Verlauf der Graphen G_a hat. (14 BE)

b) Die Tangente an den Graphen G_1 im Punkt $P(0 \,|\, f_1(0))$ und die Koordinatenachsen schließen eine Fläche F_1 vollständig ein.

Der Graph G_1 und die Koordinatenachsen begrenzen eine Fläche F_2 vollständig.

Berechnen Sie das Verhältnis der Inhalte der Flächen F_1 und F_2. (10 BE)

c) Begründen Sie, dass zur Funktion f_1 eine Umkehrfunktion existiert.

Ermitteln Sie eine Gleichung dieser Umkehrfunktion sowie deren größtmöglichen Definitionsbereich und Wertebereich. (6 BE)

(30 BE)

2006-K-1

Tipps und Hinweise zum Lösen von Pflichtaufgabe K-G1: Analysis

a) *Schnittpunkte mit den Koordinatenachsen*
   Tipps:
   - Schnittpunkt mit der y-Achse ist der Punkt $S_y(0 \mid f_a(0))$.
   - Die Abszisse eines Schnittpunktes mit der x-Achse ist eine Nullstelle von f_a.

   Monotonie
   Hinweis:
   Eine differenzierbare Funktion ist genau dann streng monoton wachsend (fallend), wenn $f'(x) > 0$ ($f'(x) < 0$) für alle $x \in \mathbb{D}_f$.
   Tipps:
   - Berechnen und untersuchen Sie $f_a'(x)$.
   - Ermitteln Sie unter Berücksichtigung des obigen Hinweises das Monotonieverhalten von f_a. Welchen Einfluss hat der Parameter a?

   Extremstellen
   Tipp: Notwendige Bedingung für Extrempunkte: $f_a'(x) = 0$

   Verhalten im Unendlichen
   Tipp: $\lim\limits_{x \to \infty} e^x = \infty$; $\lim\limits_{x \to -\infty} e^x = 0$
   Einfluss des Parameters a auf den Verlauf von G_a
   Hinweise:
   Für den Graphen einer Funktion f bedeutet:
   - Verschiebung in x-Richtung um a $\Rightarrow$ Ersetzen von x durch $(x - a)$ im Funktionsterm
   - Spiegeln an der x-Achse $\Rightarrow$ Multiplikation des Funktionsterms mit -1
   - Verschieben in y-Richtung um a $\Rightarrow$ Addition von a zum Funktionsterm

b) *Berechnen des Verhältnisses der Flächeninhalte*
   Hinweise:
   - Fläche unter dem Graphen einer Funktion f mit $f(x) \geq 0$ oder $f(x) \leq 0$ für alle $x \in [a; b]$:

$$A = \left| \int_a^b f(x)dx \right|$$

   - Fläche eines rechtwinkligen Dreiecks: $A = \frac{1}{2} \cdot a \cdot b$ mit $\gamma = 90°$
   Tipps:
   - Stellen Sie die Tangentengleichung (z. B. $y = mx + n$) im Punkt P auf.
   - Die Tangentensteigung m entspricht der Ableitung von f_1 bei $x = 0$.
   - Überlegen Sie, was F_1 für eine Fläche ist. Zeichnen Sie die Tangente in das Koordinatensystem ein und berechnen Sie F_1 (siehe obiger Hinweis).
   - Berechnen Sie die Fläche F_2 durch Integration (siehe obiger Hinweis).

c) *Begründen der Existenz einer Umkehrfunktion, Gleichung der Umkehrfunktion*
   Tipps:
   - Denken Sie an den Zusammenhang zwischen Monotonie und Umkehrfunktion.
   - Stellen Sie die Gleichung $y = f_1(x)$ nach x um.
   - Nun brauchen Sie nur noch die Variablen umbenennen: $x \leftrightarrow y$

2006-K-2

Lösungen

a) **Schnittpunkte mit den Koordinatenachsen:**

y-Achse: $x = 0$ $y = e^{0-a} - 3$
$y = e^{-a} - 3$
$S_y(0 | e^{-a} - 3)$

x-Achse: $y = 0$ $0 = e^{x-a} - 3$
$e^{x-a} = 3$
$\ln e^{x-a} = \ln 3$
$x - a = \ln 3$
$x = \ln 3 + a$
$S_x(\ln 3 + a | 0)$

Monotonie:

$f_a'(x) = e^{x-a} > 0$ für alle $x \in \mathbb{R}$,
also f_a streng monoton wachsend.

Extremstellen:

$f_a'(x) = 0$
$e^{x-a} = 0$

$\Rightarrow$ falsche Aussage für alle $x \in \mathbb{R}$ und $a \in \mathbb{R}$, also keine Extremstellen, da notwendige Bedingung nicht erfüllt

Verhalten im Unendlichen:

$\lim\limits_{x \to +\infty} (e^{x-a} - 3) = \infty$

$\lim\limits_{x \to -\infty} (e^{x-a} - 3) = -3$

Graph:

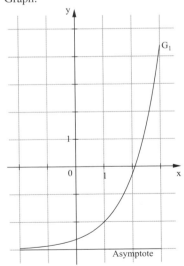

Wertetabelle für $f_1(x) = e^{x-1} - 3$:

x	$f_1(x)$
-2	$-2{,}95$
$-1{,}5$	$-2{,}92$
-1	$-2{,}86$
$-0{,}5$	$-2{,}78$
0	$-2{,}63$
$0{,}5$	$-2{,}39$
1	-2
$1{,}5$	$-1{,}35$
2	$-0{,}28$
$2{,}5$	$1{,}48$
3	$4{,}39$

Einfluss des Parameters a auf den Verlauf der Graphen G_a:
Die Graphen G_a sind um a Einheiten in Richtung der x-Achse verschoben.

b) **Berechnen des Verhältnisses der Flächeninhalte:**
Dazu berechnet man die Flächen F_1 und F_2, also

F_1: Aufstellung der Tangentengleichung t: $y = mx + n$, mit $m = f_1'(0) = e^{-1}$ und mit
$P(0 \mid e^{-1} - 3)$ folgt

$$y = e^{-1} \cdot x + n$$
$$e^{-1} - 3 = e^{-1} \cdot 0 + n$$
$$n = e^{-1} - 3$$
$$\Rightarrow \quad t: \ y = e^{-1}x + e^{-1} - 3$$

Die Tangente t schneidet die Koordinatenachsen in den Punkten $S_{x_t}(3e - 1 \mid 0)$ und
$S_{y_t}(0 \mid e^{-1} - 3)$.
Die Maßzahl der Fläche F_1 ergibt sich aus

$$F_1 = \frac{1}{2} \left| (3e - 1) \cdot (e^{-1} - 3) \right|$$

da F_1 ein rechtwinkliges Dreieck ist.

$$F_1 = \frac{1}{2} \left| \left(6 - 9e - \frac{1}{e} \right) \right| = \left| 3 - \frac{9}{2}e - \frac{1}{2e} \right| \approx 9,42$$

$$F_2 = \left| \int_0^{1 + \ln 3} (e^{x-1} - 3)\, dx \right| = \left| e^{x-1} - 3x \Big|_0^{1 + \ln 3} \right| = \left| e^{1 + \ln 3 - 1} - 3(1 + \ln 3) - e^{-1} \right|$$

$$= \left| 3 - 3 - 3\ln 3 - e^{-1} \right| = 3\ln 3 + \frac{1}{e} \approx 3,66$$

Verhältnis: $F_1 : F_2 \approx 9,42 : 3,66 \approx 2,57$

c) **Begründen der Existenz einer Umkehrfunktion:**
Aus der strengen Monotonie der Funktion folgt die Existenz einer Umkehrfunktion.

Gleichung der Umkehrfunktion:
$y = e^{x-1} - 3$

Umstellen der Gleichung nach x:
$$y + 3 = e^{x-1}$$
$$\ln(y + 3) = \ln e^{x-1}$$
$$x - 1 = \ln(y + 3)$$
$$x = \ln(y + 3) + 1$$

Umbenennen der Variablen:
$y = \ln(x + 3) + 1$

mit Definitionsbereich $x \in \mathbb{R}$, $x > -3$ und Wertebereich $y \in \mathbb{R}$.

Kernfach Mathematik (Sachsen-Anhalt): Abiturprüfung (Modellversuch) 2006
Grundkursniveau – Pflichtaufgabe K-G2: Analytische Geometrie

Gegeben seien in einem kartesischen Koordinatensystem die Punkte
$P_1(4\,|-1\,|\,2)$, $P_2(-2\,|\,6\,|\,1)$ und $P_3(8\,|-2\,|-1)$.

a) Die drei gegebenen Punkte bestimmen die Ebene ε.
Ermitteln Sie eine Koordinatengleichung dieser Ebene. (5 BE)

b) Die Ebene ε wird von den Koordinatenachsen in den Punkten A, B und C durchstoßen.
Untersuchen Sie, ob das durch diese Punkte bestimmte Dreieck gleichseitig ist und berechnen Sie die Maßzahl seines Flächeninhaltes. (4 BE)

c) Der Punkt $D(9\,|\,9\,|\,11)$ sei Eckpunkt eines Prismas ABCDEF, dessen Grundfläche das Dreieck ABC ist.
Zeigen Sie, dass dieses Prisma kein gerades Prisma ist und berechnen Sie die Maßzahl seiner Höhe. (6 BE)

(15 BE)

2006-K-5

Tipps und Hinweise zum Lösen von Pflichtaufgabe K-G2: Analytische Geometrie

a) *Ermitteln einer Koordinatengleichung*

Hinweis:
Ermitteln Sie zunächst die Ebenengleichung in Parameterform und ermitteln Sie dann eine Koordinatengleichung der Form $ax + by + cz = d$.

Tipps:
- Berechnen Sie einen Normalenvektor $\vec{n} = \begin{pmatrix} n_1 \\ n_2 \\ n_3 \end{pmatrix}$ aus dem Vektorprodukt der Spannvektoren der Ebene ε.
- Dann gilt: $\varepsilon: n_1 x + n_2 y + n_3 z = d$, wobei sich d durch Punktprobe mit P_1 ermitteln lässt.

b) *Untersuchen, ob das Dreieck gleichseitig ist*

Hinweise:
- Ein Dreieck ist gleichseitig, wenn alle drei Seiten gleich lang sind.
- Flächenformel für gleichseitige Dreiecke: $A = \frac{1}{4} a^2 \cdot \sqrt{3}$

Tipps:
- Überlegen Sie, wie Sie die Durchstoßpunkte aus der Koordinatenform der Ebenengleichung ablesen können. Beachten Sie, dass z. B. für die x-Achse gilt: $y = z = 0$.
- Berechnen und vergleichen Sie die Seitenlängen des Dreiecks ABC.
- $\overline{AB}$ ist die Länge des Verbindungsvektors $\overrightarrow{AB}$, entsprechendes gilt für $\overline{BC}$ und $\overline{AC}$.

c) *Zeigen, dass das Prisma nicht gerade ist*

Tipps:
- Wäre das Prisma gerade, welche Lage hätte dann der Vektor $\overrightarrow{AD}$ bzgl. der Ebene ε?
- Zeigen Sie, dass $\overrightarrow{AD}$ und der Normalenvektor der Ebene ε linear unabhängig sind.
  (gleichwertig: $\overrightarrow{AD}$ steht nicht senkrecht auf der Ebene ε).

Berechnen der Maßzahl der Höhe des Prismas

Tipps:
- Die Höhe des Prismas entspricht dem Abstand des Punktes D von der Ebene ε.
- Stellen Sie mithilfe der Koordinatengleichung der Ebene ε die Hesse'sche Normalenform auf.
- Den Abstand des Punktes D von der Ebene ε erhalten Sie durch Einsetzen der Koordinaten von D in die Hesse'sche Normalenform.

2006-K-6

Lösungen

a) **Ermitteln einer Koordinatengleichung:**
Eine mögliche Parametergleichung der Ebene durch die Punkte P_1, P_2 und P_3 lautet:

$$\varepsilon: \vec{x} = \overrightarrow{OP_1} + t\overrightarrow{P_1P_2} + s\overrightarrow{P_1P_3} = \begin{pmatrix} 4 \\ -1 \\ 2 \end{pmatrix} + t\begin{pmatrix} -6 \\ 7 \\ -1 \end{pmatrix} + s\begin{pmatrix} 4 \\ -1 \\ -3 \end{pmatrix}; \quad t, s \in \mathbb{R}$$

1. Möglichkeit:
Den Normalenvektor $\vec{n}$ von ε berechnet man mithilfe des Vektorprodukts aus den Spannvektoren der Ebene ε.

$$\begin{pmatrix} -6 \\ 7 \\ -1 \end{pmatrix} \times \begin{pmatrix} 4 \\ -1 \\ -3 \end{pmatrix} = \begin{pmatrix} 7 \cdot (-3) - (-1) \cdot (-1) \\ -1 \cdot 4 - (-3) \cdot (-6) \\ -6 \cdot (-1) - 4 \cdot 7 \end{pmatrix} = \begin{pmatrix} -21 - 1 \\ -4 - 18 \\ 6 - 28 \end{pmatrix} = \begin{pmatrix} -22 \\ -22 \\ -22 \end{pmatrix} = -22\begin{pmatrix} 1 \\ 1 \\ 1 \end{pmatrix}$$

Mit dem Ansatz

$x + y + z = d$

und durch Einsetzen der Koordinaten des Punktes

$P_1(4 \,|\, -1 \,|\, 2) \in \varepsilon$

ergibt sich

$4 - 1 + 2 = d$

$\qquad d = 5$

also $\varepsilon: x + y + z = 5$.

2. Möglichkeit:
Der Normalenvektor $\vec{n}$ steht senkrecht auf den Spannvektoren der Ebene ε:

$$\vec{n} \perp \begin{pmatrix} -6 \\ 7 \\ -1 \end{pmatrix} \text{ und } \vec{n} \perp \begin{pmatrix} 4 \\ -1 \\ -3 \end{pmatrix}, \text{ damit gilt } \vec{n} \circ \begin{pmatrix} -6 \\ 7 \\ -1 \end{pmatrix} = 0 \text{ und } \vec{n} \circ \begin{pmatrix} 4 \\ -1 \\ -3 \end{pmatrix} = 0.$$

$$\begin{array}{rr} -6n_1 + 7n_2 - \quad n_3 = 0 & \\ 4n_1 - \quad n_2 - 3n_3 = 0 & | \cdot 7 \quad + \\ \hline 22n_1 \qquad\quad - 22n_3 = 0 & \end{array}$$

Eine mögliche Lösung ist:

$n_1 = 1$, $n_3 = 1$, $n_2 = 1$

d. h. $\vec{n} = \begin{pmatrix} 1 \\ 1 \\ 1 \end{pmatrix}$.

Mit dem Ansatz

$x + y + z = d$

und durch Einsetzen der Koordinaten des Punktes

$P_1(4|-1|2) \in \varepsilon$

ergibt sich

$4 - 1 + 2 = d$

$\qquad d = 5$

also $\varepsilon: x + y + z = 5$.

3. Möglichkeit:

Aus der Parametergleichung von ε

$$\vec{x} = \begin{pmatrix} x \\ y \\ z \end{pmatrix} = \begin{pmatrix} 4 \\ -1 \\ 2 \end{pmatrix} + t \begin{pmatrix} -6 \\ 7 \\ -1 \end{pmatrix} + s \begin{pmatrix} 4 \\ -1 \\ -3 \end{pmatrix}$$

folgt das Gleichungssystem

I $x = 4 - 6t + 4s$
II $y = -1 + 7t - s$
III $z = 2 - t - 3s$

Aus den Gleichungen I und II wird einmal der Parameter t und dann der Parameter s eliminiert:

I $\qquad x = 4 - 6t + 4s \qquad | \cdot 7$
II $\qquad y = -1 + 7t - s \qquad | \cdot 6 \;\;\Big]+$

$\overline{\qquad 7x + 6y = 22 \qquad + 22s}$

also

$$s = \frac{7}{22}x + \frac{6}{22}y - 1 \qquad\qquad (1)$$

und

I $\qquad x = 4 - 6t + 4s$
II $\qquad y = -1 + 7t - s \qquad | \cdot 4 \;\;\Big]+$

$\overline{\qquad x + 4y = 22t}$

also

$$t = \frac{1}{22}x + \frac{4}{22}y \qquad\qquad (2)$$

Gleichung (1) und (2) werden nun in III eingesetzt und entsprechend umgeformt:

$z = 2 - \left(\dfrac{1}{22}x + \dfrac{4}{22}y \right) - 3 \left(\dfrac{7}{22}x + \dfrac{6}{22}y - 1 \right)$

$z = 2 - \dfrac{1}{22}x - \dfrac{4}{22}y - \dfrac{21}{22}x - \dfrac{18}{22}y + 3$

$z = 5 - x - y$

also $\varepsilon: x + y + z = 5$.

2006-K-8

b) **Untersuchen, ob das Dreieck gleichseitig ist:**
Aus der Koordinatengleichung der Ebene
ε: $x + y + z = 5$
kann man die Durchstoßpunkte mit den Koordinatenachsen direkt ablesen.

Die Ebene ε durchstößt

die x-Achse ($y = z = 0$) im Punkt $A(5|0|0)$;
die y-Achse ($x = z = 0$) im Punkt $B(0|5|0)$;
die z-Achse ($x = y = 0$) im Punkt $C(0|0|5)$.

Für die Seitenlängen des Dreiecks ABC gilt:

$$|\overrightarrow{AB}| = \left|\begin{pmatrix}-5\\5\\0\end{pmatrix}\right| = \sqrt{50} = 5 \cdot \sqrt{2}$$

$$|\overrightarrow{BC}| = \left|\begin{pmatrix}0\\-5\\5\end{pmatrix}\right| = \sqrt{50}$$

$$|\overrightarrow{AC}| = \left|\begin{pmatrix}-5\\0\\5\end{pmatrix}\right| = \sqrt{50}$$

Wegen $|\overrightarrow{AB}| = |\overrightarrow{BC}| = |\overrightarrow{AC}|$ ist das Dreieck ABC gleichseitig.

Berechnen der Maßzahl des Flächeninhalts:
Die Flächenformel für ein gleichseitiges Dreieck lautet:

$$A = \frac{1}{4} a^2 \cdot \sqrt{3}$$

und damit

$$A = \frac{1}{4} \cdot (\sqrt{50})^2 \cdot \sqrt{3} = \frac{25}{2}\sqrt{3} \approx 21,65$$

Andere Möglichkeit über das Vektorprodukt:

$$A = \frac{1}{2} |\overrightarrow{AB} \times \overrightarrow{AC}|$$

$$A = \frac{1}{2} \left| \begin{pmatrix}-5\\5\\0\end{pmatrix} \times \begin{pmatrix}-5\\0\\5\end{pmatrix} \right|$$

$$A = \frac{1}{2} \left| \begin{pmatrix}25\\25\\25\end{pmatrix} \right|$$

$$A \approx 21,65$$

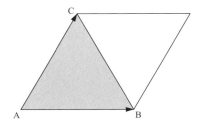

c) **Zeigen, dass das Prisma nicht gerade ist:**
Da der Normalenvektor $\vec{n}$ senkrecht auf der Ebene ε steht, darf bei einem schiefen Prisma der Vektor $\vec{AD}$ kein Vielfaches von $\vec{n}_\varepsilon$ sein, also
$$\vec{n}_\varepsilon \neq k \cdot \vec{AD}$$
$$\begin{pmatrix}1\\1\\1\end{pmatrix} \neq k \begin{pmatrix}4\\9\\11\end{pmatrix}$$

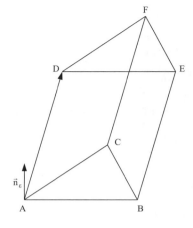

für alle $k \in \mathbb{R}$ erfüllt, also ist das Prisma nicht gerade.

Andere Möglichkeit über das Skalarprodukt:
$$\vec{AB} \circ \vec{AD} \neq 0$$
$$\begin{pmatrix}-5\\5\\0\end{pmatrix} \circ \begin{pmatrix}4\\9\\11\end{pmatrix} \neq 0$$
$$-20 + 45 \neq 0 \quad \Rightarrow \quad \text{wahre Aussage}$$
oder
$$\vec{AC} \circ \vec{AD} \neq 0$$
$$\begin{pmatrix}-5\\0\\5\end{pmatrix} \circ \begin{pmatrix}4\\9\\11\end{pmatrix} \neq 0$$
$$-20 + 55 \neq 0 \quad \Rightarrow \quad \text{wahre Aussage}$$
also ist das Prisma nicht gerade.

Berechnen der Maßzahl der Höhe des Prismas:
Die Höhe des Prismas ist der Abstand des Punktes D von der Ebene ε, also $h = d(D, \varepsilon)$.
Hesse'sche Normalform der Ebene
$$\varepsilon: \frac{x+y+z-5}{\sqrt{3}} = 0$$
$$\Rightarrow \quad h = \frac{9+9+11-5}{\sqrt{3}} = \frac{24}{\sqrt{3}} = 8\sqrt{3} \approx 13{,}86$$

Kernfach Mathematik (Sachsen-Anhalt): Abiturprüfung (Modellversuch) 2006

Grundkursniveau – Pflichtaufgabe K-G3: Stochastik

Monitore wurden im Dauerbetrieb getestet. Dabei ist festgestellt worden, wie lange die Monitore die Qualitätsnorm erfüllen.
Die Übersicht zeigt die Wahrscheinlichkeit für das Erfüllen der Qualitätsnorm bezogen auf die Monitore der Typen MA und MB in Abhängigkeit von der Anzahl der Betriebstage.

Betriebstage	101	183	366	549	732
Wahrscheinlichkeit					
Monitor MA	0,99	0,98	0,94	0,86	0,50
Monitor MB	0,98	0,96	0,91	0,80	0,40

Die Testergebnisse werden unter Annahme von Binomialverteilung ausgewertet.

a) Begründen Sie, warum die Annahme von Binomialverteilung gerechtfertigt ist.
   Berechnen Sie, mit welcher Wahrscheinlichkeit von 100 Monitoren MB mindestens 50 am 732. Betriebstag die Qualitätsnorm erfüllen.
   Berechnen Sie die Wahrscheinlichkeit dafür, dass von 100 Monitoren MB mehr als 35 und weniger als 45 am 732. Betriebstag die Qualitätsnorm erfüllen. (6 BE)

b) Von 1 000 (ungetesteten) Monitoren MB sollen höchstens 50 am 183. Betriebstag die Qualitätsnorm nicht erfüllen.
   Berechnen Sie näherungsweise mithilfe der Standardnormalverteilung die Wahrscheinlichkeit für das Eintreten dieses Ereignisses. (6 BE)

c) Ermitteln Sie, mit welcher Wahrscheinlichkeit ein Monitor MA, der am 101. Betriebstag die Qualitätsnorm erfüllt, auch nach weiteren 448 Betriebstagen die Qualitätsnorm erfüllen wird. (3 BE)

(15 BE)

2006-K-11

Tipps und Hinweise zum Lösen von Pflichtaufgabe K-G3: Stochastik

a) *Begründen, dass die Annahme von Binomialverteilung gerechtfertigt ist*

Hinweis:
Bei einem n-stufigen BERNOULLI-Versuch (BERNOULLI-Kette der Länge n) ist eine Binomialverteilung die passende Wahrscheinlichkeitsverteilung.

Tipps:
- Überlegen Sie, unter welchen Bedingungen ein BERNOULLI-Versuch bzw. eine BERNOULLI-Kette vorliegt.
- Erfassen Sie für die Begründung die Bedingungen sachbezogen (siehe Aufgabentext).

Berechnen der gesuchten Wahrscheinlichkeiten

Hinweis:
Benutzen Sie die allgemein gültigen Beziehungen

$P(X \geq k) = 1 - P(X \leq k - 1)$ und $P(k_1 < X < k_2) = P(X \leq k_2 - 1) - P(X \leq k_1)$.

Tipps:
- Überlegen Sie, was durch die festzulegende Zufallsgröße X beschrieben werden soll und wie diese verteilt ist.
- Die Zufallsgröße X ist $B_{n;\,p}$-verteilt; ermitteln Sie die Parameter n und p.
- Die Parameterwerte sind $n = 100$ (Stichprobenumfang) und $p = 0{,}40$ (Wahrscheinlichkeit).
- Übersetzen Sie den Text „mehr als 35 und weniger als 45" bzgl. der Zufallsgröße X als Ungleichungskette, beachten Sie dabei obigen Hinweis.
- Mögliche Lösungsansätze:
  $1 - B_{100;\,0,40}(\{0; 1; \ldots; 49\})$; Tabelle nutzen!
  $B_{100;\,0,40}(\{0; 1; \ldots; 44\}) - B_{100;\,0,40}(\{0; 1; \ldots; 35\})$; Tabelle nutzen!

b) *Näherungsweises Berechnen der gesuchten Wahrscheinlichkeit*

Hinweis:
Näherungsformel nach dem Grenzwertsatz von DE MOIVRE-LAPLACE:

$$P(Y \leq k) = B_{n;\,p}(\{0; 1; \ldots; k\}) \approx \Phi\left(\frac{k + 0{,}5 - \mu}{\sigma}\right); \text{ Tabelle nutzen!}$$

k: kritischer Wert
0,5: Korrektursummand
μ: Erwartungswert $\mu = E(Y) = n \cdot p$
σ: Standardabweichung $\sigma = \sqrt{V(Y)} = \sqrt{n \cdot p \cdot (1 - p)}$

Tipps:
- Überlegen Sie, was durch die festzulegende Zufallsgröße Y beschrieben werden soll und wie diese verteilt ist.
- Die Zufallsgröße Y ist $B_{n;\,p}$-verteilt, ermitteln Sie die Parameter n und p.
- Die Parameterwerte sind $n = 1\,000$ (Stichprobenumfang) und $p = 1 - 0{,}96 = 0{,}04$ (Wahrscheinlichkeit).
- Haben Sie beachtet, dass die Wahrscheinlichkeiten **für das Erfüllen** der Qualitätsnorm gegeben sind?

- Nutzen Sie die Tabelle der Funktionswerte $\Phi(x)$ der Normalverteilung zum Ermitteln der gesuchten Wahrscheinlichkeit.
- Möglicher Lösungsansatz:
  $B_{1000;\,0,04}(\{0;\,1;\,...;\,50\})$

c) *Ermitteln der gesuchten Wahrscheinlichkeit*

Hinweis:
Wenn das Ereignis B das Ereignis A einschließt, dann gilt $A \cap B = B$ bzw. $P(A \cap B) = P(B)$.
Für das Berechnen der bedingten Wahrscheinlichkeit $P_A(B)$ folgt dann

$$P_A(B) = \frac{P(A \cap B)}{P(A)} = \frac{P(B)}{P(A)}.$$

Tipps:
- Versuchen Sie, das Ereignis, dessen Wahrscheinlichkeit ermittelt werden soll, exakt in Worten zu formulieren.
- Haben Sie erkannt, dass der 101. und der 549. Betriebstag von Interesse sind?
- Überlegen Sie, warum die zu ermittelnde Wahrscheinlichkeit eine bedingte Wahrscheinlichkeit ist.
- Warum kann die Wahrscheinlichkeit als Anteil derjenigen Monitore MA, die mit der Wahrscheinlichkeit 0,86 am 549. Betriebstag die Qualitätsnorm erfüllen werden, von denjenigen Monitoren MA, die mit der Wahrscheinlichkeit 0,99 die Qualitätsnorm bereits am 101. Betriebstag erfüllt haben, berechnet werden?
- Beachten Sie den Hinweis und bilden Sie zur Berechnung einen Quotienten aus Wahrscheinlichkeiten.

Lösungen

a) **Begründen, dass die Annahme von Binominalverteilung gerechtfertigt ist:**
- Beim Test der Monitore werden genau zwei mögliche Testausgänge unterschieden; Ereignis „Monitor erfüllt die Qualitätsnorm (am jeweiligen Betriebstag)" und zugehöriges Gegenereignis „Monitor erfüllt nicht die Qualitätsnorm (am jeweiligen Betriebstag)".
- Die Wahrscheinlichkeit für das Ereignis bzw. das Gegenereignis ist für alle Monitore des jeweiligen Typs (am jeweiligen Betriebstag) gleich.
- Es ist davon auszugehen, dass die Monitore unabhängig voneinander in Betrieb sind und daher auch unabhängig voneinander die Qualitätsnorm erfüllen bzw. nicht erfüllen.

Berechnen der gesuchten Wahrscheinlichkeiten:
Die Zufallsgröße X beschreibe die Anzahl der Monitore MB, die die Qualitätsnorm am 732. Betriebstag erfüllen. Sie ist binomialverteilt mit $n = 100$ und $p = 0,40$; $X \sim B_{100;\,0,40}$.

$P(X \geq 50) = 1 - P(X \leq 49) = 1 - B_{100;\,0,40}(\{0;\,1;\,...;\,49\}) = 1 - 0,97290 = 0,02710$
$\phantom{P(X \geq 50) = 1 - P(X \leq 49) = 1 - B_{100;\,0,40}(\{0;\,1;\,...;\,49\})}$ (Tabellenwert)

$P(X \geq 50) \approx 3\%$

$P(35 < X < 45) = P(X \leq 44) - P(X \leq 35)$
$P(35 < X < 45) = B_{100;\,0,40}(\{0;\,1;\,...;\,44\}) - B_{100;\,0,40}(\{0;\,1;\,...;\,35\}) = 0,82110 - 0,17947 =$
$= 0,64163 $ (Tabellenwerte)
$P(35 < X < 45) \approx 64\%$

b) **Näherungsweises Berechnen der gesuchten Wahrscheinlichkeit:**
Die Zufallsgröße Y beschreibe in einer Stichprobe mit dem Umfang n = 1 000 (ungetestete Monitore MB) die Anzahl der Monitore MB, die die Qualitätsnorm am 183. Betriebstag **nicht** erfüllen. Die Zufallsgröße Y ist binomialverteilt mit n = 1 000 und p = 1 − 0,96 = 0,04; Y ~ $B_{1000;\ 0,04}$. (Beachten Sie, dass die Wahrscheinlichkeiten **für das Erfüllen** der Qualitätsnorm gegeben sind.)
Die gesuchte Wahrscheinlichkeit P(Y ≤ 50) kann mithilfe der Φ-Funktion der Standardnormalverteilung näherungsweise ermittelt werden.
Näherungsformel nach dem Grenzwertsatz von DE MOIVRE-LAPLACE:

$$P(Y \le k) = B_{n;\ p}(\{0; 1; \dots; k\}) \approx \Phi\left(\frac{k + 0,5 - \mu}{\sigma}\right)$$

k: kritischer Wert
0,5: Korrektursummand
μ: Erwartungswert $\qquad \mu = E(Y) = n \cdot p$

σ: Standardabweichung $\qquad \sigma = \sqrt{V(Y)} = \sqrt{n \cdot p \cdot (1 - p)}$

Mit k = 50, μ = E(Y) = 1 000 · 0,04 = 40 und $\sigma = \sqrt{1000 \cdot 0,04 \cdot 0,96} = \sqrt{38,4} \approx 6,20$ folgt

$$P(Y \le 50) \approx \Phi\left(\frac{50 + 0,5 - 40}{6,2}\right) \approx \Phi(1,69).$$

Einer Tabelle der Funktionswerte Φ(x) der Normalverteilung entnimmt man den Wert Φ(1,69) = 0,9545.
Die Wahrscheinlichkeit, dass von 1 000 (ungetesteten) Monitoren MB höchstens 50 am 183. Betriebstag die Qualitätsnorm nicht erfüllen, beträgt etwa 95 %.
P(Y ≤ 50) ≈ 95 %

c) **Ermitteln der gesuchten Wahrscheinlichkeit:**
Vorüberlegung:
Die zu ermittelnde Wahrscheinlichkeit ist eine bedingte Wahrscheinlichkeit, denn das Erfüllen der Qualitätsnorm am 101. Betriebstag ist Bedingung für das Erfüllen der Qualitätsnorm an nachfolgenden Betriebstagen. Diese bedingte Wahrscheinlichkeit ist zu berechnen als Anteil derjenigen Monitore MA, die mit der Wahrscheinlichkeit 0,86 am 549. Betriebstag die Qualitätsnorm erfüllen werden, von denjenigen Monitoren MA, die mit der Wahrscheinlichkeit 0,99 die Qualitätsnorm bereits am 101. Betriebstag erfüllt haben. (Das Erfüllen der Qualitätsnorm am 549. Betriebstag schließt das Erfüllen am 101. Betriebstag ein. Beachten Sie, dass „nach weiteren 448 Betriebstagen" der 549. Betriebstag erreicht ist.)

Das Ereignis E sei das Ereignis, dessen Wahrscheinlichkeit P(E) zu ermitteln ist.
E: Ein Monitor MA erfüllt am 549. Betriebstag die Qualitätsnorm unter der Bedingung, dass er am 101. Betriebstag die Qualitätsnorm erfüllt hat.

$$P(E) = \frac{0,86}{0,99} \approx 0,86869; \ \mathbf{P(E) \approx 87\ \%}$$

2006-K-14

Kernfach Mathematik (Sachsen-Anhalt): Abiturprüfung (Modellversuch) 2006
Grundkursniveau – Wahlpflichtaufgabe K-G4.1: Analysis

Ein gleichseitiges Dreieck habe die Seitenlänge mit der Maßzahl $s_1 = 10$.
Dieses Dreieck sei Figur 1.
Zwei gleichseitige Dreiecke haben jeweils die Seitenlänge mit der Maßzahl $s_2 = 5$.
Diese beiden Dreiecke seien die Figur 2.
Jede weitere Figur entsteht aus ihrer Vorgängerfigur durch Halbieren der Seitenlängen der gleichseitigen Dreiecke und durch Verdoppeln der Anzahl der gleichseitigen Dreiecke (siehe Abbildung).

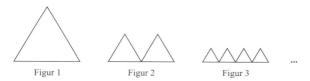

Ermitteln Sie für die Figur k (k sei die Nummer der Figur; $k \in \mathbb{N}$; $k \geq 1$) die Anzahl der gleichseitigen Dreiecke, die Maßzahl des Umfangs u_k und die Maßzahl des Flächeninhaltes A_k in Abhängigkeit von k. (8 BE)

Ermitteln Sie die Grenzwerte der Folgen (u_k) und (A_k) für $k \to \infty$. (2 BE)

(10 BE)

Tipps und Hinweise zum Lösen von Wahlpflichtaufgabe K-G4.1: Analysis

a) *Ermitteln der Anzahl der gleichseitigen Dreiecke*

✔ **Tipps:**
- Schreiben Sie die Nummer der Figur und die Anzahl der Dreiecke in eine Tabelle.
- Untersuchen Sie die Zahlenfolge und überlegen Sie, ob es sich um eine arithmetische oder eine geometrische Zahlenfolge handelt.
- Geben Sie die Anzahl a_k der Dreiecke in Figur k allgemein an.

Ermitteln der Maßzahl der Seitenlänge

✔ **Tipps:**
- Figur 1 hat die Seitenlänge $s_1 = 10$. Welche Seitenlänge hat dann ein gleichseitiges Dreieck in Figur 2, 3, 4, …?
- Geben Sie die Seitenlänge s_k der Dreiecke in Figur k allgemein an.

Ermitteln der Maßzahl des Umfangs

Hinweis: Der Umfang u eines gleichseitigen Dreiecks (Seitenlänge a) ist $u = 3a$.

✔ **Tipps:**
- Ermitteln Sie mithilfe der Seitenlänge s_k zunächst den Umfang eines gleichseitigen Dreiecks in Figur k.
- Ermitteln Sie den Gesamtumfang der Figur k, indem Sie den Umfang eines Dreiecks mit der Anzahl aller Dreiecke multiplizieren.

Ermitteln der Maßzahl des Flächeninhalts

Hinweis: Die Flächenformel für ein gleichseitiges Dreieck lautet: $A = \dfrac{1}{4} a^2 \cdot \sqrt{3}$.

✔ **Tipps:**
- Ermitteln Sie zunächst wieder den Inhalt eines Dreiecks.
- Ermitteln Sie die Gesamtfläche, indem Sie mit der Anzahl der Dreiecke multiplizieren.

Ermitteln der Grenzwerte

✔ **Tipps:**
- Haben Sie erkannt, dass der Umfang unabhängig von k ist?
- Lassen Sie in der Flächenformel „k gegen unendlich" streben.

Lösungen

Ermitteln der Anzahl der gleichseitigen Dreiecke:

Nummer der Figur k: 1   2   3   4   5   6   …
Anzahl der Dreiecke: 1   2   4   8   16   32   …

Die ersten drei Angaben liest man aus der Darstellung ab, die weiteren Angaben erhält man durch Verdoppeln der Anzahl.

Man erhält eine geometrische Folge:

$$\underbrace{1\ \underbrace{2}_{\cdot 2}\ \underbrace{4}_{\cdot 2}\ \underbrace{8}_{\cdot 2}\ \underbrace{16}_{\cdot 2}\ \underbrace{32}_{\cdot 2}}\ \ldots \quad \text{mit } q = 2$$

und damit

$$a_k = a_1 \cdot q^{k-1} = 1 \cdot 2^{k-1}$$

ist die Anzahl der Dreiecke der Figur k.

Ermitteln der Maßzahl der Seitenlänge:

Da $s_1 = 10$ ist, ergibt sich

$$s_k = \frac{10}{2^{k-1}}.$$

Ermitteln der Maßzahl des Umfangs:

Da die neue Figur aus der Vorgängerfigur durch Halbieren der Seitenlängen der gleichseitigen Dreiecke und durch Verdoppeln der Anzahl der gleichseitigen Dreiecke entsteht, ändert sich die Maßzahl des Umfangs nicht:

$$u_k = \underbrace{a_k}_{\text{Anzahl}} \cdot \underbrace{3s_k}_{\substack{\text{drei} \\ \text{Seiten}}} = 2^{k-1} \cdot 3 \cdot \frac{10}{2^{k-1}} = 30$$

Ermitteln der Maßzahl des Flächeninhalts:

Die Formel zur Berechnung der Fläche eines gleichseitigen Dreiecks lautet

$$A = \frac{1}{4}a^2 \cdot \sqrt{3}, \text{ wobei } a \text{ der Seitenlänge entspricht.}$$

$$A_k = \underbrace{a_k}_{\substack{\text{Anzahl} \\ \text{der} \\ \text{Dreiecke}}} \cdot \frac{1}{4}s_k^2 \cdot \sqrt{3} = 2^{k-1} \cdot \frac{1}{4} \cdot \left(\frac{10}{2^{k-1}}\right)^2 \cdot \sqrt{3}$$

$$= \frac{1}{4} \cdot \frac{100}{2^{k-1}} \cdot \sqrt{3} = \frac{25}{2^{k-1}} \cdot \sqrt{3}$$

Ermitteln der Grenzwerte:

$$\lim_{k \to \infty} (u_k) = \lim_{k \to \infty} 30 = 30$$

$$\lim_{k \to \infty} (A_k) = \lim_{k \to \infty} \left(\frac{25}{2^{k-1}} \cdot \sqrt{3}\right) = 0$$

Kernfach Mathematik (Sachsen-Anhalt): Abiturprüfung (Modellversuch) 2006
Grundkursniveau – Wahlpflichtaufgabe K-G4.2: Analytische Geometrie

Gegeben seien in einem kartesischen Koordinatensystem ein Punkt A(4|6) sowie die Vektoren

$$\vec{v}_1 = \begin{pmatrix} 3 \\ 2 \end{pmatrix} \text{ und } \vec{v}_2 = \begin{pmatrix} 2 \\ 3 \end{pmatrix}.$$

Durch Verschiebung des Punktes A mit dem Vektor $\vec{v}_1$ bzw. mit dem Vektor $\vec{v}_2$ werden die Punkte B bzw. C bestimmt.

a) Ermitteln Sie die Koordinaten der Punkte B und C.

Auf der Winkelhalbierenden des Winkels $\sphericalangle$BAC liegt der Mittelpunkt M eines Kreises mit dem Radius von $2\sqrt{13}$ Längeneinheiten. Dieser Kreis berührt die Geraden AB und AC in den Punkten $T_1(34|26)$ bzw. T_2.
Ermitteln Sie eine Gleichung dieses Kreises. (6 BE)

b) Das oben verwendete Koordinatensystem wird zu einem kartesischen Koordinatensystem des Raumes unter Beibehaltung der x-y-Ebene erweitert.
Der Punkt S(6,5|8,5|16) sei Spitze der Pyramide AT_1MT_2S.
Berechnen Sie die Maßzahl des Volumens dieser Pyramide. (4 BE)

(10 BE)

2006-K-18

Tipps und Hinweise zum Lösen von Wahlpflichtaufgabe K-G4.2: Analytische Geometrie

a) *Ermitteln der Koordinaten der Punkte B und C*

✎ **Tipps:**
- Sollten Sie nicht sofort auf eine rechnerische Lösung kommen, versuchen Sie es zunächst zeichnerisch.
- Der Punkt B bzw. C entsteht aus dem Punkt A durch Verschiebung mit dem Vektor $\vec{v}_1$ bzw. $\vec{v}_2$.
- Verschiebung von A mit $\vec{v}_1$ ergibt B, in Zeichen: $\overrightarrow{OB} = \overrightarrow{OA} + \vec{v}_1$
- Ermitteln Sie unter Berücksichtigung des vorhergehenden Tipps noch den Punkt C.

Ermitteln der Kreisgleichung

✎ **Tipps:**
- Eine Skizze ist hilfreich, um sich den Sachverhalt zu veranschaulichen.
- Denken Sie an den Zusammenhang zwischen Radius und Tangente.
- Haben Sie erkannt, dass $r = |\overrightarrow{MT_1}|$ ist und dass $\overrightarrow{MT_1} \circ \vec{v}_1 = 0$ gelten muss?
- Beim Lösen der entsprechenden Gleichung erhalten Sie zwei Vektoren und damit zwei mögliche Mittelpunkte M_1 und M_2.
- Zur Entscheidung, welcher Mittelpunkt auf der Winkelhalbierenden liegt, vergleichen Sie die Anstiege m_{AB}, m_{AC} und m_{AM_i} (i = 1, 2).

b) *Berechnen der Maßzahl des Volumens der Pyramide*

Hinweis: Volumen einer Pyramide: $V = \frac{1}{3} A_G \cdot h$

✎ **Tipps:**
- Ermitteln Sie die Grundfläche und die Höhe der Pyramide.
- Beachten Sie, dass die Dreiecke AT_1M und AT_2M rechtwinklig sind.
- Die Höhe der Pyramide lässt sich ohne Aufwand ermitteln, da die Grundfläche in der x-y-Ebene liegt.

Lösungen

a) **Ermitteln der Koordinaten der Punkte B und C:**
Der Punkt A wird mit dem Vektor $\vec{v}_1$ in den Punkt B verschoben:

$A \xrightarrow{\vec{v}_1} B$ analog $A \xrightarrow{\vec{v}_2} C$

$\overrightarrow{OA} + \vec{v}_1 = \overrightarrow{OB}$ $\qquad\qquad \overrightarrow{OA} + \vec{v}_2 = \overrightarrow{OC}$

$\begin{pmatrix}4\\6\end{pmatrix} + \begin{pmatrix}3\\2\end{pmatrix} = \begin{pmatrix}7\\8\end{pmatrix}$ $\qquad\qquad \begin{pmatrix}4\\6\end{pmatrix} + \begin{pmatrix}2\\3\end{pmatrix} = \begin{pmatrix}6\\9\end{pmatrix}$

$\Rightarrow B(7|8)$ $\qquad\qquad\qquad \Rightarrow C(6|9)$

Andere Möglichkeit (vektoriell):

Die Verschiebung wird in einem Koordinatensystem eingezeichnet und die Koordinaten der Punkte B und C werden abgelesen:
B(7|8); C(6|9)

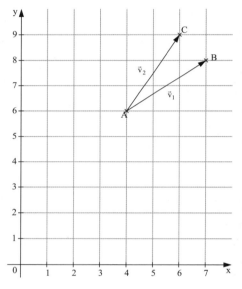

Ermitteln der Kreisgleichung:
Wenn der Kreis die Gerade AB berührt, ist sie Tangente an den Kreis. Der Radius steht senkrecht auf der Tangente, also $\overrightarrow{MT_1} \perp \vec{v}_1$.

$\Rightarrow \overrightarrow{MT_1} \circ \vec{v}_1 = 0$

$\overrightarrow{MT_1} \circ \begin{pmatrix}3\\2\end{pmatrix} = 0$

$\overrightarrow{MT_1} = k \cdot \begin{pmatrix}-2\\3\end{pmatrix}$

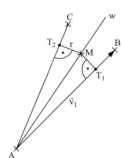

Da der Radius $r = 2\sqrt{3}$ gegeben ist, wird er eingesetzt

$2 \cdot \sqrt{13} = \left| k \begin{pmatrix} -2 \\ 3 \end{pmatrix} \right| = \left| \begin{pmatrix} -2k \\ 3k \end{pmatrix} \right|$

$2 \cdot \sqrt{13} = \sqrt{(-2k)^2 + (3k)^2}$

umgeformt

$52 = 13k^2$

$k^2 = 4$

$\Rightarrow k_1 = 2, \; k_2 = -2,$ also

$\overrightarrow{M_1 T_1} = \begin{pmatrix} -4 \\ 6 \end{pmatrix}$ bzw. $\overrightarrow{M_2 T_1} = \begin{pmatrix} 4 \\ -6 \end{pmatrix}$.

Mithilfe der Vektorgleichung $\overrightarrow{OM_i} = \overrightarrow{OT_1} + \overrightarrow{T_1 M_i}$ (i = 1, 2) werden die Koordinaten des Mittelpunktes berechnet:

$\overrightarrow{OM_1} = \begin{pmatrix} 34 \\ 26 \end{pmatrix} + \begin{pmatrix} 4 \\ -6 \end{pmatrix}$ bzw. $\overrightarrow{OM_2} = \begin{pmatrix} 34 \\ 26 \end{pmatrix} + \begin{pmatrix} -4 \\ 6 \end{pmatrix}$

$M_1(38 \mid 20)$ bzw. $M_2(30 \mid 32)$

Um zu entscheiden, ob M_1 oder M_2 auf der Winkelhalbierenden des Winkels $\sphericalangle BAC$ liegt, muss man die Anstiege betrachten.

Es muss gelten: $m_{AB} < m_{AM_i} < m_{AC}$

Über den Differenzquotienten werden die Anstiege berechnet:

$m_{AB} = \dfrac{\Delta y}{\Delta x} = \dfrac{8-6}{7-4} = \dfrac{2}{3} \approx 0{,}67$

$m_{AC} = \dfrac{9-6}{6-4} = \dfrac{3}{2} = 1{,}5$

$m_{AM_1} = \dfrac{20-6}{38-4} = \dfrac{14}{34} \approx 0{,}41$

$m_{AM_2} = \dfrac{32-6}{30-4} = \dfrac{26}{26} = 1$

also $0{,}67 < 1 < 1{,}5 \;\Rightarrow\;$ wahre Aussage

und somit liegt M_2 auf der Winkelhalbierenden (M_1 entfällt).

Kreisgleichung:

$(x-30)^2 + (y-32)^2 = 52$

Andere Möglichkeit:
Aufstellen einer Gleichung für die Winkelhalbierende w.
In diesem Fall gilt:

$\overrightarrow{OP} = \overrightarrow{OB} + \dfrac{1}{2}\overrightarrow{BC} = \begin{pmatrix} 7 \\ 8 \end{pmatrix} + \dfrac{1}{2}\begin{pmatrix} -1 \\ 1 \end{pmatrix}$

$\Rightarrow P(6{,}5 \mid 8{,}5)$

Winkelhalbierende w(A, P):

$\vec{x} = \overrightarrow{OA} + t\overrightarrow{AP} = \begin{pmatrix} 4 \\ 6 \end{pmatrix} + t\begin{pmatrix} 2{,}5 \\ 2{,}5 \end{pmatrix}$

und damit folgt $M(4 + 2{,}5t \mid 6 + 2{,}5t)$.

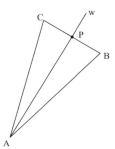

Bekannt ist $r = |\overrightarrow{MT_1}|$, also

$$2\sqrt{13} = \left|\begin{pmatrix}30-2{,}5t\\20-2{,}5t\end{pmatrix}\right|$$

umformen ergibt

$52 = (30-2{,}5t)^2 + (20-2{,}5t)^2$
$52 = 900 - 150t + 6{,}25t^2 + 400 - 100t + 6{,}25t^2$
$12{,}5t^2 - 250t + 1248 = 0$
$t^2 - 20t + 99{,}84 = 0$

also

$t_{1/2} = 10 \pm \sqrt{100 - 99{,}84} = 10 \pm 0{,}4$
$t_1 = 10{,}4$
$t_2 = 9{,}6$

Eingesetzt erhält man $M_1(30|32)$ bzw. $M_2(28|30)$.
Um zu entscheiden, ob M_1 oder M_2 der gesuchte Mittelpunkt des Kreises ist, wird das Skalarprodukt untersucht:

$\overrightarrow{M_1T_1} \circ \overrightarrow{AB} = 0$ bzw. $\overrightarrow{M_2T_1} \circ \overrightarrow{AB} = 0$

$\begin{pmatrix}4\\-6\end{pmatrix} \circ \begin{pmatrix}3\\2\end{pmatrix} = 0$ $\qquad\qquad \begin{pmatrix}6\\-4\end{pmatrix} \circ \begin{pmatrix}3\\2\end{pmatrix} = 0$

$12 - 12 = 0 \Rightarrow$ wahre Aussage $\qquad 18 - 8 = 0 \Rightarrow$ falsche Aussage

Damit ist M_1 der gesuchte Mittelpunkt und die Kreisgleichung lautet
$(x-30)^2 + (y-32)^2 = 52$

Andere Möglichkeit (vektorfrei):
Aufstellen einer Gleichung
für die Winkelhalbierende w.

In diesem Fall gilt:

$\overrightarrow{OP} = \overrightarrow{OB} + \dfrac{1}{2}\overrightarrow{BC}$

$= \begin{pmatrix}7\\8\end{pmatrix} + \dfrac{1}{2}\begin{pmatrix}-1\\1\end{pmatrix}$

$P(6{,}5|8{,}5)$

w(A, P):
$y = mx + n$

mit

$m = \dfrac{\Delta y}{\Delta x} = \dfrac{8{,}5 - 6}{6{,}5 - 4} = \dfrac{2{,}5}{2{,}5} = 1$

also
$y = x + n$
und mit $A(4|6)$ gilt
$6 = 4 + n$
$n = 2$
w: $y = x + 2$

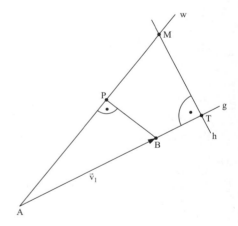

Von der Geraden g braucht man den Anstieg m_g:

$g(A, \vec{v}_1): \vec{x} = \begin{pmatrix} 4 \\ 6 \end{pmatrix} + t \begin{pmatrix} 3 \\ 2 \end{pmatrix}$

umgewandelt in eine vektorfreie Gleichung:

I. $x = 4 + 3t \quad |\cdot 2$
II. $y = 6 + 2t \quad |\cdot (-3)$ ⟶ +

$2x - 3y = -10$
$\quad -3y = -2x - 10$
$\quad\quad y = \dfrac{2}{3}x + \dfrac{10}{3}$, also $m_g = \dfrac{2}{3}$

Gerade $h(T; m_h \cdot m_g = -1)$:

$m_h = -\dfrac{3}{2}$ und damit

$y = -\dfrac{3}{2}x + n$ und mit $T(34|26)$ folgt

$26 = -\dfrac{3}{2} \cdot 34 + n$

$n = 77$

h: $y = -\dfrac{3}{2}x + 77$

Die Koordinaten des Mittelpunktes des Kreises ergeben sich als Schnitt der Geraden w und h:

Gleichsetzungsverfahren:

$x + 2 = -\dfrac{3}{2}x + 77$

$\dfrac{5}{2}x = 75, \quad x = 30$ und $y = 30 + 2 = 32$

und damit $M(30|32)$.

Kreisgleichung:
$(x - 30)^2 + (y - 32)^2 = 52$

b) **Berechnen der Maßzahl des Volumens der Pyramide AT_1MT_2S:**

Für die Grundfläche AT_1MT_2 gilt $A = 2 \cdot A_{AT_1M}$, da die Winkelhalbierende w die Grundfläche halbiert.

Das Dreieck AT_1M ist rechtwinklig, also

$A_{AT_1M} = \dfrac{1}{2}|\overrightarrow{AT_1}| \cdot r$

$A_{AT_1M} = \dfrac{1}{2}\left|\begin{pmatrix} 30 \\ 20 \end{pmatrix}\right| \cdot 2 \cdot \sqrt{13}$

$A_{AT_1M} = \dfrac{1}{2}\sqrt{1\,300} \cdot 2 \cdot \sqrt{13}$

$A_{AT_1M} = 130$

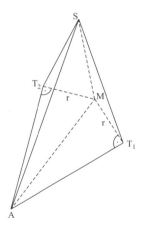

2006-K-23

Die Höhe der Pyramide ergibt sich aus der z-Koordinate des Punktes S, also $z_S = 16$.
Damit erhält man für die Pyramide:

$$V = \frac{1}{3} A_G \cdot h$$

$$V = \frac{1}{3} \cdot 2 \cdot 130 \cdot 16 = \frac{4\,160}{3} \approx 1\,386,7$$

Andere Möglichkeit über das Spatprodukt:

$$V = \frac{1}{3} \left[(\overrightarrow{AT_1} \times \overrightarrow{AM}) \circ \overrightarrow{AS} \right]$$

$$V = \frac{1}{3} \left[\left(\begin{pmatrix} 30 \\ 20 \\ 0 \end{pmatrix} \times \begin{pmatrix} 26 \\ 26 \\ 0 \end{pmatrix} \right) \circ \begin{pmatrix} 2,5 \\ 2,5 \\ 16 \end{pmatrix} \right]$$

$$V = \frac{1}{3} \left[\begin{pmatrix} 0 \\ 0 \\ 260 \end{pmatrix} \circ \begin{pmatrix} 2,5 \\ 2,5 \\ 16 \end{pmatrix} \right]$$

$$V = \frac{1}{3} \cdot 4\,160 = \frac{4\,160}{3}$$

Kernfach Mathematik (Sachsen-Anhalt): Abiturprüfung 2006
Grundkursniveau – Pflichtaufgabe G1: Analysis

Gegeben sind die Funktionen f_a in ihrem größtmöglichen Definitionsbereich durch
$$y = f_a(x) = 3 \cdot \frac{\ln x + a}{x}, \quad a \in \mathbb{R}.$$
Ihre Graphen seien G_a.

a) Geben Sie den größtmöglichen Definitionsbereich der Funktionen f_a an.
   Ermitteln Sie den Anstieg der Graphen G_a im jeweiligen Schnittpunkt mit der x-Achse.
   Zeigen Sie, dass die Punkte $H_a(e^{1-a} | f_a(e^{1-a}))$ Hochpunkte der Graphen G_a sind und ermitteln Sie eine Gleichung der Ortskurve der Hochpunkte.
   [Ergebnis zur Kontrolle: $y = \dfrac{3}{x}$]

   Die Abbildung zeigt den Graphen G_1 in einem unvollständigen Koordinatensystem. Ergänzen Sie in der Abbildung die Ordinatenachse, ermitteln Sie die Skalierung der Koordinatenachsen und zeichnen Sie die Ortskurve der Hochpunkte der Graphen G_a ein.

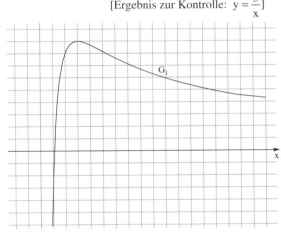

(20 BE)

b) Nennen Sie Schritte zum Ermitteln des Wertebereichs der Funktionen f_a. (4 BE)

c) Weisen Sie nach, dass $y = F_1(x) = 1{,}5 \cdot (\ln x)^2 + 3 \cdot \ln x$ Gleichung einer Stammfunktion der Funktion f_1 ist.
   Der Graph G_1, die Ortskurve durch die Hochpunkte der Graphen G_a und die Gerade mit der Gleichung $x = 6$ begrenzen eine Fläche vollständig.
   Ermitteln Sie die Maßzahl des Inhaltes dieser Fläche. (6 BE)
   (30 BE)

Tipps und Hinweise zum Lösen von Pflichtaufgabe G1: Analysis

a) *Definitionsbereich*

Hinweis:
Der größtmögliche Definitionsbereich ist die Menge aller x-Werte, die in den Funktionsterm eingesetzt werden dürfen.

Tipps:
- Im Zähler befindet sich u. a. eine Logarithmusfunktion, welche Zahlen dürfen darin
  eingesetzt werden?
- Beachten Sie, dass der Nenner nicht null werden darf.

Ermitteln des Anstiegs

Hinweise:
- Die Ableitung einer Funktion f an der Stelle x gibt den Anstieg des Funktionsgraphen
  im Punkt $(x \mid f(x))$ an.
- Verwenden Sie beim Ableiten die Quotientenregel:

$$f(x) = \frac{u(x)}{v(x)} \quad \rightarrow \quad f'(x) = \frac{u'(x) \cdot v(x) - u(x) \cdot v'(x)}{(v(x))^2}$$

Tipps:
- Ermitteln Sie die Ableitung von f_a, lassen Sie den Faktor 3 beim Ableiten vor dem
  Bruch stehen.
- Die Abszissen der Schnittpunkte von G_a mit der x-Achse sind genau die Nullstellen.
- Beim Einsetzen in die erste Ableitung sollten Sie auf die Vorzeichen- bzw. Opera-
  tionszeichen achten.

Zeigen, dass H_a Hochpunkte von G_a sind

Tipps:
- Hinreichende Bedingung für Hochpunkte: $f_a'(x) = 0 \ \wedge \ f_a''(x) < 0$
- Lassen Sie den Faktor 3 beim Bilden von Ableitungen vor dem Bruch stehen.

Ortskurve

Hinweis:
Auf der Ortskurve liegen alle Hochpunkte, die sich beim Einsetzen aller zulässigen a-
Werte ergeben.

Tipps:
- Vergleichen Sie die x- und y-Koordinate der Hochpunkte.
- Sie erhalten die Ortskurve ohne weitere Rechnung, denn im Nenner der y-Koordinate
  der Hochpunkte $y = \dfrac{3}{e^{1-a}}$ steht die x-Koordinate $x = e^{1-a}$ der Hochpunkte.

Einzeichnen der y-Achse, Skalierung der Koordinatenachsen und Zeichnen der Ortskurve

Tipps:
- Denken Sie daran, dass $x = 0$ eine Polstelle ist.
- Betrachten Sie die Koordinaten des Hochpunktes H_1 des Graphen G_1; damit haben
  Sie einen Hinweis auf die Skalierung der Achsen.

G 2006-2

b) *Schritte zum Ermitteln des Wertebereichs*

Hinweis: Der Wertebereich ist die Menge aller y-Werte, die als Funktionswerte auftreten.

Tipps:
- Stellen Sie Überlegungen am Graphen G_1 an.
- Denken Sie an die verschiedenen Schritte einer Kurvendiskussion wie Extrempunkte, Asymptoten, Verhalten an den Intervallenden, usw.

c) *Nachweisen der Stammfunktion*

Hinweis:

Zusammenhang zwischen Funktion und Stammfunktion:

$$f(x) \underset{\text{ableiten}}{\overset{\text{int egrieren}}{\rightleftarrows}} F(x)$$

Tipp: Denken Sie beim Ableiten auch an die innere Ableitung („Kettenregel").

Berechnung der Maßzahl des Flächeninhalts

Hinweis:

Die Fläche zwischen den Graphen zweier Funktionen f und g mit $f(x) - g(x) \geq 0$ oder $f(x) - g(x) \leq 0$ für alle $x \in [a; b]$ lässt sich berechnen nach der Formel:

$$A = \left| \int_a^b f(x)\,dx - \int_a^b g(x)\,dx \right| = \left| \int_a^b (f(x) - g(x))\,dx \right|$$

Tipps:
- Nutzen Sie die vorgegebene Stammfunktion.
- Ermitteln Sie die Integrationsgrenzen. (Wo schneiden sich G_1 und die Ortskurve?)
- Vergessen Sie notwendige Klammern nicht.

Lösungen

a) **Definitionsbereich:**

$$\mathbb{D}_{f_a} = \{x \in \mathbb{R}: x > 0\}$$

Ermitteln des Anstiegs:

Berechnen der 1. Ableitung:

$$u = \ln x + a \quad u' = \frac{1}{x}$$

$$v = x \qquad v' = 1$$

$$f_a'(x) = 3 \cdot \frac{\frac{1}{x} \cdot x - (\ln x + a) \cdot 1}{x^2} = 3 \cdot \frac{1 - \ln x - a}{x^2}$$

Schnittpunkte mit der x-Achse:

$$0 = 3 \cdot \frac{\ln x + a}{x}, \quad 0 = \ln x + a, \quad \ln x = -a, \quad e^{\ln x} = e^{-a}$$

und damit

$$x = e^{-a}; \ S_x(e^{-a} \mid 0)$$

Einsetzen in die 1. Ableitung:

$$m = f_a'(e^{-a}) = 3 \cdot \frac{1 - \ln e^{-a} - a}{(e^{-a})^2} = 3 \cdot \frac{1 - (-a) - a}{e^{-2a}} = \frac{3}{e^{-2a}} = 3e^{2a}$$

Der Anstieg der Graphen G_a im jeweiligen Schnittpunkt mit der x-Achse beträgt $3e^{2a}$.

Zeigen, dass H_a Hochpunkte von G_a sind:

Ansatz: $f_a'(x) = 0$

$$3 \cdot \frac{1 - \ln x - a}{x^2} = 0, \quad 1 - \ln x - a = 0, \quad \ln x = 1 - a, \quad e^{\ln x} = e^{1-a}$$

also $x = e^{1-a}$.

2. Ableitung:

$$u = 1 - \ln x - a \qquad u' = -\frac{1}{x}$$

$$v = x^2 \qquad\qquad v' = 2x$$

$$f_a'(x) = 3 \cdot \frac{1 - \ln x - a}{x^2}$$

$$f_a''(x) = 3 \cdot \frac{-\frac{1}{x} \cdot x^2 - (1 - \ln x - a) \cdot 2x}{x^4}$$

$$f_a''(x) = 3 \cdot \frac{-x - 2x + 2x \ln x + 2ax}{x^4} = 3 \cdot \frac{-3x + 2x \ln x + 2ax}{x^4}$$

$$f_a''(x) = 3 \cdot \frac{-3 + 2 \ln x + 2a}{x^3}$$

$$f_a''(e^{1-a}) = 3 \cdot \frac{-3 + 2 \ln e^{1-a} + 2a}{(e^{1-a})^3} = 3 \cdot \frac{-3 + 2(1-a) + 2a}{(e^{1-a})^3}$$

$$= 3 \cdot \frac{-3 + 2 - 2a + 2a}{(e^{1-a})^3} = \frac{-3}{(e^{1-a})^3} < 0 \quad \text{(Maximum)}$$

$$\Rightarrow \quad \text{Hochpunkte } H_a\left(e^{1-a} \mid f_a(e^{1-a})\right)$$

Ortskurve der Hochpunkte

Ordinate der Hochpunkte:

$$f_a(e^{1-a}) = 3 \cdot \frac{\ln e^{1-a} + a}{e^{1-a}} = 3 \cdot \frac{1 - a + a}{e^{1-a}} = \frac{3}{e^{1-a}}$$

$$\Rightarrow \quad H_a\left(e^{1-a} \mid \frac{3}{e^{1-a}}\right)$$

Daraus erhält man die Gleichungen I. $x = e^{1-a}$ und II. $y = \dfrac{3}{e^{1-a}}$.

Gleichung I in II einsetzen: $y = \dfrac{3}{x}, \quad x \in \mathbb{R}, \quad x \neq 0$

Die Gleichung der Ortskurve lautet: $y = \dfrac{3}{x}$

Einzeichnen der y-Achse, Skalierung der Koordinatenachsen und Zeichnen der Ortskurve:

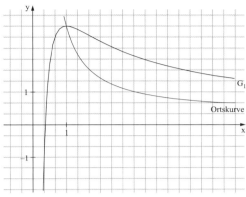

b) **Schritte zum Ermitteln des Wertebereichs**
Mögliche Schritte sind z. B.
- Untersuchen von f_a auf Stetigkeit
- Untersuchen des Verhaltens von f_a an den Intervallenden
- Untersuchen von f_a auf lokale Extrema
- Untersuchen von f_a auf globale Extrema

c) **Nachweisen der Stammfunktion:**
z. B. durch Ableiten von $F_1(x)$, also

$$F_1'(x) = 1{,}5 \cdot 2 \cdot (\ln x)^1 \cdot \frac{1}{x} + 3 \cdot \frac{1}{x}$$

$$F_1'(x) = \frac{3\ln x}{x} + \frac{3}{x} = \frac{3\ln x + 3}{x} = 3 \cdot \frac{\ln x + 1}{x} = f_1(x)$$

Berechnen der Maßzahl des Flächeninhalts:
Ansatz:

$$A_1 = \int_1^6 f_1(x)\,dx$$

$$A_1 = [1{,}5(\ln x)^2 + 3\ln x]_1^6$$

$$A_1 = 1{,}5(\ln 6)^2 + 3\ln 6 - (1{,}5(\ln 1)^2 + 3\ln 1)$$

$$A_1 = 1{,}5(\ln 6)^2 + 3\ln 6$$

$$A_2 = \int_1^6 \frac{3}{x}\,dx = [3\ln x]_1^6 = 3\ln 6 - 3\ln 1 = 3\ln 6$$

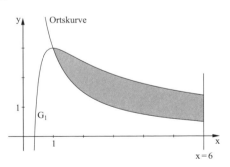

also
$A = A_1 - A_2$
$A = 1{,}5(\ln 6)^2 + 3\ln 6 - 3\ln 6 = 1{,}5(\ln 6)^2 \approx 4{,}82$.

Die Maßzahl des Inhalts der Fläche beträgt 4,82.

Kernfach Mathematik (Sachsen-Anhalt): Abiturprüfung 2006
Grundkursniveau – Pflichtaufgabe G2: Analytische Geometrie

Ein Werkstück hat die Form eines schiefen Prismas ABCDEFGH, mit Parallelogrammen als Begrenzungsflächen.
Dieses Prisma wird durch die Koordinaten der Eckpunkte

$A(0|0|0)$, $B(-2|8|0)$, $C(-11|14|0)$ und $E(3|3|15)$

in einem kartesischen Koordinatensystem beschrieben; eine Einheit entspricht 1 cm.

a) Ermitteln Sie die Koordinaten des Punktes D der Fläche ABCD.
   Berechnen Sie das Gradmaß des Winkels, den die Kanten $\overline{AB}$ und $\overline{AD}$ einschließen.
   Berechnen Sie das Volumen des Werkstücks.
   Stellen Sie eine Koordinatengleichung der Ebene auf, in der die Fläche ADHE
   liegt.   (11 BE)

b) In das Werkstück soll jeweils eine Bohrung senkrecht zur Fläche ABCD vom
   Punkt $P_1(-3|8|0)$ aus und senkrecht zur Fläche ADHE vom Punkt $P_2(-5|5|5)$
   aus erfolgen. Diese Bohrungen treffen in einem Punkt S aufeinander.
   Berechnen Sie die Koordinaten des Punktes S.   (4 BE)
                                                                       (15 BE)

G 2006-6

Tipps und Hinweise zum Lösen von Pflichtaufgabe G2: Analytische Geometrie

a) *Ermitteln der Koordinaten des Punktes D*

✦ Tipps:
- Fertigen Sie eine Skizze an und überlegen Sie, wie Sie vom Koordinatenursprung zum Punkt D kommen.
- Denken Sie daran, dass $\overrightarrow{AD} = \overrightarrow{BC}$ gilt.

Berechnen des Gradmaßes des Winkels

Hinweis: Zur Winkelberechnung bietet sich die Formel $\cos\alpha = \dfrac{\vec{a} \circ \vec{b}}{|\vec{a}| \cdot |\vec{b}|}$ an.

✦ Tipps:
- Beachten Sie, dass hier der Winkel zwischen Vektoren zu berechnen ist.
- Achten Sie auf die Richtung der Vektoren.

Berechnen des Volumens des Werkstücks

Hinweis: Nutzen Sie das Spatprodukt zur Volumenberechnung.

✦ Tipps:
- Überlegen Sie, warum kein Faktor (z. B. $\frac{1}{2}$, $\frac{1}{3}$ oder $\frac{1}{6}$) benötigt wird.
- Beachten Sie, dass zuerst das Vektorprodukt zu berechnen ist.
- Denken Sie an die Einheit, da eine Sachaufgabe vorliegt.

Aufstellen einer Koordinatengleichung der Ebene E_{ADHE}

Hinweis:
Stellen Sie zunächst eine vektorielle Ebenengleichung (Parametergleichung) auf, in der die Punkte liegen. Ermitteln Sie dann eine Koordinatengleichung der Form $ax + by + cz = d$.

✦ Tipps:
- Ein Normalenvektor der Ebene lässt sich mit dem Vektorprodukt der Spannvektoren berechnen.
- Beachten Sie den obigen Hinweis und ermitteln Sie d durch Punktprobe mit A.
- Vergessen Sie nicht, die aufgestellte Koordinatengleichung so weit wie möglich zu kürzen; das erleichtert Ihnen die Arbeit bei weiteren Rechnungen.

b) *Berechnen der Koordinaten des Punktes S*

Hinweis:
Das Problem lässt sich zurückführen auf die Lagebeziehung Gerade – Gerade, genauer auf den Schnittpunkt zweier Geraden: $g_1 \cap g_2 = \{S\}$

✦ Tipps:
- Fertigen Sie eine Skizze an; zeichnen Sie die entsprechenden Normalenvektoren ein.
- Stellen Sie jeweils eine Geradengleichung auf; nehmen Sie dabei die richtige Zuordnung von Punkt und Normalenvektor vor.
- Setzen Sie die beiden Geradengleichungen gleich und lösen Sie das entsprechende Gleichungssystem.

Lösungen

a) **Ermitteln der Koordinaten des Punktes D:**
$\overrightarrow{OD} = \overrightarrow{OA} + \overrightarrow{AD}$ mit $\overrightarrow{AD} = \overrightarrow{BC}$

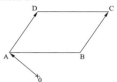

$\overrightarrow{OD} = \begin{pmatrix} 0 \\ 0 \\ 0 \end{pmatrix} + \begin{pmatrix} -9 \\ 6 \\ 0 \end{pmatrix}$

D(−9 | 6 | 0)

Berechnen des Gradmaßes des Winkels:

$$\cos\alpha = \frac{\overrightarrow{AB} \circ \overrightarrow{AD}}{|\overrightarrow{AB}| \cdot |\overrightarrow{AD}|} = \frac{\begin{pmatrix} -2 \\ 8 \\ 0 \end{pmatrix} \circ \begin{pmatrix} -9 \\ 6 \\ 0 \end{pmatrix}}{\left|\begin{pmatrix} -2 \\ 8 \\ 0 \end{pmatrix}\right| \cdot \left|\begin{pmatrix} -9 \\ 6 \\ 0 \end{pmatrix}\right|} = \frac{18 + 48}{\sqrt{68} \cdot \sqrt{117}}$$

$\alpha \approx 42{,}27°$

Berechnen des Volumens des Werkstücks:
z. B. mit dem Spatprodukt
$V = (\overrightarrow{AB} \times \overrightarrow{AD}) \circ \overrightarrow{AE}$

$V = \left[\begin{pmatrix} -2 \\ 8 \\ 0 \end{pmatrix} \times \begin{pmatrix} -9 \\ 6 \\ 0 \end{pmatrix}\right] \circ \begin{pmatrix} 3 \\ 3 \\ 15 \end{pmatrix} = \begin{pmatrix} 0 \\ 0 \\ 60 \end{pmatrix} \circ \begin{pmatrix} 3 \\ 3 \\ 15 \end{pmatrix} = 900$

Das Volumen des Werkstücks beträgt 900 cm³.

Andere Möglichkeit:

$V = A_G \cdot h$ mit $A_G = |\overrightarrow{AB} \times \overrightarrow{AD}| = \left|\begin{pmatrix} -2 \\ 8 \\ 0 \end{pmatrix} \times \begin{pmatrix} -9 \\ 6 \\ 0 \end{pmatrix}\right| = \left|\begin{pmatrix} 0 \\ 0 \\ 60 \end{pmatrix}\right|$

$A_G = 60$ und

$h = z_E = 15$ (z-Koordinate von E), da die Punkte A, B, C, D in der x-y-Ebene liegen

$V = 60 \cdot 15 = 900$

Die Grundfläche lässt sich aber auch nach der Formel

$A_G = |\overrightarrow{AB}| \cdot |\overrightarrow{AD}| \cdot \sin\alpha = \left|\begin{pmatrix} -2 \\ 8 \\ 0 \end{pmatrix}\right| \cdot \left|\begin{pmatrix} -9 \\ 6 \\ 0 \end{pmatrix}\right| \cdot \sin 42{,}27°$

berechnen.

Aufstellen einer Koordinatengleichung der Ebene E_{ADHE}:
$\vec{x} = \overrightarrow{OA} + s \cdot \overrightarrow{AD} + t \cdot \overrightarrow{AE}$; $s, t \in \mathbb{R}$

$\vec{x} = \begin{pmatrix} 0 \\ 0 \\ 0 \end{pmatrix} + s \cdot \begin{pmatrix} -9 \\ 6 \\ 0 \end{pmatrix} + t \cdot \begin{pmatrix} 3 \\ 3 \\ 15 \end{pmatrix}$ (Parametergleichung von E_{ADHE})

1. Möglichkeit:
Einen Normalenvektor $\bar{n}$ der Ebene berechnet man mit

$$\begin{pmatrix} -9 \\ 6 \\ 0 \end{pmatrix} \times \begin{pmatrix} 3 \\ 3 \\ 15 \end{pmatrix} = \begin{pmatrix} 90 \\ 135 \\ -45 \end{pmatrix} = 45 \cdot \begin{pmatrix} 2 \\ 3 \\ -1 \end{pmatrix}, \text{ also } \bar{n} = \begin{pmatrix} 2 \\ 3 \\ -1 \end{pmatrix}$$

und mit dem Ansatz $2x + 3y - z = d$ und wegen $A \in E_{ADHE}$ ergibt sich
E_{ADHE}: $2x + 3y - z = 0$.

2. Möglichkeit:
Der Normalenvektor $\bar{n}$ steht senkrecht auf den Spannvektoren der Ebene, also

$$\bar{n} \perp \begin{pmatrix} -9 \\ 6 \\ 0 \end{pmatrix} \text{ und } \bar{n} \perp \begin{pmatrix} 3 \\ 3 \\ 15 \end{pmatrix}, \text{ damit gilt}$$

$$\bar{n} \circ \begin{pmatrix} -9 \\ 6 \\ 0 \end{pmatrix} = 0 \text{ und } \bar{n} \circ \begin{pmatrix} 3 \\ 3 \\ 15 \end{pmatrix} = 0$$

$$\begin{array}{rl} -9n_1 + 6n_2 & = 0 \\ 3n_1 + 3n_2 + 15n_3 & = 0 \end{array} \quad \Big| \cdot 3 \quad +$$

$$15n_2 + 45n_3 = 0, \ n_2 + 3n_3 = 0, \ n_3 = 1, \ n_2 = -3 \text{ und } n_1 = -2$$

also $\bar{n} = \begin{pmatrix} -2 \\ -3 \\ 1 \end{pmatrix}$ und damit $-2x - 3y + z = d$. Wegen $A \in E_{ADHE}$ ergibt sich:

$$E_{ADHE}: -2x - 3y + z = 0 \quad \text{bzw.}$$
$$2x + 3y - z = 0$$

3. Möglichkeit:
Aus der Parametergleichung von E_{ADHE} folgt:
I. $x = -9s + 3t$
II. $y = 6s + 3t$
III. $z = \phantom{-9s + {}}15t$

$\Rightarrow \ t = \dfrac{1}{15}z$, eingesetzt in I und II:

$$x = -9s + 3 \cdot \frac{1}{15}z$$

$$y = 6s + 3 \cdot \frac{1}{15}z$$

$$x = -9s + \frac{1}{5}z \quad \Big| \cdot 2$$

$$y = 6s + \frac{1}{5}z \quad \Big| \cdot 3 \qquad +$$

$$2x + 3y = z$$
E_{ADHE}: $2x + 3y - z = 0$

b) **Berechnen der Koordinaten des Punktes S:**

$$\{S\} = g_1(\vec{n}_{ABCD}, P_1) \cap g_2(\vec{n}_{ADHE}, P_2)$$

Aufstellen der Geradengleichung g_1:
Dazu benötigt man den Normalenvektor der Ebene E_{ABCD}. Da die Punkte A, B, C, D in der x-y-Ebene liegen, ist $z = 0$, also $\vec{n} = \begin{pmatrix} 0 \\ 0 \\ 1 \end{pmatrix}$.

$$g_1: \ \vec{x} = \begin{pmatrix} -3 \\ 8 \\ 0 \end{pmatrix} + r \begin{pmatrix} 0 \\ 0 \\ 1 \end{pmatrix}$$

Aufstellen der Geradengleichung g_2:

$$g_2: \ \vec{x} = \begin{pmatrix} -5 \\ 5 \\ 5 \end{pmatrix} + s \begin{pmatrix} 2 \\ 3 \\ -1 \end{pmatrix}$$

Aufstellen und Lösen des Gleichungssystems:

$$\begin{pmatrix} -3 \\ 8 \\ 0 \end{pmatrix} + r \begin{pmatrix} 0 \\ 0 \\ 1 \end{pmatrix} = \begin{pmatrix} -5 \\ 5 \\ 5 \end{pmatrix} + s \begin{pmatrix} 2 \\ 3 \\ -1 \end{pmatrix}$$

I. $-3 = -5 + 2s$
II. $8 = 5 + 3s$
III. $r = 5 - s$

Aus I und II folgt $s = 1$ und damit $r = 4$, also $S(-3 \mid 8 \mid 4)$.

G 2006-10

Kernfach Mathematik (Sachsen-Anhalt): Abiturprüfung 2006
Grundkursniveau – Pflichtaufgabe G3: Stochastik

Ein Optik-Unternehmen fertigt optische Linsen verschiedener Art in sehr großer Anzahl. Erfahrungsgemäß hat eine Linse mit einer Wahrscheinlichkeit von 0,98 die geforderte Präzision.

a) Für Linsensysteme werden jeweils drei Linsen zufällig ausgewählt.
   Begründen Sie, warum dies als BERNOULLI-Kette angesehen werden kann.
   Zeichnen Sie ein Baumdiagramm für diese BERNOULLI-Kette und tragen Sie die Wahrscheinlichkeiten an den einzelnen Zweigen ein.
   Berechnen Sie die Wahrscheinlichkeiten der folgenden Ereignisse:
   A: Genau eine der ausgewählten Linsen hat nicht die geforderte Präzision.
   B: Höchstens eine der ausgewählten Linsen hat nicht die geforderte Präzision. (8 BE)

b) Eine Serie umfasst 50 Linsen. Die Zufallsgröße X beschreibe die Anzahl derjenigen Linsen, die nicht die geforderte Präzision haben. Die Zufallsgröße X werde als binomialverteilt angenommen.
   Berechnen Sie den Erwartungswert der Zufallsgröße X und die Wahrscheinlichkeit dafür, dass die Zufallsgröße X einen Wert annimmt, der um mindestens 2 größer ist als ihr Erwartungswert. (4 BE)

Das Optik-Unternehmen hat die Qualität der Linsen verbessert. In einer Stichprobe von 50 Linsen haben mit einer Wahrscheinlichkeit von 0,6 alle Linsen die geforderte Präzision. Die Zufallsgröße Y beschreibe die Anzahl der Linsen, die die geforderte Präzision haben. Diese Zufallsgröße werde als binomialverteilt angenommen.

c) Ermitteln Sie die Wahrscheinlichkeit, mit der nunmehr eine Linse die geforderte Präzision hat. (3 BE)

(15 BE)

G 2006-11

Tipps und Hinweise zum Lösen von Pflichtaufgabe G3: Stochastik

a) *Begründen, dass eine BERNOULLI-Kette vorliegt*

Hinweis:
Bei einem n-stufigen BERNOULLI-Versuch (BERNOULLI-Kette der Länge n) ist eine Binomialverteilung die passende Wahrscheinlichkeitsverteilung.

✔ Tipps:
- Überlegen Sie, unter welchen Bedingungen ein BERNOULLI-Versuch vorliegt (mögliche Versuchsausgänge, zugehörige Wahrscheinlichkeiten, ...).
- Haben Sie erkannt, welche Ereignisse auf jeder Stufe des Zufallsversuchs unterschieden werden und welcher Besonderheit deren Wahrscheinlichkeiten unterliegen? (Es kann hilfreich sein, zunächst zur Orientierung das Baumdiagramm anzufertigen.)
- Erfassen Sie für die Begründung die Bedingungen sachbezogen (siehe Aufgabentext).

Zeichnen eines Baumdiagramms und Eintragen der Wahrscheinlichkeiten

✔ Tipp: Bezeichnungen an Baumdiagrammen sollten durch Abkürzungen erfolgen, die in einer Legende erklärt werden.

Berechnen der Wahrscheinlichkeiten der Ereignisse A und B

Hinweis: Die BERNOULLI-Formel lautet: $P(X = k) = \binom{n}{k} \cdot p^k \cdot (1 - p)^{n-k}$; $(0 \le k \le n)$

✔ Tipps:
- Überlegen Sie, was durch die festzulegende Zufallsgröße beschrieben werden soll und wie diese verteilt ist.
- Die Zufallsgröße X_3 ist $B_{n;\,p}$-verteilt; ermitteln Sie die Parameter n und p.
- Die Parameterwerte sind $n = 3$ (Stichprobenumfang) und $p = 1 - 0{,}98 = 0{,}02$ (Wahrscheinlichkeit).
- Übersetzen Sie die Wortformulierungen der Ereignisse A bzw. B bzgl. der Zufallsgröße X_3 in Lösungsansätze.
- Mögliche Lösungsansätze:
$P(A) = P(X_3 = 1)$; $P(B) = P(X_3 \le 1) = P(X_3 = 0) + P(X_3 = 1)$
Berechnen durch mehrfaches Anwenden der BERNOULLI-Formel (siehe Hinweis)!

b) *Berechnen des Erwartungswertes und der gesuchten Wahrscheinlichkeit*

Hinweis: Erwartungswert einer $B_{n;\,p}$-verteilten Zufallsgröße: $\mu = E(X) = n \cdot p$

✔ Tipps:
- Mit welchen Parameterwerten ist die Zufallsgröße X binomialverteilt?
- Die Parameterwerte sind $n = 50$ (Stichprobenumfang) und $p = 1 - 0{,}98 = 0{,}02$ (Wahrscheinlichkeit).
- Berechnen Sie den Erwartungswert und übersetzen Sie den Text „... dass die Zufallsgröße X einen Wert annimmt, der um mindestens 2 größer ist als ihr Erwartungswert" in einen Lösungsansatz.
- Möglicher Lösungsansatz:
$P(X \ge 1 + 2) = P(X \ge 3) = 1 - P(X \le 2)$
$$= 1 - [P(X = 0) + P(X = 1) + P(X = 2)]$$
BERNOULLI-Formel (siehe Hinweis zu a) zur Berechnung nutzen!

c) *Ermitteln der gesuchten Wahrscheinlichkeit*
   Hinweis:
   Für k = n vereinfacht sich die BERNOULLI-Formel zu:
   $$P(X = n) = \binom{n}{n} \cdot p^n \cdot (1-p)^0 = p^n$$

   Tipps:
   - Mit welchen Parameterwerten ist die Zufallsgröße Y binomialverteilt?
   - Die Zufallsgröße Y ist $B_{50;p}$-verteilt mit dem unbekannten, zu ermittelnden Wert p für die Wahrscheinlichkeit.
   - Überlegen Sie, wie die Textstelle „… mit einer Wahrscheinlichkeit von 0,6 (haben) alle Linsen die geforderte Präzision" bzgl. der Zufallsgröße Y zu übersetzen ist.
   - Möglicher Lösungsansatz:
     $P(Y = 50) = p^{50} = 0,6$ (50-ste Wurzel ziehen!)

Lösungen

a) **Begründen, dass eine BERNOULLI-Kette vorliegt:**
   - Bei der Zufallsauswahl jeder der drei Linsen werden genau zwei Ereignisse unterschieden, nämlich das Ereignis „Linse hat die geforderte Präzision" und das zugehörige Gegenereignis „Linse hat **nicht** die geforderte Präzision".
   - Die Wahrscheinlichkeit für das Ereignis bzw. das Gegenereignis kann (aufgrund der sehr großen Anzahl von Linsen) bei jeder Zufallsauswahl als unverändert angesehen werden.
   - Die Zufallsauswahl besteht aus n (n = 3) voneinander unabhängigen Versuchen.

Zeichnen eines Baumdiagramms und Eintragen der Wahrscheinlichkeiten:

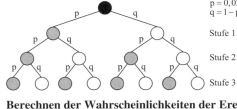

Berechnen der Wahrscheinlichkeiten der Ereignisse A und B:
Die Zufallsgröße X_3 beschreibe die Anzahl derjenigen Linsen, die **nicht** die geforderte Präzision haben. X_3 ist binomialverteilt mit n = 3 und p = 1 − 0,98 = 0,02, also $X_3 \sim B_{3;\,0,02}$.
(Beachten Sie, dass die Wahrscheinlichkeit **für das Erreichen** der Präzision gegeben ist.)
Anwenden der BERNOULLI-Formel $P(X = k) = \binom{n}{k} \cdot p^k \cdot (1-p)^{n-k}$; ($0 \le k \le n$)
(oder Orientierung am Baumdiagramm):

$$P(A) = P(X_3 = 1) = \binom{3}{1} \cdot 0,02^1 \cdot 0,98^2 = 3 \cdot 0,02 \cdot 0,98^2 \approx 0,05762$$

P(A) ≈ 5,8 %

$$P(B) = P(X_3 \le 1) = P(X_3 = 0) + P(X_3 = 1) = \binom{3}{0} \cdot 0,02^0 \cdot 0,98^3 + P(A) \approx 0,98^3 + 0,05762$$

$P(B) \approx 0,99882$

$\textbf{P(B)} \approx \textbf{99,9 \%}$

b) **Berechnen des Erwartungswertes und der gesuchten Wahrscheinlichkeit:**
Die Zufallsgröße X beschreibt die Anzahl derjenigen Linsen, die **nicht** die geforderte Präzision haben. Die Zufallsgröße X ist binomialverteilt mit den Parametern $n = 50$ und $p = 0,02$, also $X \sim B_{50;\,0,02}$.
Erwartungswert:
$E(X) = n \cdot p = 50 \cdot 0,02 = 1; \quad \textbf{E(X) = 1}$

Gesuchte Wahrscheinlichkeit:
$$P(X \ge 1 + 2) = P(X \ge 3) = 1 - P(X \le 2) = 1 - [P(X = 0) + P(X = 1) + P(X = 2)]$$

Anwenden der BERNOULLI-Formel:

$$P(X = 0) = \binom{50}{0} \cdot 0,02^0 \cdot 0,98^{50} = 0,98^{50} \approx 0,36417$$

$$P(X = 1) = \binom{50}{1} \cdot 0,02^1 \cdot 0,98^{49} = 50 \cdot 0,02 \cdot 0,98^{49} \approx 0,37160$$

$$P(X = 2) = \binom{50}{2} \cdot 0,02^2 \cdot 0,98^{48} = 1\,225 \cdot 0,02^2 \cdot 0,98^{48} \approx 0,18580$$

$\Rightarrow \quad P(X \ge 3) \approx 1 - (0,36417 + 0,37160 + 0,18580) = 1 - 0,92157 = 0,07843$

$\quad \textbf{P(X} \ge \textbf{3)} \approx \textbf{7,8 \%}$

c) **Ermitteln der gesuchten Wahrscheinlichkeit:**
Die Zufallsgröße Y beschreibt die Anzahl derjenigen Linsen, die die geforderte Präzision haben. Die Zufallsgröße Y ist binomialverteilt mit $n = 50$ und unbekannter Wahrscheinlichkeit p, also $Y \sim B_{50;\,p}$. Es gilt $P(Y = 50) = 0,6$, wobei $k = n = 50$, denn unter $n = 50$ Linsen haben alle $(k = n = 50)$ mit der Wahrscheinlichkeit 0,6 die geforderte Präzision.

Berechnung der gesuchten Wahrscheinlichkeit p mithilfe der BERNOULLI-Formel:

$$P(Y = 50) = \binom{50}{50} \cdot p^{50} \cdot (1 - p)^0 = 0,6$$

$p^{50} = 0,6 \quad \Rightarrow \quad p = \sqrt[50]{0,6} \approx 0,99$

Die Wahrscheinlichkeit p beträgt etwa 99 %.

Kernfach Mathematik (Sachsen-Anhalt): Abiturprüfung 2006
Grundkursniveau – Wahlpflichtaufgabe G4.1: Analysis

Eine Firma beauftragt vor der Einführung eines neuen Produktes ein Marktforschungsinstitut mit einer Marktanalyse.
Es wird angenommen, dass die Anzahl n der pro Monat verkauften Stücke des Produktes nur vom Verkaufspreis x (in Euro) abhängt. Diese Abhängigkeit kann durch die Gleichung

$$n(x) = 2{,}025 \cdot 10^{12} \cdot x^{-4}$$

beschrieben werden.
Die Herstellungskosten betragen 150 Euro je Stück.

Der Gewinn G wird aus der Differenz der Einnahmen und der Herstellungskosten berechnet.
Er hängt vom Verkaufspreis x ab. Diese Abhängigkeit wird durch die Funktion G mit G(x),
$x \in \mathbb{R}$ und $x > 0$ beschrieben.
Stellen Sie eine Gleichung für diese Funktion G auf.   (3 BE)

Ermitteln Sie denjenigen Verkaufspreis x, bei dem der monatliche Gewinn maximal ist und geben Sie diesen Gewinn an.   <u>(7 BE)</u>
(10 BE)

Tipps und Hinweise zum Lösen von Wahlpflichtaufgabe G4.1: Analysis

Aufstellen einer Gleichung für die Funktion G

✎ Tipps:
- Gewinn = Einnahmen – Herstellungskosten
- Einnahmen = Verkaufspreis · Anzahl n.
- Herstellungskosten insgesamt = Herstellungskosten je Stück · Anzahl n

Ermitteln des optimalen Verkaufspreises

✎ Tipps:
- Bevor Sie die Ableitungen bilden, klammern Sie den Term $2{,}025 \cdot 10^{12}$ aus.
- Vergessen Sie nicht den Nachweis des lokalen Maximums.
- Denken Sie beim Ergebnis an die Einheit.

Lösungen

Aufstellen einer Gleichung für die Funktion G:

$G(x) = E(x) - H(x)$ mit $E(x) = x \cdot n(x)$ und
$$H(x) = 150 \cdot n(x), \quad \text{also}$$
$$G(x) = x \cdot n(x) - 150 \cdot n(x)$$
$$G(x) = x \cdot 2{,}025 \cdot 10^{12} \, x^{-4} - 150 \cdot 2{,}025 \cdot 10^{12} \cdot x^{-4}$$
$$G(x) = 2{,}025 \cdot 10^{12} \, (x^{-3} - 150x^{-4})$$

Ermitteln des optimalen Verkaufspreises:

$$G'(x) = 2{,}025 \cdot 10^{12} \, (-3x^{-4} + 600x^{-5})$$

$$G'(x) = 2{,}025 \cdot 10^{12} \left(\frac{-3}{x^4} + \frac{600}{x^5} \right)$$

Ansatz: $G'(x) = 0$

$$0 = 2{,}025 \cdot 10^{12} \left(\frac{-3}{x^4} + \frac{600}{x^5} \right)$$

$$0 = -\frac{3}{x^4} + \frac{600}{x^5}$$

$$0 = -3x + 600$$

Daraus erhält man: $x = 200$

$$G''(x) = 2{,}025 \cdot 10^{12} \, (12x^{-5} - 3\,000x^{-6})$$

$$G''(x) = 2{,}025 \cdot 10^{12} \left(\frac{12}{x^5} - \frac{3\,000}{x^6} \right)$$

$$G''(200) = 2{,}025 \cdot 10^{12} \left(\frac{12}{200^5} - \frac{3\,000}{200^6} \right) \approx -19 < 0 \quad \text{(Maximum)}$$

$$G(200) = 2{,}025 \cdot 10^{12} \left(\frac{1}{200^3} - \frac{150}{200^4} \right)$$

$$G(200) \approx 63\,281{,}25$$

Bei einem Verkaufspreis von 200 € ist der monatliche Gewinn maximal.
Er beträgt 63 281,25 €.

G 2006-16

Kernfach Mathematik (Sachsen-Anhalt): Abiturprüfung 2006
Grundkursniveau – Wahlpflichtaufgabe G4.2: Analytische Geometrie

In einem kartesischen Koordinatensystem ist ein regelmäßiges Sechseck ABCDEF durch die Eckpunkte A(2|1|2), B(4|1|0) und D(2|−3|−2) gegeben.
Begründen Sie, dass ein regelmäßiges Sechseck in gleichseitige Dreiecke aufgeteilt wird, wenn man den Mittelpunkt dieses Sechsecks jeweils mit den Eckpunkten verbindet. (2 BE)

Berechnen Sie die Koordinaten des Mittelpunktes und die Maßzahl des Umkreisradius des Sechsecks ABCDEF. (3 BE)

Die Fläche des Sechsecks ABCDEF schneidet die x-y-Ebene in einer Strecke s.
Geben Sie eine Gleichung der Geraden an, auf der die Strecke s liegt. (2 BE)

Berechnen Sie die Koordinaten des Punktes C des Sechsecks ABCDEF. (3 BE)

(10 BE)

G 2006-17

Tipps und Hinweise zum Lösen von Wahlpflichtaufgabe G4.2: Analytische Geometrie

Begründen, dass die Aufteilung in gleichseitige Dreiecke erfolgt
Hinweis:
Konstruieren Sie ein regelmäßiges Sechseck; dies wird Ihnen für die Begründung und für die folgenden Teilaufgaben hilfreich sein.
Tipp: Denken Sie an entsprechende Seiten und Winkel.

Berechnen der Koordinaten des Mittelpunktes M
Tipps:
- Überlegen Sie, wie Sie vom Koordinatenursprung zum Mittelpunkt M kommen.
- Denken Sie daran, dass der Mittelpunkt M die Strecke $\overline{AD}$ halbiert.

Berechnen der Maßzahl des Umkreisradius
Hinweis:
Berechnung des Abstands zweier Punkte $P_1(x_1|y_1|z_1)$ und $P_2(x_2|y_2|z_2)$:

$$d(P_1; P_2) = |\overrightarrow{P_1P_2}| = \left| \begin{pmatrix} x_2 - x_1 \\ y_2 - y_1 \\ z_2 - z_1 \end{pmatrix} \right| = \sqrt{(x_2-x_1)^2 + (y_2-y_1)^2 + (z_2-z_1)^2}$$

Aufstellen einer Gleichung der Schnittgeraden
Hinweis:
Das Problem lässt sich zurückführen auf die Lagebeziehung Ebene–Ebene, genauer auf die Schnittgerade zweier Ebenen: $E_1 \cap E_2 = g$
Tipps:
- Überlegen Sie, in welcher Form Sie eine Gleichung für die x-y-Ebene aufstellen können.
- Nutzen Sie die Koordinatenform: $z = 0$
- Stellen Sie eine Ebenengleichung in vektorieller Form auf, in der die Fläche des Sechsecks liegt.
- Nun können Sie die vektorielle Ebenengleichung in die Koordinatenform der x-y-Ebene einsetzen und die Schnittgerade berechnen.

Berechnen der Koordinaten des Eckpunktes C
Tipps:
- Überlegen Sie, wie Sie vom Koordinatenursprung zum Punkt C kommen.
- Denken Sie daran, dass $\overrightarrow{BC} = \overrightarrow{AM}$ bzw. $\overrightarrow{MC} = \overrightarrow{AB}$ ist.

Lösungen

Begründen, dass die Aufteilung in gleichseitige Dreiecke erfolgt:
Die Innenwinkel mit dem Scheitelpunkt M betragen $\frac{360°}{6} = 60°$ und die anliegenden Seiten sind gleich lang (Radius des Umkreises). Damit sind alle Innenwinkel 60° und die Dreiecke gleichseitig.

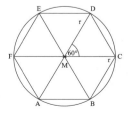

G 2006-18

Berechnen der Koordinaten des Mittelpunktes M:

$$\overrightarrow{OM} = \overrightarrow{OA} + \frac{1}{2}\overrightarrow{AD} = \begin{pmatrix} 2 \\ 1 \\ 2 \end{pmatrix} + \frac{1}{2}\begin{pmatrix} 0 \\ -4 \\ -4 \end{pmatrix} = \begin{pmatrix} 2 \\ -1 \\ 0 \end{pmatrix}$$

M(2 | -1 | 0)

Berechnen der Maßzahl des Umkreisradius:

$r = d(A; M) = |\overrightarrow{AM}|$

$r = \left|\begin{pmatrix} 2 \\ -1 \\ 0 \end{pmatrix} - \begin{pmatrix} 2 \\ 1 \\ 2 \end{pmatrix}\right| = \left|\begin{pmatrix} 0 \\ -2 \\ -2 \end{pmatrix}\right| = \sqrt{(-2)^2 + (-2)^2} = \sqrt{8}$

Aufstellen einer Gleichung der Schnittgeraden:

$g = E_{ABCDEF} \cap E_{\text{x-y-Ebene}}$, wobei $E_{ABCDEF} = E_{ABD}$:

$E_{ABD}: \vec{x} = \overrightarrow{OA} + t\overrightarrow{AB} + u\overrightarrow{AD};\ t, u \in \mathbb{R}$

$\vec{x} = \begin{pmatrix} 2 \\ 1 \\ 2 \end{pmatrix} + t\begin{pmatrix} 2 \\ 0 \\ -2 \end{pmatrix} + u\begin{pmatrix} 0 \\ -4 \\ -4 \end{pmatrix}$

Einsetzen von E_{ABD} in die x-y-Ebene (z = 0) ergibt:
$2 - 2t - 4u = 0,\ t = -2u + 1$

$\vec{x} = \begin{pmatrix} 2 \\ 1 \\ 2 \end{pmatrix} + (-2u+1)\begin{pmatrix} 2 \\ 0 \\ -2 \end{pmatrix} + u\begin{pmatrix} 0 \\ -4 \\ -4 \end{pmatrix}$

$\vec{x} = \begin{pmatrix} 2 \\ 1 \\ 2 \end{pmatrix} + u\begin{pmatrix} -4 \\ 0 \\ 4 \end{pmatrix} + \begin{pmatrix} 2 \\ 0 \\ -2 \end{pmatrix} + u\begin{pmatrix} 0 \\ -4 \\ -4 \end{pmatrix}$

$\vec{x} = \begin{pmatrix} 4 \\ 1 \\ 0 \end{pmatrix} + u\begin{pmatrix} -4 \\ -4 \\ 0 \end{pmatrix}$

Ergebnis:

$g: \vec{x} = \begin{pmatrix} 4 \\ 1 \\ 0 \end{pmatrix} + v\begin{pmatrix} 1 \\ 1 \\ 0 \end{pmatrix}$

Die Strecke s liegt auf der Geraden $g: \vec{x} = \begin{pmatrix} 4 \\ 1 \\ 0 \end{pmatrix} + v\begin{pmatrix} 1 \\ 1 \\ 0 \end{pmatrix}$.

Berechnen der Koordinaten des Eckpunktes C:

$\overrightarrow{OC} = \overrightarrow{OB} + \overrightarrow{BC}$ mit $\overrightarrow{BC} = \overrightarrow{AM}$

$\overrightarrow{OC} = \begin{pmatrix} 4 \\ 1 \\ 0 \end{pmatrix} + \begin{pmatrix} 0 \\ -2 \\ -2 \end{pmatrix} = \begin{pmatrix} 4 \\ -1 \\ -2 \end{pmatrix}$

$\Rightarrow$ C(4 | -1 | -2)

Kernfach Mathematik (Sachsen-Anhalt): Abiturprüfung (Modellversuch) 2007
Grundkursniveau – Pflichtaufgabe K-G1: Analysis

Gegeben sind die Funktion f und die Funktionen g_a durch
f: $y = f(x) = 2x - 5\ln(x+1)$; $x \in D_f$;
g_a: $y = g_a(x) = \dfrac{ax - 3}{x+1}$; $a, x \in \mathbb{R}$; $x > -1$.

a) Geben Sie den größtmöglichen Definitionsbereich D_f sowie die Koordinaten des Schnittpunktes des Graphen der Funktion f mit der y-Achse an. (2 BE)

Untersuchen Sie den Graphen der Funktion f auf lokale Extrempunkte und auf Wendepunkte. Geben Sie gegebenenfalls die Koordinaten dieser Punkte an. (8 BE)

Begründen Sie, dass der Graph der Funktion f die x-Achse im Intervall [4; 5] schneidet. (2 BE)

Zeichnen Sie den Graphen der Funktion f im Intervall $-1 < x \leq 6$ in das gegebene Koordinatensystem. (4 BE)

Die Graphen der Funktionen g_a seien mit G_a bezeichnet.

b) Ermitteln Sie von den Graphen G_a die Koordinaten der Schnittpunkte mit den Koordinatenachsen sowie Gleichungen der Asymptoten. (5 BE)

Untersuchen Sie die Funktionen g_a auf Monotonie. (4 BE)

Weisen Sie nach, dass die Funktion f eine Stammfunktion der Funktion g_2 ist und beschreiben Sie an zwei Eigenschaften dieser Funktionen bzw. ihrer Graphen, wie sich dieser Zusammenhang zeigt. (5 BE)

(30 BE)

Tipps und Hinweise zum Lösen von Pflichtaufgabe K-G1: Analysis

a) *Definitionsbereich*

Hinweis:
Der größtmögliche Definitionsbereich ist die Menge aller x-Werte, die in den Funktionsterm eingesetzt werden dürfen.

✔ **Tipp:** Im Funktionsterm befindet sich eine Logarithmusfunktion, welche Zahlen dürfen hier nicht eingesetzt werden?

Schnittpunkt mit der y-Achse

✔ **Tipp:** Schnittpunkt mit der y-Achse ist der Punkt $S_y(0 \,|\, f(0))$

Lokale Extrempunkte, Wendepunkte

Hinweis:
Verwenden Sie beim Ableiten die Summen-, Faktor- und Potenzregel:

$f(x) = u(x) + v(x) \quad \Rightarrow \quad f'(x) = u'(x) + v'(x)$
$f(x) = k \cdot u(x) \quad\quad\; \Rightarrow \quad f'(x) = k \cdot u'(x)$
$f(x) = x^n \quad\quad\quad\;\; \Rightarrow \quad f'(x) = n \cdot x^{n-1}$

Für die Ableitung der Logarithmusfunktion gilt:

$f(x) = \ln(x) \quad\quad \Rightarrow \quad f'(x) = \dfrac{1}{x}$

✔ **Tipps:**
- Hinreichende Bedingung für lokale Extrema: $f'(x) = 0 \,\wedge\, f''(x) \neq 0$
- Berechnen Sie die Koordinaten der Extrempunkte, nicht nur die Extremstellen.
- Notwendige Bedingung für Wendepunkte: $f''(x) = 0$

Begründen der Aussage

Hinweis:
Ist die reelle Funktion f stetig über dem Intervall [a; b], und gilt außerdem $f(a) < 0$ sowie $f(b) > 0$, so existiert eine reelle Zahl $x_0 \in [a; b]$ mit $f(x_0) = 0$.

✔ **Tipps:**
- Berechnen Sie die Funktionswerte $f(4)$ und $f(5)$.
- Überlegen Sie, was ein Vorzeichenwechsel bedeutet.

b) *Schnittpunkte mit den Koordinatenachsen*

✔ **Tipps:**
- Schnittpunkt mit der y-Achse ist der Punkt $S_y(0 \,|\, g_a(0))$.
- Die Abszisse eines Schnittpunktes mit der x-Achse ist eine Nullstelle von g_a.

Angeben der Asymptotengleichung

Hinweis:
Ist bei Bruchfunktionen der Grad des Zählers gleich dem Grad des Nenners, so existiert ein Grenzwert, also eine waagerechte Asymptote.

✔ **Tipps:**
- Klammern Sie x im Zähler und Nenner aus.
- Nutzen Sie $\lim\limits_{x \to \pm\infty} \dfrac{1}{x} = 0$.
- Denken Sie aber auch an die Polstelle (Polasymptote).

2007-K-2

Monotonie

Hinweis:

Eine differenzierbare Funktion ist genau dann monoton wachsend (fallend), wenn $f'(x) > 0$ ($f'(x) < 0$) für alle $x \in D_f$.

Tipps:

- Berechnen und untersuchen Sie $g_a'(x)$.
- Verwenden Sie beim Ableiten die Quotientenregel:

$$\left(\frac{u(x)}{v(x)}\right)' = \frac{u'(x) \cdot v(x) - u(x) \cdot v'(x)}{(v(x))^2}.$$

- Ermitteln Sie unter Berücksichtigung des obigen Hinweises das Monotonieverhalten von g_a. Welchen Einfluss hat der Parameter a?

Nachweisen der Stammfunktion

Hinweis:

Zusammenhang zwischen Funktion f und Stammfunktion F:

$$f(x) \; \underset{\text{ableiten}}{\overset{\text{integrieren}}{\rightleftarrows}} \; F(x)$$

Tipps:

- Es gilt $f'(x) = g_2(x)$.
- Formen Sie den Term der 1. Ableitung in einen gemeinen Bruch um.

Beschreiben von Zusammenhängen

Hinweis:

Der Graph der Ableitungsfunktion f' kann durch Ablesen einiger Steigungen aus dem Graphen der Funktion f konstruiert werden (grafisches Differenzieren).

Tipps:

- Versuchen Sie aus der grafischen Darstellung von f und g_2 auf Zusammenhänge zu schließen.
- Haben Sie erkannt, dass g_2 die Ableitungsfunktion von f ist?
- Überlegen Sie sich einen Zusammenhang zwischen Extrema und Nullstelle.
- Ziehen Sie eine Schlussfolgerung bzgl. des Monotonieverhaltens.

Lösungen

a) **Definitionsbereich:**

$D_f = \{x \in \mathbb{R}: x > -1\}$

Schnittpunkt mit der y-Achse:

$x = 0;$ $y = f(0) = 2 \cdot 0 - 5 \cdot \ln(0 + 1) = 0;$ $S_y(0 | 0)$

Lokale Extrempunkte:

Bilden der 1. und 2. Ableitung:

$$f'(x) = 2 - 5 \cdot \frac{1}{x + 1} \cdot 1 = 2 - \frac{5}{x + 1} = 2 - 5(x + 1)^{-1}$$

$$f''(x) = -5 \cdot (-1)(x + 1)^{-2} \cdot 1 = \frac{5}{(x + 1)^2}$$

2007-K-3

Ermitteln der Extremstellen:

$f'(x) = 0; \quad 2 - \dfrac{5}{x+1} = 0; \quad 2(x+1) - 5 = 0; \quad 2x - 3 = 0; \quad x = \dfrac{3}{2}$

$f''\left(\dfrac{3}{2}\right) = \dfrac{5}{\left(\dfrac{3}{2}+1\right)^2} = 0{,}8 > 0 \quad \text{(Tiefpunkt)}$

$T\left(\dfrac{3}{2} \mid f\left(\dfrac{3}{2}\right)\right)$ mit $f\left(\dfrac{3}{2}\right) = 2 \cdot \dfrac{3}{2} - 5 \cdot \ln\left(\dfrac{3}{2}+1\right) = 3 - 5\ln 2{,}5$

und damit

$T\left(\dfrac{3}{2} \mid 3 - 5\ln 2{,}5\right)$

Wendepunkte:

$f''(x) = 0; \quad \dfrac{5}{(x+1)^2} = 0; \quad 5 = 0$

Widerspruch, es liegen also keine Wendepunkte vor.

Begründen der Aussage:
- $f(4) = 2 \cdot 4 - 5 \cdot \ln(4+1) = -0{,}047\ldots < 0$ und
- $f(5) = 2 \cdot 5 - 5 \cdot \ln(5+1) = +1{,}04\ldots > 0$ und
- f ist stetig.

Vorzeichenwechsel

Nach dem Nullstellensatz hat der Graph von f im Intervall [4; 5] eine Nullstelle.

Wertetabelle für f(x) und Zeichnen des Graphen:

x	−1	−0,5	0	0,5	1	1,5	2	3	4	5	6
f(x)	−	2,5	0	−1,03	−1,47	−1,58	−1,5	−0,93	−0,05	1,04	2,27

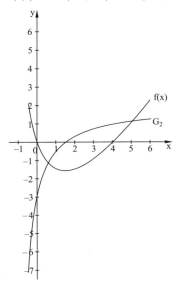

2007-K-4

b) **Schnittpunkte mit den Koordinatenachsen:**

y-Achse: $x = 0$; $\quad y = g_a(0) = \dfrac{a \cdot 0 - 3}{0 + 1} = -3$; $\quad S_y(0 \mid -3)$

x-Achse: $y = 0$; $\quad \dfrac{ax - 3}{x + 1} = 0$; $\quad ax - 3 = 0$; $\quad x = \dfrac{3}{a}$; $\quad S_x\left(\dfrac{3}{a} \,\middle|\, 0\right)$

Gleichungen der Asymptoten:
Polasymptote: $x = -1$, entfällt, da $x > -1$

Grenzwert im Unendlichen: $\displaystyle\lim_{x \to \pm\infty} \dfrac{ax - 3}{x + 1} = \lim_{x \to \pm\infty} \dfrac{\cancel{x}\left(a - \frac{3}{x}\right)}{\cancel{x}\left(1 + \frac{1}{x}\right)} = \dfrac{a - 0}{1 + 0} = a$;

$$\Rightarrow \quad \text{waagerechte Asymptote: } y = a$$

Monotonie:
Bilden der 1. Ableitung:

$u = ax - 3 \qquad u' = a$
$v = x + 1 \qquad v' = 1$

$$g_a'(x) = \dfrac{a(x + 1) - (ax - 3) \cdot 1}{(x + 1)^2} = \dfrac{ax + a - ax + 3}{(x + 1)^2} = \dfrac{a + 3}{(x + 1)^2}$$

$g_a'(x) = \dfrac{a + 3}{(x + 1)^2} > 0 \quad$ für $\quad a > -3 \quad$ (g_a monoton wachsend)

$\dfrac{a + 3}{(x + 1)^2} < 0 \quad$ für $\quad a < -3 \quad$ (g_a monoton fallend)

Nachweisen, dass f Stammfunktion von g_2 ist:
Es muss gelten: $f'(x) = g_2(x)$

$$f'(x) = 2 - \dfrac{5}{x + 1} = \dfrac{2(x + 1) - 5}{x + 1} = \dfrac{2x - 3}{x + 1} = g_2(x)$$

Beschreiben von Zusammenhängen:

Da f Stammfunktion von g_2 ist, ist g_2 die Ableitungsfunktion von f, also beschreibt g_2 geometrisch die Anstiege des Graphen von f. Der Graph von g_2 hat z. B. bei 1,5 eine Nullstelle, d. h. der Anstieg des Graphen von f ist an dieser Stelle 0 (erkennbar am Tiefpunkt).

Analog kann man aus den Funktionswerten von g_2 an allen weiteren Stellen das Monotonieverhalten von f beschreiben, z. B. für $x < 1,5$ ist $g_2(x)$ negativ, folglich ist die Funktion f in diesem Bereich monoton fallend.

Kernfach Mathematik (Sachsen-Anhalt): Abiturprüfung (Modellversuch) 2007
Grundkursniveau – Pflichtaufgabe K-G2: Analytische Geometrie

In einem kartesischen Koordinatensystem seien durch die Punkte $A(1\,|\,1\,|\,2)$, $B(3\,|\,-5\,|\,0)$, $C(9\,|\,-3\,|\,1)$ und $D(7\,|\,3\,|\,1)$ die Geraden AB, AC und AD gegeben.

a) Begründen Sie, dass die Geraden AB und AD eine Ebene bestimmen und ermitteln Sie eine Koordinatengleichung dieser Ebene. (5 BE)

b) Zeigen Sie, dass $(\overrightarrow{AB} \times \overrightarrow{AD}) \cdot \overrightarrow{AC} \neq 0$ und schlussfolgern Sie daraus die gegenseitige Lage der Geraden AB, AC und AD. (4 BE)

Die Punkte A, B, C und D werden mittels senkrechter Parallelprojektion in die x-y-Ebene projiziert. Ihre Bilder $A_1(1\,|\,1)$, $B_1(3\,|\,-5)$, $C_1(9\,|\,-3)$ und $D_1(7\,|\,3)$ werden unter Beibehaltung der x-Achse und der y-Achse nun in einem kartesischen Koordinatensystem der Ebene betrachtet.

c) Weisen Sie nach, dass die Punkte A_1, B_1, C_1 und D_1 Eckpunkte eines Quadrates sind und ermitteln Sie eine Gleichung des Umkreises dieses Quadrates. (6 BE)

(15 BE)

Tipps und Hinweise zum Lösen von Pflichtaufgabe K-G2: Analytische Geometrie

a) *Begründen, dass die Geraden eine Ebene bestimmen*

 ✐ **Tipps:**
  • Erkennen Sie den Schnittpunkt der beiden Geraden?
  • Überprüfen Sie, ob die Richtungsvektoren der Geraden linear unabhängig sind.

Ermitteln einer Koordinatengleichung

Hinweis:
Ermitteln Sie zunächst die Ebenengleichung in Parameterform; ermitteln Sie dann die Koordinatengleichung der Form $ax + by + cz = d$.

 ✐ **Tipps:**
  • Berechnen Sie einen Normalenvektor $\vec{n} = \begin{pmatrix} n_1 \\ n_2 \\ n_3 \end{pmatrix}$ aus dem Vektorprodukt der Spannvektoren der Ebene ε.

  • Dann gilt: $\varepsilon: n_1 x + n_2 y + n_3 z = d$, wobei sich d durch Punktprobe mit A ermitteln lässt.

b) *Zeigen der Richtigkeit der Aussage und Schlussfolgern*

Hinweis:
Für je zwei Vektoren $\vec{a}$ und $\vec{b}$ ($\neq \vec{0}$) mit dem Winkel α gilt: $\vec{a} \circ \vec{b} = |\vec{a}| \cdot |\vec{b}| \cdot \cos\alpha$

Für den Flächeninhalt des von den Vektoren $\vec{a}$ und $\vec{b}$ im Raum aufgespannten Parallelogramms gilt: $A = |\vec{a} \times \vec{b}|$.

 ✐ **Tipps:**
  • Denken Sie daran, dass zuerst der Klammerterm zu berechnen ist.
  • Veranschaulichen Sie sich den Sachverhalt in einer Skizze.
  • Überlegen Sie anhand des obigen Hinweises, was der Winkel $\alpha \neq 90°$ über die Lage der Vektoren aussagt.

c) *Nachweisen, dass die Punkte A_1, B_1, C_1 und D_1 Eckpunkte eines Quadrates sind*

Hinweis:
Ein Viereck ist genau dann ein Quadrat, wenn alle Seiten gleich lang sind und die Winkel $90°$ betragen.

 ✐ **Tipps:**
  • Berechnen Sie die Längen der Seiten, denken Sie an den Zusammenhang $\left| \begin{pmatrix} a_1 \\ a_2 \end{pmatrix} \right| = \sqrt{a_1^2 + a_2^2}$.

  • Es reicht der Nachweis eines rechten Winkels.
  • Nutzen Sie zur Winkelberechnung das Skalarprodukt.
  • Zur Kontrolle ist die Darstellung im Koordinatensystem nützlich.

Ermitteln einer Gleichung für den Umkreis

Hinweis:
Der Mittelpunkt des Umkreises eines Quadrates ist der Schnittpunkt der Diagonalen.

 ✐ **Tipps:**
  • Überlegen Sie, wie Sie vom Koordinatenursprung zum Punkt M kommen.
  • Denken Sie daran, dass gilt: $\overline{A_1 M} = \overline{C_1 M}$.
  • Der Radius ist der Abstand der Punkte A_1 und M.

2007-K-7

Lösungen

a) **Begründen, dass die Geraden eine Ebene bestimmen:**

1. Möglichkeit:
Die Richtungsvektoren der Geraden müssen linear unabhängig sein, also

$$\vec{AB} = k \cdot \vec{AD}; \quad \begin{pmatrix} 2 \\ -6 \\ -2 \end{pmatrix} = k \begin{pmatrix} 6 \\ 2 \\ -1 \end{pmatrix}; \quad \begin{matrix} 2 = 6k & k = \frac{1}{3} \\ -6 = 2k; & k = -3 \\ -2 = -k & k = 2 \end{matrix}$$

Widerspruch, daher sind $\vec{AB}$ und $\vec{AD}$ linear unabhängig.
Die Punkte A, B und D liegen nicht auf ein und derselben Geraden und bestimmen somit eine Ebene.

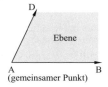

2. Möglichkeit:
Gilt $\vec{AB} \times \vec{AD} \neq \vec{0}$, so sind $\vec{AB}$ und $\vec{AD}$ linear unabhängig:

$$\begin{pmatrix} 2 \\ -6 \\ -2 \end{pmatrix} \times \begin{pmatrix} 6 \\ 2 \\ -1 \end{pmatrix} = \begin{pmatrix} 6+4 \\ -12+2 \\ 4+36 \end{pmatrix} = \begin{pmatrix} 10 \\ -10 \\ 40 \end{pmatrix} \neq \vec{0} \quad \text{w. A.}$$

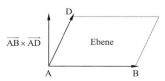

Ermitteln einer Koordinatengleichung:
Eine Parametergleichung der Ebene durch die Punkte A, B und D lautet:

$$\varepsilon: \vec{x} = \vec{OA} + t\vec{AB} + s\vec{AD} = \begin{pmatrix} 1 \\ 1 \\ 2 \end{pmatrix} + t \begin{pmatrix} 2 \\ -6 \\ -2 \end{pmatrix} + s \begin{pmatrix} 6 \\ 2 \\ -1 \end{pmatrix}; \quad t, s \in \mathbb{R}$$

1. Möglichkeit:
Den Normalenvektor $\vec{n}$ von ε berechnet man mithilfe des Vektorprodukts aus den Spannvektoren der Ebene ε.

$$\begin{pmatrix} 2 \\ -6 \\ -2 \end{pmatrix} \times \begin{pmatrix} 6 \\ 2 \\ -1 \end{pmatrix} = \begin{pmatrix} 10 \\ -10 \\ 40 \end{pmatrix} = 10 \cdot \begin{pmatrix} 1 \\ -1 \\ 4 \end{pmatrix}$$

Mit dem Ansatz
$x - y + 4z = d$
und durch Einsetzen der Koordinaten des Punktes $A(1 \mid 1 \mid 2) \in \varepsilon$ ergibt sich
$1 - 1 + 4 \cdot 2 = d$
$\quad\quad\quad\quad d = 8$
also $\varepsilon: x - y + 4z = 8$.

2. Möglichkeit:

Der Normalenvektor $\vec{n}$ steht senkrecht auf den Spannvektoren der Ebene ε:

$$\vec{n} \perp \begin{pmatrix} 2 \\ -6 \\ -2 \end{pmatrix} \quad \text{und} \quad \vec{n} \perp \begin{pmatrix} 6 \\ 2 \\ -1 \end{pmatrix}$$

Damit gilt:

$$\vec{n} \circ \begin{pmatrix} 2 \\ -6 \\ -2 \end{pmatrix} = 0 \quad \text{und} \quad \vec{n} \circ \begin{pmatrix} 6 \\ 2 \\ -1 \end{pmatrix} = 0$$

$$\begin{aligned} 2n_1 - 6n_2 - 2n_3 &= 0 \\ 6n_1 + 2n_2 - \ n_3 &= 0 \qquad | \cdot 3 \end{aligned} \quad +$$

$$\overline{20n_1 \qquad - \ 5n_3 = 0}$$

Eine mögliche Lösung ist

$n_1 = 1$, $n_3 = 4$, $n_2 = -1$

d. h. $\vec{n} = \begin{pmatrix} 1 \\ -1 \\ 4 \end{pmatrix}$.

Mit dem Ansatz

$$x - y + 4z = d$$

und durch Einsetzen der Koordinaten des Punktes $A(1\,|\,1\,|\,2) \in \varepsilon$ ergibt sich

$$\begin{aligned} 1 - 1 + 4 \cdot 2 &= d \\ d &= 8 \end{aligned}$$

also $\varepsilon: x - y + 4z = 8$.

3. Möglichkeit:

Aus der Parametergleichung von ε

$$\vec{x} = \begin{pmatrix} x \\ y \\ z \end{pmatrix} = \begin{pmatrix} 1 \\ 1 \\ 2 \end{pmatrix} + t\begin{pmatrix} 2 \\ -6 \\ -2 \end{pmatrix} + s\begin{pmatrix} 6 \\ 2 \\ -1 \end{pmatrix}$$

folgt das Gleichungssystem

$$\begin{array}{lll} \text{I} & x = 1 + 2t + 6s \\ \text{II} & y = 1 - 6t + 2s \\ \text{III} & z = 2 - 2t - \ s \end{array}$$

Aus den Gleichungen I und II wird einmal der Parameter t und dann der Parameter s eliminiert:

$$\begin{array}{lll} \text{I} & x = 1 + 2t + 6s & | \cdot 3 \\ \text{II} & y = 1 - 6t + 2s & \end{array} \quad +$$

$$\overline{3x + y = 4 \qquad + 20s}$$

$$\Rightarrow \quad s = \frac{3}{20}x + \frac{1}{20}y - \frac{4}{20} \qquad\qquad (1)$$

und

I $\quad x = 1 + 2t + 6s$
II $\quad y = 1 - 6t + 2s \qquad |\cdot(-3)$ ⌐ +
$\overline{x - 3y = -2 + 20t}$

$\Rightarrow \quad t = \dfrac{1}{20}x - \dfrac{3}{20}y + \dfrac{2}{20}$ \hfill (2)

Gleichung (1) und (2) werden nun in III eingesetzt und umgeformt:

$z = 2 - 2\left(\dfrac{1}{20}x - \dfrac{3}{20}y + \dfrac{2}{20}\right) - \left(\dfrac{3}{20}x + \dfrac{1}{20}y - \dfrac{4}{20}\right)$

$z = 2 - \dfrac{2}{20}x + \dfrac{6}{20}y - \dfrac{4}{20} - \dfrac{3}{20}x - \dfrac{1}{20}y + \dfrac{4}{20}$

$z = -\dfrac{5}{20}x + \dfrac{5}{20}y + 2$

$20z = -5x + 5y + 40$

$-40 = -5x + 5y - 20z$

$\Rightarrow \quad \varepsilon:\ x - y + 4z = 8$

b) Zeigen der Richtigkeit der Aussage:

$(\overrightarrow{AB} \times \overrightarrow{AD}) \circ \overrightarrow{AC} = \left[\begin{pmatrix}2\\-6\\-2\end{pmatrix} \times \begin{pmatrix}6\\2\\-1\end{pmatrix}\right] \circ \begin{pmatrix}8\\-4\\-1\end{pmatrix} = \begin{pmatrix}10\\-10\\40\end{pmatrix} \circ \begin{pmatrix}8\\-4\\-1\end{pmatrix}$

$= 80 + 40 - 40 = 80 \neq 0$ \quad w.A.

Schlussfolgerung:
Wegen
$(\overrightarrow{AB} \times \overrightarrow{AD}) \circ \overrightarrow{AC} = |\overrightarrow{AB} \times \overrightarrow{AD}| \cdot |\overrightarrow{AC}| \cdot \cos \sphericalangle((\overrightarrow{AB} \times \overrightarrow{AD}); \overrightarrow{AC}) \neq 0$
folgt
$\sphericalangle((\overrightarrow{AB} \times \overrightarrow{AD}); \overrightarrow{AC}) \neq 90°$

d. h. die Geraden AB, AC und AD liegen nicht
in ein und derselben Ebene.

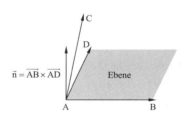

c) Nachweisen, dass die Punkte A_1, B_1, C_1, und D_1 Eckpunkte eines Quadrates sind:
Es muss gelten:
$\overline{A_1B_1} = \overline{B_1C_1} = \overline{C_1D_1} = \overline{A_1D_1}$ und $\overline{A_1B_1} \perp \overline{A_1D_1}$

$\overrightarrow{A_1B_1} = \begin{pmatrix}2\\-6\end{pmatrix};\quad \overrightarrow{B_1C_1} = \begin{pmatrix}6\\2\end{pmatrix};\quad \overrightarrow{C_1D_1} = \begin{pmatrix}-2\\6\end{pmatrix};\quad \overrightarrow{A_1D_1} = \begin{pmatrix}6\\2\end{pmatrix}$

Alle Seiten haben die Länge $a = \sqrt{40}$ und es gilt:

$\overrightarrow{A_1B_1} \circ \overrightarrow{A_1D_1} = \begin{pmatrix}2\\-6\end{pmatrix} \circ \begin{pmatrix}6\\2\end{pmatrix} = 12 - 12 = 0$ \quad w.A.

Daher schließen die aufeinander stehenden Seiten einen rechten Winkel ein, die Punkte A_1, B_1, C_1 und D_1 sind Eckpunkte eines Quadrats.

Ermitteln einer Gleichung für den Umkreis:
Mittelpunkt:
$$\overrightarrow{OM} = \overrightarrow{OA_1} + \frac{1}{2}\overrightarrow{A_1C_1} = \binom{1}{1} + \frac{1}{2}\binom{8}{-4} = \binom{5}{-1}$$
$M(5|-1)$

Radius:
$$r = |\overrightarrow{A_1M}| = \left|\binom{4}{-2}\right| = \sqrt{16+4} = \sqrt{20}$$

Kreisgleichung:
$(x-5)^2 + (y+1)^2 = 20$

Kernfach Mathematik (Sachsen-Anhalt): Abiturprüfung (Modellversuch) 2007
Grundkursniveau – Pflichtaufgabe K-G3: Stochastik

Für einen Einstellungstest sind Aufgaben erprobt worden.
Eine solche Aufgabe besteht aus drei Fragen.
Die Zufallsgröße X beschreibe die Anzahl der richtig beantworteten Fragen, und
es ist bekannt:

$X = k$	0	1	2	3
$P(X = k)$	0,08	0,38	0,42	0,12

a) Begründen Sie, dass eine Wahrscheinlichkeitsverteilung für die Zufallsgröße X
   vorliegt. (2 BE)
   Berechnen Sie den Erwartungswert der Zufallsgröße X und interpretieren Sie
   diesen.
   Berechnen Sie die Wahrscheinlichkeit für das Ereignis E.
   E: „Mindestens eine Frage wird richtig beantwortet." (3 BE)

Ein Einstellungstest besteht aus 50 Aufgaben. Man geht davon aus, dass jede Aufgabe mit der
Wahrscheinlichkeit 0,6 richtig beantwortet wird und dass die Beantwortung der Aufgaben
unabhängig voneinander erfolgt. Die Zufallsgröße Y beschreibe die Anzahl der richtig
beantworteten Aufgaben.

b) Begründen Sie, dass die Zufallsgröße Y als binomialverteilt angenommen werden kann, und berechnen Sie deren Erwartungswert sowie die Wahrscheinlichkeit, mit der weniger als 30 Aufgaben richtig beantwortet werden. (5 BE)

c) Ein Großunternehmen möchte den Einstellungstest zur Auswahl von Bewer-
   bern verwenden.
   Um die Eignung des Einstellungstests zu untersuchen, werden 100 Probanden
   diesem Einstellungstest unterzogen. Die Zufallsgröße Z beschreibe die Anzahl
   der Probanden, die den Einstellungstest bestehen.
   Ermitteln Sie zur Nullhypothese „H_0: $p \geq 0,5$" den größtmöglichen Ablehnungsbereich für das Signifikanzniveau $\alpha = 0,05$ und geben Sie eine zugehörige Entscheidungsregel an. (5 BE)
   (15 BE)

2007-K-12

Tipps und Hinweise zum Lösen von Pflichtaufgabe K-G3: Stochastik

a) *Begründen, dass eine Wahrscheinlichkeitsverteilung vorliegt*
Hinweis:
Eine Funktion, die jedem Wert der (diskreten) Zufallsgröße X eine Wahrscheinlichkeit zuordnet, heißt Wahrscheinlichkeitsverteilung.
Tipps:
- Prüfen Sie, ob alle Werte, die die Zufallsgröße X annehmen kann, in der Tabelle erfasst sind.
- Haben Sie erkannt, dass jedem Wert k, den die Zufallsgröße X annehmen kann, eindeutig eine reelle Zahl p ($0 < p < 1$) zugeordnet ist?
- Überlegen Sie, welchen Wert die Summe der zugeordneten Wahrscheinlichkeiten ergeben muss.

Berechnen des Erwartungswertes der Zufallsgröße X
Hinweis:
Die Formel zur Berechnung des Erwartungswertes einer Zufallsgröße X lautet:

$$E(X) = \sum_{i=1}^{n} x_i \cdot P(X = x_i) = x_1 \cdot P(X = x_1) + x_2 \cdot P(X = x_2) + \ldots + x_n \cdot P(X = x_n)$$

Tipps:
- Überlegen Sie, welche Bedeutung x_i und $P(X = x_i)$ in der Summenformel haben.
- Multiplizieren Sie jeden Wert der Zufallsgröße X mit der zugehörigen Wahrscheinlichkeit und bilden Sie die Summe aus allen so erhaltenen Produkten.

Interpretieren des Erwartungswertes der Zufallsgröße X
Hinweis:
Interpretationen sind sachbezogene Aussagen/Erklärungen.
Tipps:
- Stellen Sie bei der Interpretation einen Bezug zu dem Sachverhalt her, der dem Erwartungswert zugrunde liegt. (Was wird erwartet?)
- Vermeiden Sie Aussagen allein unter Verwendung von Dezimalbrüchen, wenn der Sachbezug eine Anzahl (z. B. Anzahl von Fragen) ist.

Berechnen der Wahrscheinlichkeit für das Ereignis E
Tipps:
- Welche „Gesamtwahrscheinlichkeit" muss sich beim Addieren der Einzelwahrscheinlichkeiten der Wahrscheinlichkeitsverteilung einer Zufallsgröße ergeben?
- Möglicher Lösungsansatz: $P(E) = P(X \geq 1) = 1 - P(X = 0)$

b) *Begründen, dass die Zufallsgröße Y als binomialverteilt angenommen werden kann (Vorliegen einer BERNOULLI-Kette der Länge n)*
Hinweis:
Eine BERNOULLI-Kette der Länge n beschreibt ein Zufallsexperiment aus n Versuchen (Stufen). Die zugehörige Zufallsgröße kann dann als binomialverteilt angenommen werden.
Tipps:
- Überlegen Sie, unter welchen Bedingungen ein BERNOULLI-Experiment vorliegt (mögliche Versuchsausgänge, zugehörige Wahrscheinlichkeiten, Besonderheiten, ...).
- Haben Sie erkannt, welche Ereignisse auf jeder Stufe des Zufallsversuchs unterschieden werden und welcher Besonderheit deren Wahrscheinlichkeiten unterliegen?
- Erfassen Sie für die Begründung die Bedingungen sachbezogen (siehe Aufgabentext).

2007-K-13

Berechnen des Erwartungswertes der Zufallsgröße Y
Hinweis:
Für den Erwartungswert einer binomialverteilten Zufallsgröße Y gilt: $E(Y) = n \cdot p$
Tipps:
- Haben Sie berücksichtigt, dass die Zufallsgröße Y als binomialverteilt angenommen werden kann?
- Mit welchen Parametern ist die Zufallsgröße Y binomialverteilt?

Berechnen der gesuchten Wahrscheinlichkeit
Tipps:
- Mit welchen Parametern ist die Zufallsgröße Y binomialverteilt?
- Haben Sie erkannt, dass „weniger als 30" auf $P(Y \leq 29)$ führt?
- Nutzen Sie eine Tabelle der kumulierten (aufsummierten) Binomialverteilung.

c) *Ermitteln des größtmöglichen Ablehnungsbereichs*
Hinweise:
Sprechen kleine (große) Werte der Zufallsgröße gegen die Nullhypothese, so ist der größtmögliche linksseitige (rechtsseitige) Ablehnungsbereich zu ermitteln.
Der größtmögliche linksseitige Ablehnungsbereich $\overline{A}$ lautet: $\overline{A} = \{0; 1; ...; k\}$
Tipps:
- Mit welchen Parameterwerten ist die Zufallsgröße Z binomialverteilt? Beachten Sie die gegebene Nullhypothese H_0.
- Haben Sie erkannt, dass kleine Werte der Zufallsgröße Z gegen die Nullhypothese sprechen?
- Beachten Sie beim Ermitteln des kritischen Wertes k für den Ablehnungsbereich die obigen Hinweise und das gegebene Signifikanzniveau.
- Möglicher Lösungsansatz:
  $P(Z \leq k) = B_{100;\ 0,5}(\{0; 1; ...; k\}) \leq 0,05$
  (Nutzen Sie eine Tabelle der kumulierten Binomialverteilung.)

Angeben der zugehörigen Entscheidungsregel
Tipps:
- Beziehen Sie sich beim Angeben der Entscheidungsregel auf den Ablehnungsbereich.
- Formulieren Sie die Entscheidungsregel sachbezogen. Der Sachbezug geht aus dem Aufgabentext hervor.

Lösungen

a) **Begründen, dass eine Wahrscheinlichkeitsverteilung vorliegt:**
- Jedem Wert k, den die Zufallsgröße X annehmen kann, ist eindeutig eine reelle Zahl p $(0 < p < 1)$ als Wahrscheinlichkeit zugeordnet.
- Die Summe der zugeordneten Wahrscheinlichkeiten beträgt 1.

Berechnen des Erwartungswertes der Zufallsgröße X und Interpretieren:

$$E(X) = \sum_{i=1}^{n} x_i \cdot P(X = x_i); \quad E(X) = 0 \cdot 0,08 + 1 \cdot 0,38 + 2 \cdot 0,42 + 3 \cdot 0,12$$

$$E(X) = 1,58$$

Im statistischen Mittel werden 1,58 Fragen richtig beantwortet. Bei 300 Fragen wären dies (im statistischen Mittel) 158 richtig beantwortete Fragen (1,58 von 3; 15,8 von 30; 158 von 300 usw.).

2007-K-14

Berechnen der Wahrscheinlichkeit für das Ereignis E:
$P(E) = P(X \geq 1) = 1 - P(X = 0) = 1 - 0,08 = 0,92$
$\mathbf{P(E) = 92\ \%}$

b) **Begründen der Binomialverteilung der Zufallsgröße Y**
   (Vorliegen einer BERNOULLI-Kette der Länge n):
   - Bei dem Einstellungstest wird für jede der 50 Aufgaben in genau zwei Ereignisse unterschieden, nämlich das Ereignis „Aufgabe richtig beantwortet" und das zugehörige Gegenereignis „Aufgabe nicht richtig beantwortet".
   - Die Wahrscheinlichkeit für das Ereignis bzw. Gegenereignis bleibt (aufgrund des voneinander unabhängigen Beantwortens der Aufgaben) für jede Aufgabe unverändert; Vorgabe von $p = 0,6$ bzw. $q = 0,4$.
   - Das Zufallsexperiment (Einstellungstest) umfasst n ($n = 50$) voneinander unabhängige Versuche (Aufgaben).

   Berechnen des Erwartungswertes der Zufallsgröße Y sowie der gesuchten Wahrscheinlichkeit:
   Die Zufallsgröße Y ist binomialverteilt mit $n = 50$ und $p = 0,6$, d. h. $Y \sim B_{50;\ 0,6}$.

   $E(Y) = n \cdot p = 50 \cdot 0,6 = 30$
   $P(Y \leq 29) = B_{50;\ 0,6}(\{0;\ 1;\ \ldots;\ 29\}) = 0,43897$ (Tabellenwert)
   $\mathbf{P(Y \leq 29) \approx 43,9\ \%}$

c) **Ermitteln des größtmöglichen Ablehnungsbereichs und Angeben der zugehörigen Entscheidungsregel:**
   Die Zufallsgröße Z ist binomialverteilt mit $n = 100$ und $p = 0,5$, d. h. $Z \sim B_{100;\ 0,5}$ (bei wahrer Nullhypothese).

   (1) Nullhypothese H_0: $p \geq 0,5$
   (2) Signifikanzniveau α: $\alpha = 0,05$
   (3) Da kleine Werte der Zufallsgröße Z gegen die Nullhypothese sprechen, ist der größtmögliche linksseitige Ablehnungsbereich $\overline{A} = \{0;\ 1;\ \ldots;\ k\}$ zu ermitteln.
   Die Ungleichung $P(Z \leq k) = B_{100;\ 0,5}(\{0;\ 1;\ \ldots;\ k\}) \leq 0,05$ ist letztmalig für den Wert $k = 41$ erfüllt (Tabellenwert: $B_{100;\ 0,5}(\{0;\ 1;\ \ldots;\ 41\}) = 0,04431$).
   Für den **Ablehnungsbereich** $\overline{A}$ folgt somit $\overline{A} = \{0;\ 1;\ \ldots;\ 41\}$.

   (4) Angeben der zugehörigen **Entscheidungsregel:**
   Wenn die Anzahl der Probanden, die den Einstellungstest bestanden haben, im Ablehnungsbereich liegt, dann wird die Nullhypothese H_0 abgelehnt.

Kernfach Mathematik (Sachsen-Anhalt): Abiturprüfung (Modellversuch) 2007
Grundkursniveau – Wahlpflichtaufgabe K-G4.1: Analysis

In einem kartesischen Koordinatensystem sind der Graph G der Funktion f mit

$$f(x) = \frac{1}{2}x^2 \quad (x \in \mathbb{R})$$

sowie der Kreis k mit dem Mittelpunkt $M(0\,|\,2)$ und dem Radius mit der Maßzahl 2 gegeben.

Der Graph G und der Kreis k schließen im I. Quadranten eine Fläche vollständig ein.
Geben Sie eine Gleichung des Kreises k an und berechnen Sie die Maßzahl des Inhalts dieser Fläche.

(10 BE)
(10 BE)

Tipps und Hinweise zum Lösen von Wahlpflichtaufgabe K-G4.1: Analysis

Berechnen der eingeschlossenen Fläche

Hinweise:
- Die Maßzahl des Inhalts der Fläche unter dem Graphen einer Funktion lässt sich berechnen nach

$$A = \left| \int_a^b f(x)\,dx \right|.$$

- Die Fläche eines Kreises wird mit der Formel $A = \pi r^2$ berechnet.

Tipps:
- Fertigen Sie eine Zeichnung an, um sich die Problemstellung zu verdeutlichen und um Ihre rechnerisch gewonnenen Ergebnisse zu kontrollieren.
- Durch Einsetzen des Funktionsterms in die Kreisgleichung erhalten Sie die Schnittstellen.
- Verwenden Sie beim Integrieren die Potenzregel, setzen Sie die berechneten Schnittstellen als Grenzen ein.
- Denken Sie daran, dass hier ein Viertelkreis vorliegt.
- Stellen Sie Überlegungen zur Zusammensetzung der gesuchten Fläche an.

2007-K-16

Lösungen

Gleichung des Kreises k:
k: $x^2 + (y-2)^2 = 4$

Berechnen der Koordinaten der Schnittpunkte von k und f(x):
Der Funktionsterm $y = \frac{1}{2}x^2$ wird in die Kreisgleichung eingesetzt:

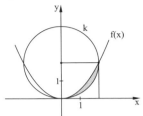

$$x^2 + \left(\frac{1}{2}x^2 - 2\right)^2 = 4$$
$$x^2 + \frac{1}{4}x^4 - 2x^2 + 4 = 4$$
$$\frac{1}{4}x^4 - x^2 = 0$$
$$x^2\left(\frac{1}{4}x^2 - 1\right) = 0$$

$x_{1,2} = 0$ und $\frac{1}{4}x^2 - 1 = 0$; $x^2 = 4$; $x_{3,4} = \pm 2$

Schnittstellen: $x_1 = 0$ und $x_2 = 2$ (im I. Quadranten)

Fläche unter f(x):
$$A_1 = \int_0^2 \left(\frac{1}{2}x^2\right)dx = \frac{1}{6}x^3 \Big|_0^2 = \frac{8}{6} = \frac{4}{3}$$

Fläche unter dem Kreis k:
$$A_2 = 2^2 - \frac{1}{4} \cdot \pi \cdot 2^2 = 4 - \pi \quad \text{(Quadratfläche – Viertelkreisfläche)}$$

Maßzahl der gesuchten Fläche:
$$A = A_1 - A_2$$
$$= \frac{4}{3} - (4 - \pi) = \frac{4}{3} - 4 + \pi$$
$$= \frac{3\pi - 8}{3} \approx 0{,}475$$

Die Maßzahl der Fläche beträgt 0,475.

Kernfach Mathematik (Sachsen-Anhalt): Abiturprüfung (Modellversuch) 2007
Grundkursniveau – Wahlpflichtaufgabe K-G4.2: Analytische Geometrie

Von einem ebenen Gebiet soll ein Lageplan erstellt werden. Diesem Lageplan liege ein kartesisches Koordinatensystem zu Grunde. Eine Einheit auf den Achsen entspricht 10 m und die positive Orientierung der y-Achse gibt die Richtung nach Norden an.
Der Verlauf eines geradlinigen Weges sei im Lageplan durch die Punkte A(-3|-4) und B(6|8) beschrieben.

An diesen Weg grenzt ein trapezförmiges Grundstück, dessen Form in der Abbildung dargestellt ist.
Im Punkt C(-2|14) soll ein Mast einer in Nord-Süd-Richtung verlaufenden Hochspannungsleitung errichtet werden.

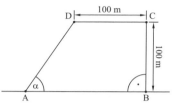

Zeichnen Sie den Lageplan, der alle genannten Objekte enthält.	(3 BE)
Ermitteln Sie eine Gleichung der Geraden AB.	(2 BE)
Berechnen Sie die Koordinaten des Punktes D im Lageplan.	(3 BE)
Berechnen Sie die Länge der Strecke, über der die Hochspannungsleitung im Grundstück verläuft.	(2 BE)
	(10 BE)

Tipps und Hinweise zum Lösen von Wahlpflichtaufgabe K-G4.2: Analytische Geometrie

Zeichnen des Lageplans
Tipps:
- Fertigen Sie eine maßstabsgerechte Zeichnung in einem Koordinatensystem an.
- Beachten Sie, dass beim Zeichnen eine Einheit auf den Achsen 10 m entspricht.
- Denken Sie an die Parallelität der entsprechenden Trapezseiten.

Gleichung der Geraden AB
Tipp: Nutzen Sie die Zweipunktegleichung.

Berechnen der Koordinaten des Punktes D
Tipps:
- Überlegen Sie, wie Sie vom Koordinatenursprung zum Punkt D kommen.
- Denken Sie daran, dass BA ∥ CD gilt.
- Wie kann der Vektor $\vec{CD}$ mithilfe der Länge ausgedrückt werden?

Berechnen der Länge der Strecke
Tipps:
- Die Hochspannungsleitung schneidet die Strecke $\overline{AB}$ im Punkt S.
- Haben Sie die Differenzbildung der y-Werte der Punkte C und S erkannt?

Lösungen

Zeichnen des Lageplans:

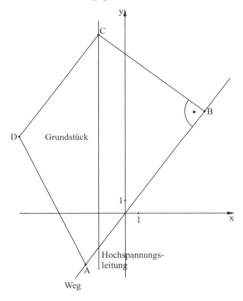

Gleichung der Geraden AB:

$g(A, B): \vec{x} = \overrightarrow{OA} + t\overrightarrow{AB}$

$\vec{x} = \begin{pmatrix} -3 \\ -4 \end{pmatrix} + t_1 \begin{pmatrix} 9 \\ 12 \end{pmatrix}$

$\vec{x} = \begin{pmatrix} -3 \\ -4 \end{pmatrix} + t \begin{pmatrix} 3 \\ 4 \end{pmatrix}, \quad t \in \mathbb{R}$

Andere Möglichkeit (vektorfrei):

$y = mx + n$

Mit $m = \dfrac{\Delta y}{\Delta x} = \dfrac{8-(-4)}{6-(-3)} = \dfrac{12}{9} = \dfrac{4}{3}$ erhält man:

$y = \dfrac{4}{3}x + n$

Einsetzen von $A(-3\,|-4)$:

$-4 = \dfrac{4}{3} \cdot (-3) + n$

$n = 0$

Also $y = \dfrac{4}{3}x$.

Berechnen der Koordinaten des Punktes D:

1. Möglichkeit:

$$\overrightarrow{OD} = \overrightarrow{OC} + 10 \cdot \frac{1}{|\overrightarrow{BA}|} \cdot \overrightarrow{BA} = \begin{pmatrix} -2 \\ 14 \end{pmatrix} + 10 \cdot \frac{1}{\left| \begin{pmatrix} -9 \\ -12 \end{pmatrix} \right|} \cdot \begin{pmatrix} -9 \\ -12 \end{pmatrix}$$

$$= \begin{pmatrix} -2 \\ 14 \end{pmatrix} + 10 \cdot \frac{1}{15} \begin{pmatrix} -9 \\ -12 \end{pmatrix} = \begin{pmatrix} -2 \\ 14 \end{pmatrix} + \begin{pmatrix} -6 \\ -8 \end{pmatrix} = \begin{pmatrix} -8 \\ 6 \end{pmatrix}$$

$$\Rightarrow \quad D(-8 \,|\, 6)$$

2. Möglichkeit:

D liegt auf der Geraden h(C, $\vec{u}_{BA}$), also

$$h: \vec{x} = \begin{pmatrix} -2 \\ 14 \end{pmatrix} + s \begin{pmatrix} -9 \\ -12 \end{pmatrix}, \quad D(-2 - 9s \,|\, 14 - 12s)$$

und es gilt:

$$|\overrightarrow{CD}| = 10$$

$$\left| \begin{pmatrix} -9s \\ -12s \end{pmatrix} \right| = 10$$

$$\sqrt{81s^2 + 144s^2} = 10$$

$$225s^2 = 100; \quad s^2 = \frac{4}{9}; \quad s_{1,2} = \pm \frac{2}{3}$$

$$\Rightarrow \quad D = D_1(-8 \,|\, 6); \ D_2(4 \,|\, 22) \text{ entfällt laut Lageplan.}$$

Berechnen der Länge der Strecke:

Hochspannungsleitung: $x = -2$

Schnitt von g(A, B) mit Hochspannungsleitung:

$$y_s = \frac{4}{3} \cdot (-2) = -\frac{8}{3}$$

und damit

$$y_c - y_s = 14 - \left(-\frac{8}{3} \right) = \frac{50}{3}$$

Die Länge der Strecke beträgt $\frac{500}{3}\,\text{m} \approx 167\,\text{m}$.

Kernfach Mathematik (Sachsen-Anhalt): Abiturprüfung 2007
Grundkursniveau – Pflichtaufgabe G1: Analysis

Gegeben sind die Funktion f durch
$$y = f(x) = x(x-1)(x-3), \quad x \in \mathbb{R}, \quad x \geq 0,$$
und die Funktionen g_a durch
$$y = g_a(x) = \frac{ax^2 - 4x + 3}{x}, \quad a, x \in \mathbb{R}; \quad x > 0.$$

a) Ermitteln Sie von der Funktion f die Nullstellen sowie vom Graphen der Funktion f die Lage und Art der lokalen Extrempunkte.
Zeichnen Sie den Graphen der Funktion f im Intervall $0 \leq x \leq 3{,}5$ in das gegebene Koordinatensystem. (12 BE)

b) Die Abbildung zeigt den Graphen einer Funktion g_a. Von dieser Funktion stimmen die Nullstellen mit genau zwei Nullstellen der Funktion f überein. Berechnen Sie für diesen Fall den Wert des Parameters a.

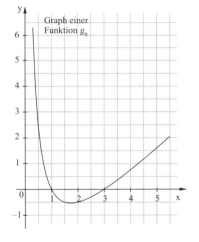
Graph einer Funktion g_a

Zeigen Sie, dass die Geraden mit der Gleichung $y = ax - 4$ Asymptoten der Graphen der Funktion g_a sind.

Geben Sie eine Gleichung der Tangente t an den Graphen der Funktion f im Koordinatenursprung an sowie den Wert des Parameters a, für den die Asymptote parallel zur Tangente t verläuft.
Geben Sie die Anzahl der Tangenten an den Graphen der Funktion f an, die parallel zu dieser Asymptote verlaufen.

Die Graphen der Funktionen f und g_1 schneiden einander in genau zwei Punkten. Sie schließen eine Fläche vollständig ein.
Berechnen Sie die Maßzahl des Inhaltes dieser Fläche.
[Zur Kontrolle: $G_1(x) = \frac{1}{2}x^2 - 4x + 3\ln x$ ist Gleichung einer Stammfunktion von g_1.] (14 BE)

c) Weisen Sie nach, dass der Graph der Stammfunktion von g_1 genau zwei lokale Extrempunkte besitzt. (4 BE)

(30 BE)

Tipps und Hinweise zum Lösen von Pflichtaufgabe G1: Analysis

a) *Nullstellen*
   Hinweis:
   Die Nullstelle einer Funktion ist die Abszisse des Schnittpunktes des Graphen der Funktion mit der x-Achse.
   ✏ **Tipps:**
   - Haben Sie erkannt, dass der Funktionsterm ein Produkt ist?
   - Überlegen Sie, wann ein Produkt null ist.
   - Sie können die Nullstellen sofort ablesen.

   Extrempunkte
   Hinweis:
   Verwenden Sie beim Ableiten die Summen- und Potenzregel:
   $$f(x) = u(x) + v(x) \quad \Rightarrow \quad f'(x) = u'(x) + v'(x)$$
   $$f(x) = x^n \quad \Rightarrow \quad f'(x) = n \cdot x^{n-1}$$
   ✏ **Tipps:**
   - Hinreichende Bedingung für lokale Extrema:
     $f'(x) = 0 \wedge f''(x) \neq 0$
   - Berechnen Sie die vollständigen Koordinaten der Extrempunkte, nicht nur die Extremstellen.

   Graph der Funktion
   ✏ **Tipps:**
   - Berechnen Sie auch die Intervallgrenzen.
   - Vergessen Sie nicht, den Graphen in das vorgegebene Koordinatensystem einzuzeichnen.

b) *Berechnen des Wertes für a*
   ✏ **Tipps:**
   - Lesen Sie die Nullstellen aus der grafischen Darstellung ab.
   - Überprüfen Sie diese durch Einsetzen in die Funktionsgleichung.

   Nachweisen der Asymptotengleichung
   Hinweis:
   Eine Gerade $y = mx + n$ ist schiefe Asymptote an den Graphen g für $x \to \infty$, wenn gilt:
   $$\lim_{x \to \infty} (g(x) - (mx + n)) = 0.$$
   ✏ **Tipps:**
   - Formen Sie den Bruch in eine Summe um; dividieren Sie dazu jeden Term des Zählers durch den Nenner.
   - Erkennen Sie die Gleichung der schiefen Asymptoten.
   - Haben Sie gezeigt, dass $\lim\limits_{x \to \infty} \dfrac{3}{x} = 0$ gilt?

   Angeben der Tangentengleichung
   ✏ **Tipps:**
   - Eine Tangentengleichung hat die Form $y = mx + n$.
   - Der Anstieg ergibt sich aus $m = f'(x)$.
   - Denken Sie bei Parallelität an gleiche Anstiege.

   Angeben der Anzahl der Tangenten
   ✏ **Tipp:** Denken Sie an den Zusammenhang $m = f'(x)$.

Berechnen der Maßzahl des Inhalts der Fläche

Hinweis:

Die Maßzahl des Inhalts der Fläche, die von zwei Graphen von Funktionen eingeschlossen wird, lässt sich berechnen nach

$$A = \left| \int_a^b (f(x) - g(x))\, dx \right|.$$

Tipps:
- Haben Sie die Integrationsgrenzen erkannt?
- Welches ist die obere und welches die untere Funktion?
- Verwenden Sie zum Integrieren den umgeformten Term der Funktion

  $$g_1(x) = x - 4 + \frac{3}{x}.$$

- Es gilt: $\int \frac{1}{x}\, dx = \ln|x| + c.$

c) *Nachweisen der Extrempunkte einer Stammfunktion*

Tipps:
- Hinreichende Bedingung für lokale Extrema:
  $f'(x) = 0 \wedge f''(x) \neq 0$
- Haben Sie erkannt, dass die Gleichung einer Stammfunktion von g_1 vorgegeben ist?
- Es gilt: $f(x) \stackrel{\triangle}{=} G_1(x),$

  $$f'(x) \stackrel{\triangle}{=} G_1'(x) \text{ und } f''(x) \stackrel{\triangle}{=} G_1''(x)$$

- Die Nullstellen von $g_1(x)$ sind mögliche Extremstellen von $G_1(x)$.

Lösungen

$$y = f(x) = x(x-1)(x-3) = x^3 - 4x^2 + 3x$$
$$f'(x) = 3x^2 - 8x + 3$$
$$f''(x) = 6x - 8$$

a) **Nullstellen:**

$f(x) = 0, \quad x \cdot (x-1) \cdot (x-3) = 0, \quad x_1 = 0, \quad x_2 = 1, \quad x_3 = 3$

Extrempunkte:

$f'(x) = 0, \quad 3x^2 - 8x + 3 = 0, \quad x^2 - \frac{8}{3}x + 1 = 0,$

$x_1 \approx 2{,}215, \quad x_2 \approx 0{,}451$

$f''(2{,}215) = 5{,}29 > 0 \quad T(2{,}215 | -2{,}113)$
$f''(0{,}451) = -5{,}29 < 0 \quad H(0{,}451 | 0{,}631)$

Graph der Funktion f im Intervall $0 \leq x \leq 3{,}5$

x	0	0,5	1	1,5	2	2,5	3	3,5
f(x)	0	0,625	0	−1,125	−2	−1,875	0	4,375

G 2007-3

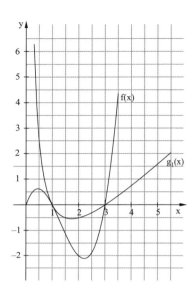

b) **Berechnen des Wertes für a:**
Es muss gelten $g_a(1) = 0$ und $g_a(3) = 0$, also
$$g_a(1) = \frac{a \cdot 1^2 - 4 \cdot 1 + 3}{1} = 0 \Rightarrow a - 4 + 3 = 0, \quad a = 1$$
$$g_a(3) = \frac{a \cdot 3^2 - 4 \cdot 3 + 3}{3} = 0 \Rightarrow 3a - 4 + 1 = 0, \quad a = 1$$

Nachweisen der Asymptotengleichung:
$$\lim_{x \to \infty}\left(\frac{ax^2 - 4x + 3}{x} - (ax - 4)\right) = \lim_{x \to \infty} \frac{ax^2 - 4x + 3 - ax^2 + 4x}{x} = \lim_{x \to \infty} \frac{3}{x} = 0$$

Andere Möglichkeit mithilfe der Polynomdivision:
$(ax^2 - 4x + 3) : x = ax - 4 + \frac{3}{x}$;
$y = ax - 4$ ist schiefe Asymptote, da $\lim_{x \to \infty} \frac{3}{x} = 0$ gilt.

Angeben der Tangentengleichung:
t: $y = mx + n$ mit $f'(0) = m = 3$ und damit $y = 3x$.
Wenn die Asymptote parallel zur Tangente t verlaufen soll, müssen die Anstiege gleich sein, damit ist $a = 3$.

Angeben der Anzahl der Tangenten:
Wenn die Tangenten an den Graphen von f parallel zur Asymptote verlaufen sollen, muss gelten
$3 = 3x^2 - 8x + 3$, also
$0 = x(3x - 8)$.
Diese Gleichung besitzt genau zwei Lösungen und damit existieren auch zwei Tangenten.

Berechnen der Maßzahl des Inhalts der Fläche:
Die Integrationsgrenzen sind durch den Nachweis der beiden Nullstellen gegeben.

$$A = \int\limits_1^3 (g_1(x) - f(x))\, dx$$

$$A = \int\limits_1^3 \left(\frac{x^2 - 4x + 3}{x} - (x^3 - 4x^2 + 3x) \right) dx$$

$$A = \int\limits_1^3 \left(x - 4 + \frac{3}{x} - x^3 + 4x^2 - 3x \right) dx$$

$$A = \int\limits_1^3 \left(-x^3 + 4x^2 - 2x - 4 + \frac{3}{x} \right) dx$$

$$A = \left[-\frac{1}{4}x^4 + \frac{4}{3}x^3 - x^2 - 4x + 3\ln x \right]_1^3$$

$$A = -\frac{81}{4} + 36 - 9 - 12 + 3\ln 3 - \left(-\frac{1}{4} + \frac{4}{3} - 1 - 4 + 3\ln 1 \right)$$

$$A = -\frac{4}{3} + 3\ln 3 \approx 1{,}9625$$

Die Maßzahl des Inhalts der Fläche beträgt 1,9625.

c) **Nachweisen der Extrempunkte einer Stammfunktion von g_1:**

Eine Stammfunktion von g_1 ist gegeben durch

$$G_1(x) = \frac{1}{2}x^2 - 4x + 3\ln x.$$

$$G_1'(x) = x - 4 + \frac{3}{x} = g_1(x)$$

Die Nullstellen von $g_1(x)$ sind mögliche Extremstellen von $G_1(x)$, $x_1 = 1$ und $x_2 = 3$.
Hinreichende Bedingung:

$$G_1''(x) = 1 - \frac{3}{x^2}$$

$$G_1''(1) = 1 - \frac{3}{1^2} = -2 < 0 \quad \text{Hochpunkt}$$

$$G_1''(3) = 1 - \frac{3}{3^2} = \frac{2}{3} > 0 \quad \text{Tiefpunkt}$$

Damit ist nachgewiesen, dass der Graph einer Stammfunktion von g_1 genau zwei lokale Extrempunkte besitzt.

Kernfach Mathematik (Sachsen-Anhalt): Abiturprüfung 2007
Grundkursniveau – Pflichtaufgabe G2: Analytische Geometrie

In einem kartesischen Koordinatensystem sind gegeben eine Ebene E durch die Punkte

A(–15|–10|2), B(–15|–35|2) und C(9|–10|9)

sowie eine Gerade g durch $\vec{x} = \begin{pmatrix} -18,5 \\ -10 \\ 14 \end{pmatrix} + t \begin{pmatrix} 24 \\ -25 \\ 7 \end{pmatrix}$, $t \in \mathbb{R}$.

a) Ermitteln Sie eine Koordinatengleichung der Ebene E und charakterisieren Sie
   die Lage dieser Ebene zur x-z-Ebene des Koordinatensystems.
   Zeigen Sie, dass die Gerade g parallel zur Ebene E verläuft.   (7 BE)

b) Die Punkte A, B und C geben die Lage von drei Berghütten an. Die Gerade g
   beschreibt den Verlauf eines Weges w auf dem Kamm eines Berges, an dem
   eine Mobilfunkstation mit gleicher Entfernung zu den Berghütten errichtet
   werden soll.
   Ein derartiger Standort existiert eindeutig und hat die Entfernung von $\frac{25}{2}\sqrt{3}$
   Längeneinheiten zu jeder der Berghütten.
   Berechnen Sie die Koordinaten des Punktes, der die Lage dieses Standortes
   beschreibt.
   Berechnen Sie das Gradmaß des Winkels, unter dem der Weg w zu einem
   senkrecht zur Horizontalebene (x-y-Ebene) stehenden Mobilfunkmast
   verlaufen würde.   (8 BE)
                                                                                 (15 BE)

Tipps und Hinweise zum Lösen von Pflichtaufgabe G2: Analytische Geometrie

a) *Koordinatengleichung der Ebene*
   Hinweis:
   Ermitteln Sie zunächst die Ebenengleichung in Parameterform und dann eine Koordinaten-gleichung der Form $ax + by + cz = d$.

   Tipps:
   - Ermitteln Sie einen Normalenvektor $\vec{n} = \begin{pmatrix} n_1 \\ n_2 \\ n_3 \end{pmatrix}$ aus dem Kreuzprodukt der Spann-vektoren der Ebene E.
   - Dann gilt: $n_1 x + n_2 y + n_3 z = d$, wobei sich d durch Punktprobe mit A ermitteln lässt.

   Lage von E zur x-z-Ebene
   Tipps:
   - Betrachten Sie die Normalenvektoren der beiden Ebenen.
   - Denken Sie an folgenden Zusammenhang:
   $$\vec{a} \circ \vec{b} = 0 \quad \Leftrightarrow \quad \vec{a} \perp \vec{b}.$$

   Zeigen der Parallelität von g und E
   Hinweis:
   Der Richtungsvektor der Geraden und der Normalenvektor der Ebene sind orthogonal.
   Tipp: Berechnen Sie das Skalarprodukt.

b) *Berechnen der Koordinaten des Punktes S*
   Tipps:
   - Haben Sie erkannt, dass gelten muß $|\overrightarrow{AS}| = |\overrightarrow{BS}| = |\overrightarrow{CS}|$?
   - Überlegen Sie, wie man allgemein die Koordinaten eines Punktes angeben kann, der auf einer Geraden liegt.
   - Der Punkt S hat die Koordinaten $S(-18{,}5 + 24t \mid -10 - 25t \mid 14 + 7t)$.
   - Lösen Sie die Gleichung $|\overrightarrow{AS}| = \dfrac{25}{2}\sqrt{3}$.

   Berechnen des Gradmaßes des Winkels
   Hinweis:
   Der Schnittwinkel zweier Geraden lässt sich berechnen mit der Formel $\cos\alpha = \dfrac{\vec{u}_g \circ \vec{v}_h}{|\vec{u}_g| \cdot |\vec{v}_h|}$, wobei $\vec{u}_g$ und $\vec{v}_h$ die Richtungsvektoren der Geraden sind.
   Tipps:
   - Haben Sie erkannt, dass der Richtungsvektor des Mastes gleich dem Normalenvektor der x-y-Ebene ist?
   - Berechnen Sie nun nach obiger Formel das Gradmaß des Winkels.

Lösungen

a) Koordinatengleichung der Ebene:

$$\vec{x} = \overrightarrow{OA} + t\,\overrightarrow{AB} + s\,\overrightarrow{AC}, \quad t,s \in \mathbb{R}$$

$$\vec{x} = \begin{pmatrix} -15 \\ -10 \\ 2 \end{pmatrix} + t\begin{pmatrix} 0 \\ -25 \\ 0 \end{pmatrix} + s\begin{pmatrix} 24 \\ 0 \\ 7 \end{pmatrix} \quad \text{Parametergleichung}$$

1. Möglichkeit:

Einen Normalenvektor $\vec{n}$ der Ebene berechnet man mit

$$\begin{pmatrix} 0 \\ -25 \\ 0 \end{pmatrix} \times \begin{pmatrix} 24 \\ 0 \\ 7 \end{pmatrix} = \begin{pmatrix} -175 \\ 0 \\ 600 \end{pmatrix} = -25 \cdot \begin{pmatrix} 7 \\ 0 \\ -24 \end{pmatrix}, \text{ also } \vec{n} = \begin{pmatrix} 7 \\ 0 \\ -24 \end{pmatrix} \text{ und mit dem Ansatz}$$

$7x - 24z = d$ und wegen $A \in E$ ergibt sich E: $7x - 24z = -153$.

2. Möglichkeit:

Der Normalenvektor $\vec{n}$ steht senkrecht auf den Spannvektoren der Ebene, also

$$\vec{n} \perp \begin{pmatrix} 0 \\ -25 \\ 0 \end{pmatrix} \quad \text{und} \quad \vec{n} \perp \begin{pmatrix} 24 \\ 0 \\ 7 \end{pmatrix}, \text{ damit gilt}$$

$$\vec{n} \circ \begin{pmatrix} 0 \\ -25 \\ 0 \end{pmatrix} = 0 \quad \text{und} \quad \vec{n} \circ \begin{pmatrix} 24 \\ 0 \\ 7 \end{pmatrix} = 0$$

$$\begin{array}{rl} -25n_2 & = 0 \\ 24n_1 \qquad +7n_3 & = 0 \end{array}$$

$n_2 = 0, \quad n_1 = -7, \quad n_3 = 24$, also

$$\vec{n} = \begin{pmatrix} -7 \\ 0 \\ 24 \end{pmatrix} \text{ und damit } -7x + 24z = d.$$

Wegen $A \in E$ ergibt sich

E: $-7x + 24z = 153$ bzw.

$\qquad 7x - 24z = -153$.

3. Möglichkeit:

Aus der Parametergleichung von E folgt:

$$\begin{array}{lll} \text{I} & x = -15 & +24s \\ \text{II} & y = -10 - 25t \\ \text{III} & z = \quad 2 & +7s \end{array}$$

$\Rightarrow \quad s = \dfrac{1}{7}z - \dfrac{2}{7}$, eingesetzt in I:

$$x = -15 + 24 \cdot \left(\frac{1}{7}z - \frac{2}{7} \right)$$

$$x = -15 + \frac{24}{7}z - \frac{48}{7}$$

$7x = -105 + 24z - 48$

E: $7x - 24z = -153$

G 2007-8

Lage von E zur x-z-Ebene:
Man betrachtet die Normalenvektoren der beiden Ebenen, also
$\begin{pmatrix} -175 \\ 0 \\ 600 \end{pmatrix} \circ \begin{pmatrix} 0 \\ 1 \\ 0 \end{pmatrix} = 0$, $E \perp$ x-z-Ebene, da das Skalarprodukt null ist.

Zeigen der Parallelität von g und E:
Es muss gelten:
$\vec{u}_g \circ \vec{n}_E = 0$
$\begin{pmatrix} 24 \\ -25 \\ 7 \end{pmatrix} \circ \begin{pmatrix} 7 \\ 0 \\ -24 \end{pmatrix} = 0$
$168 + 0 - 168 = 0$, w. A.

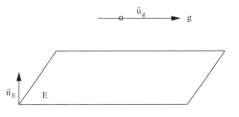

Die Gerade g verläuft parallel zur Ebene E.

b) Berechnen der Koordinaten des Punktes S:
Es gilt:
$|\vec{AS}| = |\vec{BS}| = |\vec{CS}| = \frac{25}{2}\sqrt{3}$

Da der Punkt S auf g liegt, besitzt er folgende Koordinaten
$S(-18{,}5 + 24t \mid -10 - 25t \mid 14 + 7t)$

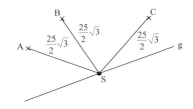

$|\vec{AS}| = \left| \begin{pmatrix} -18{,}5 + 24t + 15 \\ -10 - 25t + 10 \\ 14 + 7t - 2 \end{pmatrix} \right| = \left| \begin{pmatrix} 24t - 3{,}5 \\ -25t \\ 7t + 12 \end{pmatrix} \right|$

$(24t - 3{,}5)^2 + (-25t)^2 + (7t + 12)^2 = \left(\frac{25}{2}\sqrt{3}\right)^2$

$576t^2 - 168t + 12{,}25 + 625t^2 + 49t^2 + 168t + 144 = 468{,}75$

$1250t^2 - 312{,}5 = 0$

$t^2 = \frac{1}{4}$

$t_1 = \frac{1}{2}$

$t_2 = -\frac{1}{2}$

$S_1\left(-18{,}5 + 24 \cdot \frac{1}{2} \mid -10 - 25 \cdot \frac{1}{2} \mid 14 + 7 \cdot \frac{1}{2}\right)$

$S_1(-6{,}5 \mid -22{,}5 \mid 17{,}5)$

$S_2\left(-18{,}5 + 24 \cdot \left(-\frac{1}{2}\right) \mid -10 - 25 \cdot \left(-\frac{1}{2}\right) \mid 14 + 7 \cdot \left(-\frac{1}{2}\right)\right)$

$S_2(-30{,}5 \mid 2{,}5 \mid 10{,}5)$

$$|\overrightarrow{BS_1}| = \left|\begin{pmatrix} 8,5 \\ 12,5 \\ 15,5 \end{pmatrix}\right| = \sqrt{468,75} = \frac{25}{2}\sqrt{3}$$

$$|\overrightarrow{CS_1}| = \left|\begin{pmatrix} -15,5 \\ -12,5 \\ 8,5 \end{pmatrix}\right| = \sqrt{468,75} = \frac{25}{2}\sqrt{3}$$

$$|\overrightarrow{BS_2}| = \left|\begin{pmatrix} -15,5 \\ 37,5 \\ 8,5 \end{pmatrix}\right| = \sqrt{1718,75} \neq \frac{25}{2}\sqrt{3}$$

Der eindeutig existierende Standort ist $S_1(-6,5 \mid -22,5 \mid 17,5)$.

Berechnen des Gradmaßes des Winkels:

$$\cos\alpha = \frac{\vec{u}_g \circ \vec{n}_E}{|\vec{u}_g| \cdot |\vec{n}_E|}$$

$$\cos\alpha = \frac{\begin{pmatrix} 24 \\ -25 \\ 7 \end{pmatrix} \cdot \begin{pmatrix} 0 \\ 0 \\ 1 \end{pmatrix}}{\left|\begin{pmatrix} 24 \\ -25 \\ 7 \end{pmatrix}\right| \cdot \left|\begin{pmatrix} 0 \\ 0 \\ 1 \end{pmatrix}\right|}$$

$$\cos\alpha = \frac{7}{\sqrt{1250}} = \frac{7}{50} \cdot \sqrt{2}$$

$\Rightarrow \alpha \approx 78,58°$

Das Gradmaß des Winkels beträgt $78,58°$.

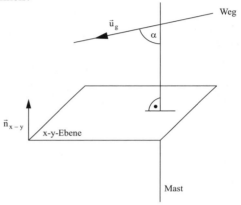

| Kernfach Mathematik (Sachsen-Anhalt): Abiturprüfung 2007 |
| Grundkursniveau – Pflichtaufgabe G3: Stochastik |

In einer Studie ist ein Mixgetränk durch Jugendliche beurteilt worden.
20 % der Jugendlichen haben das Mixgetränk als *sehr schmackhaft* eingestuft.

a) Ermitteln Sie die Wahrscheinlichkeit dafür, dass von 100 Jugendlichen
höchstens 20 das Mixgetränk als *sehr schmackhaft* einstufen.
Die Anzahl der Jugendlichen unter 100 Jugendlichen, die das Mixgetränk als
sehr schmackhaft einstufen, werde durch die Zufallsgröße X beschrieben.
Berechnen Sie den Erwartungswert der Zufallsgröße X.
Berechnen Sie die Wahrscheinlichkeit dafür, dass die Zufallsgröße X einen
Wert aus dem Intervall $18 \leq X \leq 23$ annimmt.
Jemand behauptet, dass die Wahrscheinlichkeit $P(18 \leq X \leq 23)$ größer ist, als
die Wahrscheinlichkeit dafür, dass die Zufallsgröße X einen Wert aus dem
gleichlangen Intervall $12 \leq X \leq 17$ annimmt.
Begründen Sie, ohne die Wahrscheinlichkeit $P(12 \leq X \leq 17)$ zu ermitteln, dass
diese Behauptung wahr ist. (8 BE)

b) Ermitteln Sie die Mindestanzahl derjenigen Jugendlichen in einer Stichprobe
von 200 Jugendlichen, die mit einer Wahrscheinlichkeit von mindestens 0,5
das Mixgetränk als *sehr schmackhaft* einstufen. (3 BE)

c) Die Aussage der Studie wird angezweifelt. In einem Test werden 50 Jugendliche befragt.
Ermitteln Sie zu der Nullhypothese „Höchstens 10 % der Jugendlichen stufen
das Mixgetränk als *sehr schmackhaft* ein" den größtmöglichen Ablehnungsbereich auf dem Signifikanzniveau $\alpha = 0,05$. (4 BE)
(15 BE)

Tipps und Hinweise zum Lösen von Pflichtaufgabe G3: Stochastik

a) *Ermitteln der gesuchten Wahrscheinlichkeit*
✔ **Tipps:**
   • Beachten Sie, was die Zufallsgröße X beschreibt; ermitteln Sie zunächst, mit welchen
     Parameterwerten n und p die Zufallsgröße X verteilt ist.
   • Die Zufallsgröße X ist $B_{100;\,0,20}$-verteilt.
   • Nutzen Sie eine entsprechende Tabelle der kumulierten (aufsummierten) Binominal-
     verteilung zum Ermitteln der Wahrscheinlichkeit $P(X \leq 20)$.

Berechnen des Erwartungswertes der Zufallsgröße X
Hinweis: Die Formel zur Berechnung des Erwartungswertes einer binominalverteilten
Zufallsgröße lautet: $\mu = E(X) = n \cdot p$
✔ **Tipps:**
   • Mit welchen Parameterwerten ist die Zufallsgröße X binominalverteilt?
   • Die Parameterwerte sind – wie oben – $n = 100$ (Anzahl der Jugendlichen) und
     $p = 0,20$ (Wahrscheinlichkeit für die Einstufung „sehr schmackhaft").

Berechnen der Wahrscheinlichkeit $P(18 \leq X \leq 23)$
Hinweis: Es gilt die allgemeine Beziehung: $P(k_1 \leq X \leq k_2) = P(X \leq k_2) - P(X \leq k_1 - 1)$

G 2007-11

Tipps:
- Haben Sie erkannt, dass für die Zufallsgröße weiterhin Binominalverteilung mit $n = 100$ (Anzahl der Jugendlichen) und $p = 0{,}20$ (Wahrscheinlichkeit für Einstufung „sehr schmackhaft") gilt?
- Zerlegen Sie das gegebene Intervall so, dass Sie eine entsprechende Tabelle der kumulierten Binominalverteilung beim Berechnen nutzen können. (Beachten Sie den Hinweis.)
- Möglicher Lösungsansatz: $P(18 \leq X \leq 23) = P(X \leq 23) - P(X \leq 17)$

Begründen, dass die Behauptung wahr ist

Hinweis: Für die Summe der Wahrscheinlichkeiten („Gesamtwahrscheinlichkeit"), mit der die einzelnen Werte i einer Zufallsgröße X auftreten, gilt:

$$\sum_{i=0}^{n} P(X = i) = p_0 + p_1 + \ldots + p_n = 1$$

Tipps:
- Prüfen Sie, ob die beiden gegebenen Intervalle gemeinsame Elemente besitzen.
- Schlussfolgern Sie aus der Elementfremdheit der beiden Intervalle und der berechneten Wahrscheinlichkeit $P(18 \leq X \leq 23)$ unter Beachtung des Hinweises.

b) *Ermitteln der Mindestanzahl*

Hinweis: Es gilt die allgemeine Beziehung: $P(Y \geq k) = 1 - P(Y \leq k - 1)$

Tipps:
- Überlegen Sie zunächst, was durch die festzulegende Zufallsgröße Y beschrieben werden soll, wie diese verteilt ist und wie die zugehörigen Parameterwerte n und p lauten.
- Die Zufallsgröße Y ist $B_{200;\ 0{,}20}$-verteilt.
- Haben Sie erkannt, dass die gesuchte Mindestanzahl ein k-Wert ist?
- Beachten Sie beim Entwickeln eines Lösungsansatzes den Hinweis und welchen Wert $P(Y \geq k)$ laut Aufgabenstellung mindestens annehmen soll.
- Möglicher Lösungsansatz: $P(Y \geq k) = 1 - P(Y \leq k - 1) \geq 0{,}5$
- Formen Sie den Lösungsansatz um zu $P(Y \leq k - 1) \leq 0{,}5$ und ermitteln Sie $k - 1$ bzw. k aus $B_{200;\ 0{,}20}(\{0;\ 1;\ \ldots;\ k - 1\}) \leq 0{,}5$ mithilfe der entsprechenden Tabelle der kumulierten Binominalverteilung.

c) *Ermitteln des größtmöglichen Ablehnungsbereichs*

Hinweise:
Sprechen große (kleine) Werte der Zufallsgröße gegen die Nullhypothese H_0, so ist der größtmögliche rechtsseitige (linksseitige) Ablehnungsbereich zu ermitteln.

Der größtmögliche rechtsseitige Ablehnungsbereich $\overline{A}$ lautet: $\overline{A} = \{k;\ k + 1;\ \ldots;\ n\}$

Tipps:
- Überlegen Sie, was durch die festzulegende Zufallsgröße Z beschrieben werden soll, wie diese verteilt ist und wie die zugehörigen Parameterwerte n und p lauten. Beachten Sie die gegebene Nullhypothese H_0.
- Die Zufallsgröße Z ist $B_{50;\ 0{,}10}$-verteilt (bei wahrer Nullhypothese).
- Haben Sie erkannt, dass große Werte der Zufallsgröße Z gegen die Nullhypothese sprechen?
- Beachten Sie beim Ermitteln des kritischen Wertes k für den Ablehnungsbereich die obigen Hinweise und das in der Aufgabe gegebene Signifikanzniveau.
- Möglicher Lösungsansatz: $P(Z \geq k) = 1 - P(Z \leq k - 1) \leq 0{,}05$
- Formen Sie den Lösungsansatz um und ermitteln Sie $k - 1$ bzw. k unter Verwendung einer Tabelle der kumulierten Binominalverteilung.

Lösungen

a) **Ermitteln der gesuchten Wahrscheinlichkeit:**
Die Zufallsgröße X beschreibt die Anzahl der Jugendlichen, die das Mixgetränk als „sehr schmackhaft" einstufen. Die Zufallsgröße X kann als binominalverteilt angenommen werden mit $n = 100$ und $p = 0,20$; d. h. $X \sim B_{100;\,0,20}$.

$P(X \leq 20) = B_{100;\,0,20}(\{0; 1; \ldots; 20\}) = 0,55946$ (Tabellenwert)
$\mathbf{P(X \leq 20) \approx 55,9\ \%}$

Berechnen des Erwartungswertes der Zufallsgröße X:
$E(X) = n \cdot p = 100 \cdot 0,20 = 20;\qquad \mathbf{E(X) = 20}$

Berechnen der Wahrscheinlichkeit $P(18 \leq X \leq 23)$:
$P(18 \leq X \leq 23) = P(X \leq 23) - P(X \leq 17) = B_{100;\,0,20}(\{0; 1; \ldots; 23\}) - B_{100;\,0,20}(\{0; 1; \ldots; 17\})$
$\qquad\qquad = 0,81091 - 0,27119 = 0,53972$
$\qquad\qquad$ (Tabellenwerte)

$\mathbf{P(18 \leq X \leq 23) \approx 54,0\ \%}$

Begründen, dass die Behauptung wahr ist:
(1) Die Intervalle $18 \leq X \leq 23$ und $12 \leq X \leq 17$ sind elementfremd.
(2) Für die „Gesamtwahrscheinlichkeit" gilt $P(0 \leq X \leq 100) = 1$.
(3) $P(18 \leq X \leq 23) > 0,5$
Wegen (1), (2) und (3) gilt $P(12 \leq X \leq 17) < P(18 \leq X \leq 23)$; also ist die Behauptung wahr.

b) **Ermitteln der Mindestanzahl:**
Die Zufallsgröße Y beschreibe die Anzahl der Jugendlichen, die das Mixgetränk mit einer Wahrscheinlichkeit von mindestens 0,5 als „sehr schmackhaft" einstufen. Die Zufallsgröße Y ist binomialverteilt mit $n = 200$ und $p = 0,20$; d. h. $Y \sim B_{200;\,0,20}$. (Beachten Sie, dass weiterhin $p = 0,20$ gilt.)
Gesucht ist die Mindestanzahl k der Jugendlichen.
$P(Y \geq k) = 1 - P(Y \leq k-1) \geq 0,5 \quad \Rightarrow \quad P(Y \leq k-1) \leq 0,5$ bzw.
$B_{200;\,0,20}(\{0; 1; \ldots; k-1\}) \leq 0,5$
Diese Ungleichung ist letztmalig erfüllt für den Wert $k - 1 = 39$
[Tabellenwert: $B_{200;\,0,20}(\{0; 1; \ldots; 39\}) = 0,47181$], also $k = 40$.
Es sind **mindestens 40** Jugendliche.

c) **Ermitteln des größtmöglichen Ablehnungsbereichs:**
Die Zufallsgröße Z beschreibe die Anzahl der Jugendlichen, die das Mixgetränk als „sehr schmackhaft" einstufen. Die Zufallsgröße Z ist binomialverteilt mit $n = 50$ und $p = 0,10$; also $Z \sim B_{50;\,0,10}$ (bei wahrer Nullhypothese).
(1) Nullhypothese H_0: $p \leq 0,10$
(2) Signifikanzniveau α: $\alpha = 0,05$
(3) Da große Werte der Zufallsgröße Z gegen die Nullhypothese sprechen, ist der größtmögliche, rechtsseitige Ablehnungsbereich A: $A = \{k; k+1; \ldots; 50\}$ zu ermitteln.

Ermitteln des kritischen Wertes k:
$P(Z \geq k) = 1 - P(Z \leq k-1) \leq 0,05 \quad \Rightarrow \quad P(Z \leq k-1) \geq 0,95$ bzw.
$B_{50;\,0,10}(\{0; 1; \ldots; k_R - 1\}) \geq 0,95$
Die Ungleichung $B_{50;\,0,10}(\{0; 1; \ldots; k_R - 1\}) \geq 0,95$ ist erstmalig für den Wert $k - 1 = 9$ erfüllt [Tabellenwert: $B_{50;\,0,10}(\{0; 1; \ldots; 9\}) = 0,97546$], also $\mathbf{k = 10}$.
Für den **Ablehnungsbereich** $\overline{A}$ folgt somit $\overline{A} = \{10; 11; \ldots; 50\}$.

G 2007-13

Kernfach Mathematik (Sachsen-Anhalt): Abiturprüfung 2007
Grundkursniveau – Wahlpflichtaufgabe G4.1: Analysis

Quaderförmige Behälter (oben offen) sollen hinsichtlich ihres Volumens untersucht werden. Untenstehende Abbildung zeigt ein Netz derartiger Behälter ($x \in D_f$).

Ermitteln Sie eine Funktion f (Zuordnungsvorschrift und Definitionsbereich D_f), die das Volumen dieser Behälter beschreibt und berechnen Sie das Volumen eines solchen Behälters, falls der Inhalt der Grundfläche 16 dm^2 beträgt. (5 BE)

Zeigen Sie, dass diese Funktion f weder ein lokales Maximum noch ein globales Maximum besitzt. (5 BE)
(10 BE)

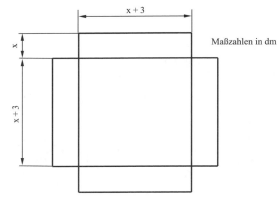

Abbildung (nicht maßstäblich)

Tipps und Hinweise zum Lösen von Wahlpflichtaufgabe G4.1: Analysis

Ermitteln einer Funktion
Hinweis:
Für das Volumen eines Quaders gilt:
V = Länge · Breite · Höhe.
Tipps:
- Erkennen Sie die quadratische Grundfläche?
- Denken Sie an den Definitionsbereich; überlegen Sie, welche Abmaße für x in Frage kommen.

Volumen des Behälters
Tipps:
- Aus der vorgegebenen Grundfläche (Quadrat) erhalten Sie durch Einsetzen in die Formel $A = a^2$ die gesuchte Größe x und damit das Volumen.
- Vergessen Sie die Einheiten nicht.

Zeigen, dass weder lokales noch globales Maximum existiert
Tipps:
- Berechnen Sie zuerst die lokalen Maxima; beachten Sie dabei den Definitionsbereich.
- Nun müssen Sie noch das globale Maximum nachweisen.
- Berechnen Sie den Grenzwert im positiven Unendlichen.

Lösungen

Ermitteln einer Funktion:
Das Volumen eines Quaders lässt sich berechnen nach V = a · b · c, also
$$f(x) = V(x) = (x+3) \cdot (x+3) \cdot x$$
$$V(x) = x(x+3)^2$$
$$V(x) = x^3 + 6x^2 + 9x \qquad \text{mit dem Definitionsbereich } D_f: \ x \in \mathbb{R}, \ x > 0.$$

Volumen des Behälters:
$$V = A_g \cdot h \quad \text{mit} \quad A_g = a \cdot b = (x+3)^2, \quad \text{also}$$
$$16 = (x+3)^2, \quad x = 1$$
und damit
$$V = 1 \cdot (1+3)^2 = 16$$
Das Volumen beträgt 16 dm³.

Zeigen, dass weder lokales noch globales Maximum existiert:
lokales Maximum:
$$f'(x) = 3x^2 + 12x + 9$$
$$0 = 3x^2 + 12x + 9$$
$$x_1 = -1, \quad x_2 = -3 \ \text{ liegen nicht im Definitionsbereich}$$
$\Rightarrow$ f besitzt kein lokales Extremum, da die notwendige Bedingung für kein $x \in D_f$ erfüllt ist.

globales Maximum:
$$\lim_{x \to \infty} f(x) = \lim_{x \to \infty} (x^3 + 6x^2 + 9x) = \lim_{x \to \infty} \left(x^3 \left(1 + \frac{6}{x} + \frac{9}{x^2} \right) \right) = \infty$$
$\Rightarrow$ f besitzt kein globales Maximum.

G 2007-15

| Kernfach Mathematik (Sachsen-Anhalt): Abiturprüfung 2007 |
| Grundkursniveau – Wahlpflichtaufgabe G4.2: Analytische Geometrie |

In einem kartesischen Koordinatensystem sind die Eckpunkte eines Dreiecks
ABC gegeben:
$A(3|2)$, $B(4|9)$ und $C(1|8)$

Zeigen Sie, dass das Dreieck ABC rechtwinklig ist und ermitteln Sie eine
Gleichung seines Umkreises k.   (5 BE)

Es gibt einen weiteren Punkt C_1 auf dem Kreis k, für den die Inhalte der Flächen
der Dreiecke ABC und ABC_1 gleich groß sind.
Berechnen Sie die Koordinaten des Punktes C_1.   (5 BE)
                                                                                    (10 BE)

Tipps und Hinweise zum Lösen von Wahlpflichtaufgabe G4.2: Analytische Geometrie

Zeigen der Rechtwinkligkeit des Dreiecks

✐ **Tipps:**
- Zeichnen Sie das Dreieck in ein Koordinatensystem.
- Haben Sie erkannt, dass $\sphericalangle BCA = 90°$ ist?
- Überprüfen Sie dies mit dem Skalarprodukt.

Ermitteln einer Gleichung des Umkreises

Hinweis:
Der Schnittpunkt der Mittelsenkrechten ist Mittelpunkt des Umkreises eines Dreiecks. Im
rechtwinkligen Dreieck liegt dieser Schnittpunkt im Mittelpunkt der Hypotenuse.

✐ **Tipps:**
- Überlegen Sie, wie Sie vom Koordinatenursprung zum Mittelpunkt der Seite $\overline{AB}$
  kommen.
- Der Radius ist dann $|\overline{AM}|$.
- Ergänzen Sie Ihre Zeichnung.

Berechnen der Koordinaten des Punktes

✐ **Tipps:**
- Denken Sie daran, dass die Reihenfolge der Eckpunkte erhalten bleiben sollte: ΔABC_1.
- Gehen Sie anschaulich vor, um auf eine Lösung zu kommen.
- Verschieben Sie die Höhe h_c entlang der Seite $\overline{AB}$ bis sie den Kreis schneidet.
  Ergänzen Sie ihre Zeichnung.
- Stellen Sie die Geradengleichung auf, die durch C geht und parallel zur Strecke $\overline{AB}$
  verläuft.
- Setzen Sie die Geradengleichung in die Kreisgleichung ein.

G 2007-16

Lösungen

Zeigen der Rechtwinkligkeit des Dreiecks:
Es gilt:
$\overrightarrow{CA} \circ \overrightarrow{CB} = 0$, $\begin{pmatrix}2\\-6\end{pmatrix} \circ \begin{pmatrix}3\\1\end{pmatrix} = 0$, $6 - 6 = 0$ w. A.

oder
$m_{AC} \cdot m_{BC} = -1$

mit
$m_{AC} = \frac{\Delta y}{\Delta x} = \frac{8-2}{1-3} = \frac{6}{-2} = -3$

und
$m_{BC} = \frac{8-9}{1-4} = \frac{-1}{-3} = \frac{1}{3}$, also $-3 \cdot \frac{1}{3} = -1$ w. A.

$\Rightarrow \sphericalangle BCA = 90°$

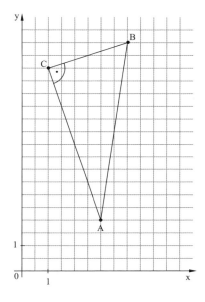

Ermitteln einer Gleichung des Umkreises:
Der Mittelpunkt des Umkreises ist der Schnittpunkt der Mittelsenkrechten. In einem rechtwinkligen Dreieck liegt der Schnittpunkt der Mittelsenkrechten auf der Hypotenuse.

$\overrightarrow{OM} = \overrightarrow{OA} + \frac{1}{2}\overrightarrow{AB}$

$\overrightarrow{OM} = \begin{pmatrix}3\\2\end{pmatrix} + \frac{1}{2}\begin{pmatrix}1\\7\end{pmatrix}$, $M(3,5 \mid 5,5)$

Radius: $r = |\overrightarrow{AM}| = \left|\begin{pmatrix}3,5-3\\5,5-2\end{pmatrix}\right| = \left|\begin{pmatrix}0,5\\3,5\end{pmatrix}\right| = \sqrt{12,5}$

Gleichung des Umkreises: $(x-3,5)^2 + (y-5,5)^2 = 12,5$

Berechnen der Koordinaten des Punktes C_1:
(Reihenfolge der Eckpunkte des Dreiecks entgegen dem Uhrzeigersinn)

1. Möglichkeit:
Es gilt: $g(C, \vec{u}_{\overrightarrow{BA}}) \cap k = \{C_2\}$

g: $\vec{x} = \begin{pmatrix}1\\8\end{pmatrix} + t\begin{pmatrix}-1\\-7\end{pmatrix}$ eingesetzt in k

$(1-t-3,5)^2 + (8-7t-5,5)^2 = 12,5$
$(-t-2,5)^2 + (-7t+2,5)^2 = 12,5$
$t^2 + 5t + 6{,}25 + 49t^2 - 35t + 6{,}25 = 12{,}5$
$50t^2 - 30t = 0$
$t(50t - 30) = 0$
$t_1 = 0$, $t_2 = \frac{3}{5}$

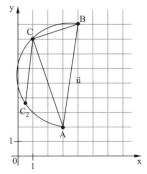

für $t_1 = 0$: $C(1 \mid 8)$

für $t_2 = \frac{3}{5}$: $C_2\left(1 - \frac{3}{5} \mid 8 - \frac{21}{5}\right)$, $C_2\left(\frac{2}{5} \mid \frac{19}{5}\right)$

2. Möglichkeit: (Reihenfolge der Eckpunkte des Dreiecks im Uhrzeigersinn)

$\overrightarrow{OC_1} = \overrightarrow{OC} + 2\overrightarrow{CM}$

$\overrightarrow{OC_1} = \binom{1}{8} + 2\binom{2,5}{-2,5}$, $C_1(6|3)$

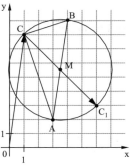

3. Möglichkeit: (Reihenfolge der Eckpunkte des Dreiecks im Uhrzeigersinn)

Es gilt: $h(\perp \overline{AB}, C) \cap k = \{C_3\}$

h: $m_{\overline{AB}} = \frac{\Delta y}{\Delta x} = \frac{7}{1} = 7$, $m_\perp = -\frac{1}{7}$

$y = -\frac{1}{7}x + n$ mit $C(1|8)$

$8 = -\frac{1}{7} \cdot 1 + n$, $n = \frac{57}{7}$

$y = -\frac{1}{7}x + \frac{57}{7}$

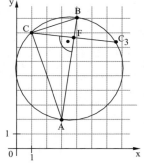

eingesetzt in k

$(x-3,5)^2 + \left(-\frac{1}{7}x + \frac{57}{7} - 5,5\right)^2 = 12,5$

$\left(x - \frac{7}{2}\right)^2 + \left(-\frac{1}{7}x + \frac{37}{14}\right)^2 = 12,5$

$x^2 - 7x + \frac{49}{4} + \frac{1}{49}x^2 - \frac{37}{49}x + \frac{1369}{196} = \frac{25}{2}$

$\frac{50}{49}x^2 - \frac{380}{49}x + \frac{1320}{196} = 0$

$x^2 - \frac{38}{5}x + \frac{33}{5} = 0$

$x_{1,2} = \frac{19}{5} \pm \frac{14}{5}$

$x_1 = \frac{33}{5}$; $x_2 = 1$

$y_1 = -\frac{1}{7} \cdot \frac{33}{5} + \frac{57}{7} = 7,2$; $y_2 = 8$

$C_3\left(\frac{33}{5} \bigg| 7,2\right)$

G 2007-18

Kernfach Mathematik (Sachsen-Anhalt): Abiturprüfung 2008
Grundkursniveau – Pflichtaufgabe G1: Analysis

Gegeben sind die Funktionen f, g und h.
Von der Funktion f mit $y = f(x)$, $x \in \mathbb{R}$, sind folgende Eigenschaften bekannt, die die Funktion eindeutig bestimmen:
- Die Funktion f ist eine ganzrationale Funktion 4. Grades.
- Der Graph von f ist symmetrisch zur y-Achse.
- Die Funktion f hat genau zwei Nullstellen: $x_{1;2} = \pm\sqrt{5}$.
- Der Graph von f hat den Tiefpunkt T(0|5) und die Hochpunkte $H_{1;2} = \left(\pm 1 \mid \frac{16}{3}\right)$.

Von der Funktion g ist bekannt: $y = g(x) = e^{-x} + 4$; $x \in \mathbb{R}$.
Von der Funktion h ist bekannt: $y = h(x) = f(x) - g(x)$; $x \in \mathbb{R}$.

a) Skizzieren Sie unter Verwendung der gegebenen Eigenschaften den Graphen der Funktion f.
   Ermitteln Sie eine Gleichung dieser Funktion.
   [Zur Kontrolle: $y = f(x) = -\frac{1}{3}(x^2 - 5)(x^2 + 3)$]   (11 BE)

b) Weisen Sie nach, dass die Funktion g monoton fallend ist und untersuchen Sie das Verhalten der Funktion g für $x \to \infty$ und $x \to -\infty$.
   Zeichnen Sie den Graphen der Funktion g für $-1 \leq x \leq 4$ in das Koordinatensystem aus Teilaufgabe a.
   Die Graphen der Funktion f und der Funktion g schneiden einander in genau zwei Punkten.
   Berechnen Sie die Abszisse des Schnittpunktes im I. Quadranten mit dem Newton-Verfahren auf Tausendstel genau.
   Berechnen Sie die Maßzahl des Inhalts der Fläche, die die Graphen der Funktionen f und g vollständig einschließen.   (16 BE)

c) Die Abbildung zeigt einen Teil des Graphen der Funktion h.
   Schlussfolgern Sie unter Verwendung dieser Abbildung aus den Nullstellen der Funktion h und der Lage des Hochpunktes des Graphen von h auf die gegenseitige Lage der Graphen von f und g.

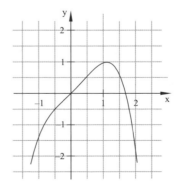

(3 BE)
(30 BE)

G 2008-1

Tipps und Hinweise zum Lösen von Pflichtaufgabe G1: Analysis

a) *Ermitteln einer Funktionsgleichung von f*

   ✐ **Tipps:**
   - Machen Sie für den Funktionsterm den allgemeinen Ansatz
     $f(x) = ax^4 + bx^3 + cx^2 + dx + e$.
   - Überlegen Sie, was Symmetrie zur y-Achse bedeutet und wie der Funktionsterm sich dadurch vereinfacht.
   - Aus den Angaben – Nullstellen, Tiefpunkt und Hochpunkte – lassen sich mindestens drei Gleichungen aufstellen, z. B. $f(1) = \dfrac{16}{3}$.
   - Stellen Sie ein Gleichungssystem auf und lösen Sie es.

b) *Nachweisen der Monotonie*

   Hinweis:
   Eine differenzierbare Funktion f ist genau dann monoton fallend, wenn $f'(x) < 0$ für alle $x \in D_f$.

   ✐ **Tipps:**
   - Berechnen und untersuchen Sie $g'(x)$.
   - Denken Sie beim Ableiten an die Kettenregel.

   Verhalten im Unendlichen

   ✐ **Tipp:** $\lim\limits_{x \to \infty} \dfrac{1}{e^x} = 0$ und $\lim\limits_{x \to \infty} e^x = \infty$

   Berechnen der Abszisse des Schnittpunktes

   Hinweis:
   Ist x_n ein Nährungswert einer Nullstelle der Funktion f, so ist $x_{n+1} = x_n - \dfrac{f(x_n)}{f'(x_n)}$ im Allgemeinen ein besserer Näherungswert für diese Nullstelle.

   ✐ **Tipps:**
   - Durch Gleichsetzen der Funktionsterme erhalten Sie die zu lösende Gleichung.
   - Einen möglichen Startwert können Sie aus der Zeichnung ablesen.
   - Nutzen Sie die obige Formel und führen Sie das Verfahren erneut aus, bis Sie die geforderte Genauigkeit erhalten.

   Berechnen der Maßzahl des Inhalts der Fläche

   Hinweis:
   Die Maßzahl des Inhalts der Fläche, die von zwei Funktionsgraphen eingeschlossen wird, lässt sich berechnen nach $A = \left| \displaystyle\int_a^b (f(x) - g(x))\, dx \right|$.

   ✐ **Tipps:**
   - Haben Sie die Integrationsgrenzen erkannt?
   - Wenden Sie zum Integrieren die Potenzregel an; vergessen Sie bei der e-Funktion nicht die innere Ableitung (lineare Substitution).

G 2008-2

c) *Ziehen von Schlussfolgerungen*
   Tipps:
   - Vergleichen Sie die Nullstellen von h mit den Abszissen der Schnittpunkte von f und g.
   - Machen Sie eine Aussage zum Graphen von f und g an der Extremstelle von h.

Lösungen

$y = f(x) = -\dfrac{1}{3}x^4 + \dfrac{2}{3}x^2 + 5; \quad x \in \mathbb{R}$

$g(x) = e^{-x} + 4; \quad x \in \mathbb{R}$

$g'(x) = -e^{-x}$

a) **Graph von f:**

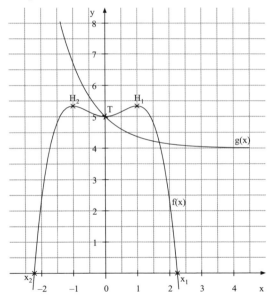

Ermitteln einer Funktionsgleichung von f:
(1) Funktion f – ganzrationale Funktion 4. Grades, also $f(x) = ax^4 + bx^3 + cx^2 + dx + e$, aber
(2) Symmetrie zur y-Achse, also gerade Funktion $f(x) = ax^4 + cx^2 + e$
(3) Nullstellen $x_1 = \sqrt{5}$ und $x_2 = -\sqrt{5}$, also $f(\sqrt{5}) = 0$ bzw. $f(-\sqrt{5}) = 0$
(4) Tiefpunkt $T(0|5)$, also $f(0) = 5$
(5) Hochpunkte $H_1\left(1 \left| \dfrac{16}{3}\right.\right)$ und $H_2\left(-1 \left| \dfrac{16}{3}\right.\right)$, also $f(1) = \dfrac{16}{3}$ bzw. $f(-1) = \dfrac{16}{3}$

Aufstellen der Gleichungen:

aus (3): $0 = a(\sqrt{5})^4 + c(\sqrt{5})^2 + e$

aus (4): $5 = a \cdot 0^4 + c \cdot 0^2 + e$

aus (5): $\dfrac{16}{3} = a \cdot 1^4 + c \cdot 1^4 + e$

I. $0 = 25a + 5c + e$

II. $5 = e$

III. $\dfrac{16}{3} = a + c + e$

$0 = 25a + 5c + 5$

$\dfrac{16}{3} = a + c + 5 \quad \Big| \cdot (-5) \quad \Big]^+$

$-\dfrac{80}{3} = 20a \qquad -20$

$20a = -\dfrac{20}{3} \qquad a = -\dfrac{1}{3}$ eingesetzt in I.

$0 = 25 \cdot \left(-\dfrac{1}{3}\right) + 5c + 5, \quad c = \dfrac{2}{3}$ und damit $f(x) = -\dfrac{1}{3}x^4 + \dfrac{2}{3}x^2 + 5.$

Kontrolle des Ergebnisses:

$f(x) = -\dfrac{1}{3}(x^2 - 5)(x^2 + 3) = -\dfrac{1}{3}(x^4 + 3x^2 - 5x^2 - 15)$

$f(x) = -\dfrac{1}{3}x^4 + \dfrac{2}{3}x^2 + 5$ w. A.

b) **Nachweisen der Monotonie:**

$g(x) = e^{-x} + 4$

$m = g'(x) = -e^{-x} = -\dfrac{1}{e^x} < 0$ für alle $x \in \mathbb{R}$, also monoton fallend.

Verhalten im Unendlichen:

$\lim\limits_{x \to \infty} (e^{-x} + 4) = \lim\limits_{x \to \infty} \left(\dfrac{1}{e^x} + 4\right) = 4$

$\lim\limits_{x \to -\infty} (e^{-x} + 4) = \lim\limits_{x \to +\infty} (e^{-(-x)} + 4) = \lim\limits_{x \to +\infty} (e^x + 4) = \infty$

Berechnen der Abszisse des Schnittpunktes:

Schnittstellen von $f(x)$ und $g(x)$, also gleichsetzen $f(x) = g(x)$

$-\dfrac{1}{3}x^4 + \dfrac{2}{3}x^2 + 5 = e^{-x} + 4$, umgestellt $-\dfrac{1}{3}x^4 + \dfrac{2}{3}x^2 - e^{-x} + 1 = 0$

Lösen der Gleichung mit dem Newton'schen Näherungsverfahren:
Startwert $x_0 = 1{,}5$ kann aus der Zeichnung abgelesen werden.

$$x_{n+1} = x_n - \frac{f(x_n)}{f'(x_n)} \text{ mit } \left(-\frac{1}{3}x^4 + \frac{2}{3}x^2 - e^{-x} + 1\right)' = -\frac{4}{3}x^3 + \frac{4}{3}x + e^{-x}$$

$$x_1 = 1{,}5 - \frac{-\frac{1}{3}(1{,}5)^4 + \frac{2}{3}(1{,}5)^2 - e^{-1{,}5} + 1}{-\frac{4}{3}(1{,}5)^3 + \frac{4}{3}(1{,}5) + e^{-1{,}5}}$$

$x_1 \approx 1{,}758850914$

Durch erneute Ausführung des Verfahrens folgen
$x_2 \approx 1{,}695546045$,
$x_3 \approx 1{,}690148833$,
$x_4 \approx 1{,}690111229$, also: $x \approx 1{,}690$.

Berechnen der Maßzahl des Inhalts der Fläche:

$$A = \int_0^{1{,}690} (f(x) - g(x))\,dx$$

$$A = \int_0^{1{,}690} \left(-\frac{1}{3}x^4 + \frac{2}{3}x^2 - e^{-x} + 1\right) dx$$

$$A = \left[-\frac{1}{15}x^5 + \frac{2}{9}x^3 + e^{-x} + x\right]_0^{0{,}1690}$$

$A \approx 1{,}028$

c) **Ziehen von Schlussfolgerungen:**
Zum Beispiel:
Die Nullstellen der Funktion h sind die Abszissen der Schnittpunkte der Graphen der Funktionen f und g.
Im Intervall dieser Nullstellen verläuft der Graph von f oberhalb des Graphen von g, da $h(x) > 0$ ist.
An der lokalen Maximumstelle von h liegt der Graph von f am weitesten über dem Graphen von g.

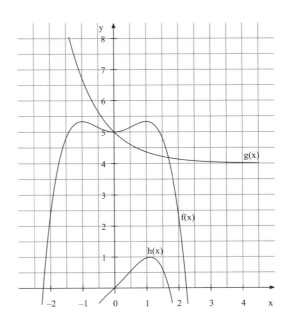

Kernfach Mathematik (Sachsen-Anhalt): Abiturprüfung 2008
Grundkursniveau – Pflichtaufgabe G2: Analytische Geometrie

Acht transparente dreieckige Werbeflächen sollen wie in der Abbildung in Form eines Oktaeders*) angeordnet werden.
Die Anordnung wird in einem kartesischen Koordinatensystem beschrieben; eine Einheit entspricht einem Meter.
Vom Oktaeder ABCDST sind folgende Punkte gegeben:
A(2|0|4), B(–2|5|1), C(2|10|4) und T(–1|5|8).

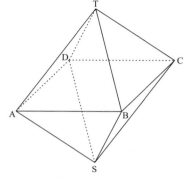

Oktaeder ABCDST
(Abbildung nicht maßstäblich)

a) Weisen Sie nach, dass das Dreieck ABC gleichschenklig und rechtwinklig ist.
Ermitteln Sie die Koordinaten des Punktes D so, dass das Viereck ABCD ein Quadrat ist.
Stellen Sie eine Koordinatengleichung derjenigen Ebene auf, in der die Punkte A, B und T liegen. (10 BE)

b) Um eine effektvolle Beleuchtung zu erreichen, soll in die Anordnung eine verspiegelte Kugel so eingebaut werden, dass sie jede der Werbeflächen in genau einem Punkt berührt.
Geben Sie die Koordinaten des Mittelpunktes der Kugel an, und berechnen Sie die Länge des Radius dieser Kugel. (5 BE)

(15 BE)

*) Ein Oktaeder ist ein Körper, der von acht gleichseitigen Dreiecken begrenzt wird.

Tipps und Hinweise zum Lösen von Pflichtaufgabe G2: Analytische Geometrie

a) *Nachweisen der Gleichschenkligkeit*

🖊 **Tipp:** Berechnen Sie die Längen der Dreiecksseiten.

Nachweisen der Rechtwinkligkeit

🖊 **Tipp:** Nutzen Sie den Satz des Pythagoras für das rechtwinklige Dreieck ABC mit $\gamma = 90°$: $c^2 = a^2 + b^2$

Ermitteln der Koordinaten des Punktes D

Tipps:
- Fertigen Sie eine Skizze an und überlegen Sie, wie Sie vom Koordinatenurspung zum Punkt D kommen.
- Denken Sie daran, dass $\overrightarrow{AD} = \overrightarrow{BC}$ gilt.

Aufstellen einer Koordinatengleichung der Ebene

Hinweis:
Stellen Sie zunächst eine vektorielle Ebenengleichung (Parametergleichung) auf, in der die Punkte liegen. Ermitteln Sie dann eine Koordinatengleichung der Form $ax + by + cz = d$.

Tipps:
- Ein Normalenvektor der Ebene lässt sich mit dem Vektorprodukt der Spannvektoren berechnen.
- Beachten Sie den obigen Hinweis und ermitteln Sie d durch Punktprobe mit A.

b) *Angeben der Koordinaten des Mittelpunktes*

Tipps:
- Überlegen Sie anhand der Skizze, wo der Punkt M liegen muss.
- Haben Sie den Punkt M als Schnittpunkt der Diagonalen im Quadrat erkannt?

Berechnen der Länge des Radius

Hinweis:
Der Radius ist der Abstand des Mittelpunktes von den Seitenflächen des Oktaeders.

Tipps:
- Nutzen Sie die Hesse'sche Normalenform der Ebene.
- Das Ergebnis erhalten Sie durch Einsetzen der Koordinaten des Punktes M.

Lösungen

a) **Nachweisen der Gleichschenkligkeit:**
Berechnen der Seitenlängen des Dreiecks ABC

$$|\overrightarrow{AB}| = \left|\begin{pmatrix}-4\\5\\-3\end{pmatrix}\right| = \sqrt{(-4)^2+5^2+(-3)^2} = \sqrt{50}, \quad |\overrightarrow{BC}| = \left|\begin{pmatrix}4\\5\\3\end{pmatrix}\right| = \sqrt{50}, \quad |\overrightarrow{AC}| = \left|\begin{pmatrix}0\\10\\0\end{pmatrix}\right| = 10$$

$\Rightarrow |\overrightarrow{AB}| = |\overrightarrow{BC}| = \sqrt{50}$, damit gleichschenklig.

Nachweisen der Rechtwinkligkeit:
1. Möglichkeit: mit dem Satz des Pythagoras

$b^2 = a^2 + c^2$
$|\overrightarrow{AC}|^2 = |\overrightarrow{BC}|^2 + |\overrightarrow{AB}|^2$
$10^2 = (\sqrt{50})^2 + (\sqrt{50})^2$
$100 = 50 + 50$ w.A.
$\Rightarrow \sphericalangle ABC = 90°$

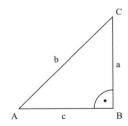

2. Möglichkeit: über das Skalarprodukt

$$\overrightarrow{BA} \circ \overrightarrow{BC} = 0, \quad \begin{pmatrix} 4 \\ -5 \\ 3 \end{pmatrix} \circ \begin{pmatrix} 4 \\ 5 \\ 3 \end{pmatrix} = 16 - 25 + 9 = 0 \quad \text{w.A.}$$

Ermitteln der Koordinaten von D:

$\overrightarrow{OD} = \overrightarrow{OA} + \overrightarrow{AD}$ mit
$\quad \overrightarrow{AD} = \overrightarrow{BC}$

$$\overrightarrow{OD} = \begin{pmatrix} 2 \\ 0 \\ 4 \end{pmatrix} + \begin{pmatrix} 4 \\ 5 \\ 3 \end{pmatrix} = \begin{pmatrix} 6 \\ 5 \\ 7 \end{pmatrix}$$

D(6|5|7)

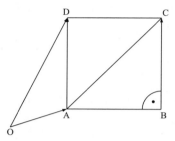

Aufstellen einer Koordinatengleichung der Ebene E_{ABT}:

$\vec{x} = \overrightarrow{OA} + t\overrightarrow{AB} + s\overrightarrow{AT}; \quad t, s \in \mathbb{R}$

$$\vec{x} = \begin{pmatrix} 2 \\ 0 \\ 4 \end{pmatrix} + t \begin{pmatrix} -4 \\ 5 \\ -3 \end{pmatrix} + s \begin{pmatrix} -3 \\ 5 \\ 4 \end{pmatrix} \quad \text{(Parametergleichung von } E_{ABT}\text{)}$$

1. Möglichkeit:
Einen Normalenvektor $\vec{n}$ der Ebene berechnet man mit

$$\begin{pmatrix} -4 \\ 5 \\ -3 \end{pmatrix} \times \begin{pmatrix} -3 \\ 5 \\ 4 \end{pmatrix} = \begin{pmatrix} 5 \cdot 4 - 5 \cdot (-3) \\ -3 \cdot (-3) - 4 \cdot (-4) \\ -4 \cdot 5 - 5 \cdot (-3) \end{pmatrix} = \begin{pmatrix} 35 \\ 25 \\ -5 \end{pmatrix} = 5 \cdot \begin{pmatrix} 7 \\ 5 \\ -1 \end{pmatrix},$$

also $\vec{n} = \begin{pmatrix} 7 \\ 5 \\ -1 \end{pmatrix}$

und mit dem Ansatz $7x + 5y - 1z = d$ und wegen $A \in E_{ABT}$ ergibt sich
$E_{ABT}: 7x + 5y - z = 10$.

2. Möglichkeit:
Der Normalenvektor $\vec{n}$ steht senkrecht auf den Spannvektoren der Ebene, also

$\vec{n} \perp \begin{pmatrix} -4 \\ 5 \\ -3 \end{pmatrix}$ und $\vec{n} \perp \begin{pmatrix} -3 \\ 5 \\ 4 \end{pmatrix}$, damit gilt $\vec{n} \circ \begin{pmatrix} -4 \\ 5 \\ -3 \end{pmatrix} = 0$ und $\vec{n} \circ \begin{pmatrix} -3 \\ 5 \\ 4 \end{pmatrix} = 0$

$$\begin{array}{r} -4n_1 + 5n_2 - 3n_3 = 0 \\ -3n_1 + 5n_2 + 4n_3 = 0 \end{array} \bigg| \cdot (-1) \bigg]_+$$

$$\overline{-n_1 \qquad - 7n_3 = 0}$$

Setzt man $n_3 = 1$, dann ergibt sich:
$n_1 = -7, \quad n_2 = -5$, also
$-7x - 5y + z = d$ und wegen $A \in E_{ABT}$ erhält man:
$E_{ABT}: -7x - 5y + z = -10$
$\qquad \quad 7x + 5y - z = 10$

3. Möglichkeit:
Aus der Parametergleichung von E_{ABT} folgt:

I $\qquad x = 2 - 4t - 3s$

II $\qquad y = \qquad 5t + 5s$

III $\qquad z = 4 - 3t + 4s$

Aus den Gleichungen I und II wird einmal der Parameter t und dann der Parameter s eliminiert:

I $\qquad x = 2 - 4t - 3s \qquad | \cdot 5$

II $\qquad y = \qquad 5t + 5s \qquad | \cdot 4$

$\qquad 5x + 4y = 10 \qquad + 5s$

$\Rightarrow \qquad s = x + \dfrac{4}{5}y - 2 \qquad (1)$

und

I $\qquad x = 2 - 4t - 3s \qquad | \cdot 5$

II $\qquad y = \qquad 5t + 5s \qquad | \cdot 3$

$\qquad 5x + 3y = 10 - 5t$

$\Rightarrow \qquad t = -x - \dfrac{3}{5}y + 2 \qquad (2)$

Gleichungen (1) und (2) werden nun in III eingesetzt und umgeformt:

$$z = 4 - 3 \cdot \left(-x - \frac{3}{5}y + 2 \right) + 4 \cdot \left(x + \frac{4}{5}y - 2 \right)$$

$$z = 4 + 3x + \frac{9}{5}y - 6 + 4x + \frac{16}{5}y - 8$$

$$z = 7x + 5y - 10$$

$$E_{ABT}: 7x + 5y - z - 10 = 0$$

b) **Angeben der Koordinaten des Mittelpunktes der Kugel:**
Der Mittelpunkt ist der Schnittpunkt der Diagonalen des Quadrats ABCD, also

$$\overrightarrow{OM} = \overrightarrow{OA} + \frac{1}{2}\overrightarrow{AC}$$

$$\overrightarrow{OM} = \begin{pmatrix} 2 \\ 0 \\ 4 \end{pmatrix} + \frac{1}{2}\begin{pmatrix} 0 \\ 10 \\ 0 \end{pmatrix} = \begin{pmatrix} 2 \\ 5 \\ 4 \end{pmatrix}, \quad M(2|5|4).$$

Berechnen der Länge des Radius:
Der Radius ist der Abstand d des Mittelpunktes von den Seitenflächen des Oktaeders, also
$r = d(M, E_{ABT})$.
Aufstellen der Ebenengleichung in der Hesse'schen Normalenform $\dfrac{7x + 5y - z - 10}{\sqrt{7^2 + 5^2 + (-1)^2}} = 0$
und Einsetzen der Koordinaten von M:

$$r = \frac{7 \cdot 2 + 5 \cdot 5 - 1 \cdot 4 - 10}{\sqrt{75}} = \frac{25}{\sqrt{75}} = \frac{5}{3}\sqrt{3}$$

Die Länge des Radius beträgt rund 2,9 m.

Kernfach Mathematik (Sachsen-Anhalt): Abiturprüfung 2008
Grundkursniveau – Pflichtaufgabe G3: Stochastik

Eine Großbäckerei produziert Kekse, die erfahrungsgemäß mit einer Wahrscheinlichkeit von 0,3 beim Abpacken beschädigt werden. Die Kekse werden in Tüten zu je 5 Stück verpackt. Vor der Auslieferung wird stichprobenartig die Anzahl beschädigter Kekse je Tüte ermittelt.

a) Die Zufallsgröße X beschreibe die Anzahl beschädigter Kekse in einer Tüte. Begründen Sie, dass die Zufallsgröße X als binomialverteilt angesehen werden kann, berechnen Sie den Erwartungswert der Zufallsgröße X und ermitteln Sie die Wahrscheinlichkeiten folgender Ereignisse:

A: In einer Tüte sind genau 2 Kekse beschädigt.
B: In einer Tüte sind mindestens 4 Kekse nicht beschädigt. (7 BE)

In einem Probelauf wird ein neues Verpackungsverfahren getestet, von dem man sich eine Verminderung des Anteils beschädigter Kekse verspricht. Von 100 Tüten wird jeweils die Anzahl der Tüten mit beschädigten Keksen ermittelt. Das Ergebnis ist in der folgenden Tabelle zusammengestellt. Dabei sei H(x) die Anzahl der Tüten mit genau x beschädigten Keksen.

x	0	1	2	3	4	5
H(x)	16	41	26	15	2	0

b) Berechnen Sie das arithmetische Mittel $\bar{x}$ dieser Häufigkeitsverteilung.
Die Zufallsgröße Y beschreibe die Anzahl beschädigter Kekse je Tüte.
Es sei p die Wahrscheinlichkeit dafür, dass ein Keks beim Abpacken mit dem neuen Verfahren beschädigt worden ist.
Als Näherung für den Erwartungswert der Zufallsgröße Y soll das arithmetische Mittel $\bar{x}$ angenommen werden.
Berechnen Sie die Wahrscheinlichkeit p. (5 BE)

Die Großbäckerei hat eine neue Rezeptur für die Kekse entwickelt. Es soll untersucht werden, ob die Kekse nach neuer Rezeptur am Geschmack erkennbar sind. Dazu werden 100 Kunden, die die Kekse nach alter Rezeptur regelmäßig gegessen haben, gebeten, je einen Keks nach alter und neuer Rezeptur zu probieren und den Keks zu benennen, der nach neuer Rezeptur gebacken wurde.
Diese Untersuchung soll mithilfe eines rechtsseitigen Signifikanztests mit der Nullhypothese H_0: p = 0,5 und der Gegenhypothese H_1: p > 0,5 geführt werden, wobei p die Wahrscheinlichkeit für das richtige Benennen des Kekses nach neuer Rezeptur ist.

c) Berechnen Sie die Wahrscheinlichkeit des Fehlers 1. Art für den Ablehnungsbereich $\overline{A} = \{59; 60; 61; \ldots; 100\}$. (3 BE)

(15 BE)

Tipps und Hinweise zum Lösen von Pflichtaufgabe G3: Stochastik

a) *Begründen der Binomialverteilung der Zufallsgröße X (Vorliegen einer BERNOULLI-Kette der Länge n)*

Hinweis:
Bei einem n-stufigen BERNOULLI-Versuch (BERNOULLI-Kette der Länge n) ist eine Binomialverteilung die passende Wahrscheinlichkeitsverteilung.

Tipps:
- Überlegen Sie, unter welchen Bedingungen ein BERNOULLI-Versuch bzw. eine BERNOULLI-Kette vorliegt.
- Erfassen Sie für die Begründung die Bedingungen sachbezogen (siehe Aufgabentext).

Berechnen des Erwartungswertes der Zufallsgröße X

Hinweis:
Für den Erwartungswert einer binomialverteilten Zufallsgröße gilt: $E(X) = n \cdot p$

Tipps:
- Entnehmen Sie dem Aufgabentext, mit welchen Parameterwerten die Zufallsgröße X binomialverteilt ist.
- Die Parameterwerte sind $n = 5$ (Stichprobenumfang; Anzahl der Tüten) und $p = 0,3$ (Wahrscheinlichkeit für die Beschädigung eines Kekses).

Ermitteln der Wahrscheinlichkeiten der Ereignisse

Hinweis:
Prüfen Sie zunächst, ob die Nutzung von Tabellen zur Binomialverteilung möglich ist.

Tipps:
- Haben Sie erkannt, dass die Wahrscheinlichkeiten der beiden Ereignisse unter Verwendung der $B_{5;\,0,3}$-verteilten Zufallsgröße ermittelt werden können?
- Beachten Sie, dass sich das Ereignis B auf *nicht beschädigte Kekse* bezieht.
- Überlegen Sie, wie sich die Wahrscheinlichkeit P(B) möglichst rational ermitteln lässt.
- Übersetzen Sie den Text „mindestens 4 Kekse sind *nicht beschädigt*" bez. der Zufallsgröße X, die die Anzahl beschädigter Kekse in einer Tüte beschreibt.
- Mögliche Lösungsansätze: $P(A) = P(X = 2)$ und $P(B) = P(X \leq 1)$; Tabelle nutzen!

b) *Berechnen des arithmetischen Mittels $\overline{x}$ der Häufigkeitsverteilung*

Hinweis:
Die Formel für das (gewogene) arithmetische Mittel lautet:

$$\overline{x} = \frac{H(x_1) \cdot x_1 + H(x_2) \cdot x_2 + \ldots + H(x_k) \cdot x_k}{n} \quad (k \leq n)$$

Tipps:
- Beachten Sie die Gesamtzahl ($n = 100$) der untersuchten Tüten.
- Denken Sie an das Vorgehen beim Berechnen von Durchschnitten.
- Gemäß Formel (siehe Hinweis) ist jede erfasste Anzahl x beschädigter Kekse mit der zugehörigen relativen Häufigkeit $h(x) = \dfrac{H(x)}{n}$ zu multiplizieren.

Berechnen der Wahrscheinlichkeit p

✏ **Tipps:**
- Haben Sie erkannt, dass die Zufallsgröße Y als binomialverteilt betrachtet werden kann?
- Die Zufallsgröße Y kann als binomialverteilt mit $n = 5$ (5 Kekse je Tüte) und unbekanntem p betrachtet werden; $Y \sim B_{5;\,n}$.
- Möglicher Lösungsansatz: $E(Y) = 5 \cdot p \approx \bar{x}$
  Setzen Sie den für $\bar{x}$ ermittelten Wert ein und formen Sie äquivalent nach p um!

c) *Berechnen der Wahrscheinlichkeit α für den Fehler 1. Art*

Hinweise:
Ist die Nullhypothese in Wirklichkeit wahr und wurde irrtümlich abgelehnt, so liegt ein Fehler 1. Art vor.
Wahrscheinlichkeit des Fehlers 1. Art: $\alpha = P(\overline{A}_{p_0}) = B_{n;\,p_0}(\overline{A}) = 1 - B_{n;\,p_0}(A)$

✏ **Tipps:**
- Legen Sie die Zufallsgröße Z fest.
- Entnehmen Sie dem Aufgabentext, mit welchen Parameterwerten die Zufallsgröße Z binomialverteilt ist.
- Die Zufallsgröße Z ist $B_{n;\,p}$-verteilt mit den Parameterwerten $n = 100$ und $p = 0,5$ (bei wahrer Nullhypothese).
- Verwenden Sie den kritischen Wert k aus dem gegebenen Ablehnungsbereich $\overline{A}$.
- Möglicher Lösungsansatz:
  $\alpha = P(Z \geq k) = 1 - P(Z \leq k-1) = 1 - B_{100;\,0,5}(\{0;\ 1;\ \ldots;\ k-1\})$; Tabelle nutzen!

Lösungen

a) **Begründen der Binomialverteilung der Zufallsgröße X**
   (Vorliegen einer BERNOULLI-Kette der Länge n):
   - Es werden genau zwei Ereignisse unterschieden, nämlich das Ereignis „Der Keks ist beschädigt" und das zugehörige Gegenereignis „Der Keks ist nicht beschädigt".
   - Die Wahrscheinlichkeit für das Ereignis bzw. Gegenereignis bleibt für jeden Abpackungsvorgang unverändert; Vorgabe von $p = 0,3$ bzw. $q = 0,7$.
   - Das Zufallsexperiment (Abpacken von Keksen) umfasst n voneinander unabhängige Abpackungsversuche.

Berechnen des Erwartungswertes der Zufallsgröße X:
Die Zufallsgröße X ist binomialverteilt mit $n = 5$ und $p = 0,3$; $X \sim B_{5;\,0,3}$.
Für den Erwartungswert einer binomialverteilten Zufallsgröße gilt $E(X) = n \cdot p$, also
$E(X) = 1,5$.

Ermitteln der Wahrscheinlichkeiten der Ereignisse:
Ereignis A:
$X \sim B_{5;\,0,3}$
$P(A) = P(X = 2) = 0,30870$ (Tabellenwert); $P(A) \approx 30,9\,\%$

Ereignis B:
$X \sim B_{5;\,0,3}$
Mindestens 4 *nicht beschädigte* Kekse in einer Tüte mit 5 Keksen bedeuten höchstens einen *beschädigten* Keks in dieser Tüte.
$P(B) = P(X \leq 1) = 0{,}52822$ (Tabellenwert); $\quad \mathbf{P(B) \approx 52{,}8\,\%}$

Berechnungsvariante:
Das Ereignis B bezieht sich auf *nicht beschädigte* Kekse. Die Zufallsgröße X_B beschreibe die Anzahl nicht beschädigter Kekse; $X_B \sim B_{5;\,0,7}$.
$$P(B) = P(X_B \geq 4) = 1 - P(X_B \leq 3) = 1 - 0{,}47178 = 0{,}52822$$
$$\text{(Tabellenwert)}$$

b) **Berechnen des arithmetischen Mittels $\bar{x}$ der Häufigkeitsverteilung:**
Unter Verwendung der Formel für das (gewogene) arithmetische Mittel
$$\bar{x} = \frac{H(x_1) \cdot x_1 + H(x_2) \cdot x_2 + \ldots + H(x_k) \cdot x_k}{n}$$
erhält man mit $n = 100$ (Tüten):
$$\bar{x} = 0{,}16 \cdot 0 + 0{,}41 \cdot 1 + 0{,}26 \cdot 2 + 0{,}15 \cdot 3 + 0{,}02 \cdot 4 + 0 \cdot 5$$
$$\mathbf{\bar{x} = 1{,}46}$$

Berechnen der Wahrscheinlichkeit p:
Die Zufallsgröße Y kann als binomialverteilt mit $n = 5$ (5 Kekse je Tüte!) und unbekanntem p betrachtet werden. Für ihren Erwartungswert $E(Y)$ soll als Näherung $E(Y) \approx \bar{x}$ angenommen werden. Wegen $E(Y) = n \cdot p \approx \bar{x}$ folgt aus $5 \cdot p \approx 1{,}46$ für die gesuchte Wahrscheinlichkeit $\mathbf{p \approx 0{,}292}$.

c) **Berechnen der Wahrscheinlichkeit α für den Fehler 1. Art:**
Ist die Nullhypothese in Wirklichkeit wahr und wurde irrtümlich abgelehnt, so liegt ein Fehler 1. Art (α-Fehler) vor. Für seine Wahrscheinlichkeit gilt
$$\alpha = P(\overline{A}_{p_0}) = B_{n;\,p_0}(\overline{A}) = 1 - B_{n;\,p_0}(A).$$

Die Zufallsgröße Z beschreibe die Anzahl der Kunden, die den Keks richtig benennen. Die Zufallsgröße Z kann als binomialverteilt mit $n = 100$ und $p = 0{,}5$ angenommen werden; d. h. $Z \sim B_{100;\,0,5}$ (bei wahrer Nullhypothese).

Mit $k = 59$ aus dem gegebenen Ablehnungsbereich $\overline{A}$ folgt
$$\alpha = P(Z \geq 59) = 1 - P(Z \leq 58) = 1 - B_{100;\,0,5}(\{0;\,1;\,\ldots;\,58\}) = 1 - 0{,}95569 = 0{,}04431.$$
$$\text{(Tabellenwert)}$$

Die Wahrscheinlichkeit für den Fehler 1. Art beträgt $\alpha \approx \mathbf{0{,}044}$.

Kernfach Mathematik (Sachsen-Anhalt): Abiturprüfung 2008
Grundkursniveau – Wahlpflichtaufgabe G4.1: Analysis

Bei der Planung von Überland-Elektroleitungen ist u. a. der Durchhang des Kabels zwischen zwei benachbarten Masten zu beachten. Der Durchhang ist die Höhendifferenz zwischen den Aufhängepunkten und dem tiefsten Punkt des Kabels über der Horizontalebene.
Die nicht maßstäbliche Abbildung zeigt diesen Sachverhalt.

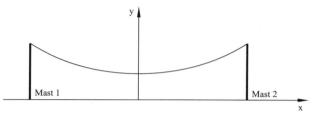

Durch die Funktion f mit der Gleichung

$$y = f(x) = 5(e^{0,03\,x} + e^{-0,03\,x}), \ x \in \mathbb{R},$$

kann die Höhe des Kabels über der Horizontalebene zwischen zwei benachbarten und gleich hohen Masten beschrieben werden, wobei eine Längeneinheit einem Meter entspricht.
Weisen Sie nach, dass der Graph von f symmetrisch zur y-Achse ist und den Tiefpunkt $T(0|10)$ hat.
Berechnen Sie den Durchhang des Kabels, wenn der Abstand der beiden Masten 100 m beträgt.
Der Mast 3 der Überland-Elektroleitung sei derjenige Mast, dessen Fußpunkt auf einer Geraden mit den Fußpunkten von Mast 1 und Mast 2 liegt und der 100 m von Mast 2 entfernt ist.
Zeigen Sie, dass die Höhe des Kabels zwischen Mast 2 und Mast 3 durch eine Funktion g mit der Gleichung

$$y = g(x) = 5(e^{0,03x-3} + e^{3-0,03x}), \ x \in \mathbb{R}, \ 50 \leq x \leq 150,$$

beschrieben werden kann.

(10 BE)
(10 BE)

Tipps und Hinweise zum Lösen von Wahlpflichtaufgabe G4.1: Analysis

Nachweisen der Symmetrie zur y-Achse

Hinweis:
Die Graph einer Funktion f ist symmetrisch zur y-Achse, wenn für alle $x \in \mathbb{R}$ gilt: $f(x) = f(-x)$

Tipps:
- Setzen Sie für x den Term $(-x)$ ein.
- Denken Sie an das Kommutativgesetz der Addition.

Nachweisen der Tiefpunktes

Hinweis:
Verwenden Sie beim Ableiten folgende Regeln:
$$f(x) = u(x) + v(x) \quad \Rightarrow \quad f'(x) = u'(x) + v'(x)$$
$$f(x) = k \cdot u(x) \quad \Rightarrow \quad f'(x) = k \cdot u'(x)$$
$$f(x) = e^{ax} \quad \Rightarrow \quad f'(x) = a \cdot e^{ax}$$

Tipps:
- Hinreichende Bedingung für lokale Tiefpunkte:
  $f'(x) = 0 \; \wedge \; f''(x) > 0$
- Lassen Sie den Faktor 5 beim Bilden der Ableitungen vor der Klammer stehen.
- Vergleichen Sie Ihr errechnetes Ergebnis mit dem vorgegebenen Ergebnis.

Berechnen des Durchhangs

Tipps:
- Fertigen Sie eine beschriftete Skizze an.
- Berechnen Sie den Funktionswert an der Stelle $x = 50$.
- Vergessen Sie die Differenzbildung nicht.

Zeigen der Aussage

Tipps:
- Auch hier kann eine beschriftete Skizze hilfreich sein.
- Haben Sie die Verschiebung des Graphen der Funktion (nach rechts) erkannt?
- Die Gleichung $g(x) = f(x - 100)$ dient zum Nachweis der Aussage.

Lösungen

Nachweis der Symmetrie zur y-Achse:
Bedingung $f(x) = f(-x)$, also
$$5(e^{0,03x} + e^{-0,03x}) = 5(e^{0,03 \cdot (-x)} + e^{-0,03 \cdot (-x)})$$
$$= 5(e^{-0,03x} + e^{0,03x}) \quad \text{w. A.,}$$

da die Addition zweier Terme kommutativ ist.

G 2008-15

Nachweis des Tiefpunktes:
1. Möglichkeit: durch Berechnung

$f'(x) = 5 \cdot (e^{0,03x} \cdot 0,03 + e^{-0,03x} \cdot (-0,03))$
$f'(x) = 5(0,03e^{0,03x} - 0,03e^{-0,03x})$
$0 = 0,15(e^{0,03x} - e^{-0,03x})$
$0 = e^{0,03x} - e^{-0,03x}$
$e^{-0,03x} = e^{0,03x}$
$-0,03x = 0,03x, \quad x = 0$
$f''(x) = 5 \cdot (0,03e^{0,03x} \cdot (0,03) - 0,03e^{-0,03x} \cdot (-0,03))$
$f''(x) = 5 \cdot (0,0009e^{0,03x} + 0,0009e^{-0,03x})$
$f''(0) = 5 \cdot (0,0009e^{0,03 \cdot 0} + 0,0009e^{-0,03 \cdot 0})$
$f''(0) = 5 \cdot (0,0009 + 0,0009) = 0,009 > 0$ (Tiefpunkt)
$T(0 \mid f(0))$ und $f(0) = 5(e^{0,03 \cdot 0} + e^{-0,03 \cdot 0}) = 10$
$\Rightarrow T(0 \mid 10)$ w.A.

2. Möglichkeit:
$f'(0) = 0, \quad 5 \cdot (0,03e^{0,03 \cdot 0} - 0,03e^{-0,03 \cdot 0}) = 0$
$\qquad\qquad\qquad 5 \cdot (0,03 - 0,03) = 0 \quad$ w.A.
$f''(0) > 0$ und $f(0) = 10$, wie oben.

Berechnen des Durchhangs:
$d = f(50) - 10$
$d = 5 \cdot (e^{0,03 \cdot 50} + e^{-0,03 \cdot 50}) - 10$
$d = 23,524 - 10 = 13,524$
Der Durchhang beträgt rund 13,5 m.
Skizze:

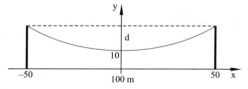

Zeigen der Aussage:
$g(x) = f(x - 100)$
$g(x) = 5(e^{0,03(x-100)} + e^{-0,03(x-100)})$
$g(x) = 5(e^{0,03x - 3} + e^{-0,03x + 3}) \quad$ w.A.
Skizze:

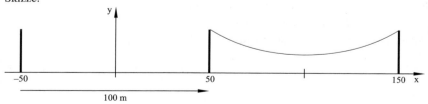

Kernfach Mathematik (Sachsen-Anhalt): Abiturprüfung 2008
Grundkursniveau – Wahlpflichtaufgabe G4.2: Analytische Geometrie

In einem kartesischen Koordinatensystem sind Kreise gegeben. Sie berühren jeweils die x-Achse; ihre Mittelpunkte liegen auf der Geraden g mit der Gleichung $y = \frac{1}{2}x - 2$.

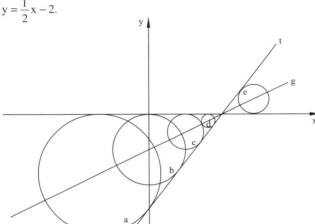

a) Von einem Kreis k_1 ist die Gleichung gegeben:
$x^2 + y^2 + 4y = 0$
Von einem Kreis k_2 ist die Mittelpunktskoordinate $x_M = 2$ gegeben.
Ermitteln Sie von den Kreisen k_1 und k_2 jeweils die Koordinaten des Mittelpunktes und die Maßzahl des Radius.
Untersuchen Sie die Lage der Kreise k_1 und k_2 zueinander.
Zwei Kreise der Abbildung stellen die Kreise k_1 und k_2 dar. Geben Sie an und begründen Sie, welche das sind. (7 BE)

b) Die x-Achse und die Gerade t sind gemeinsame Tangenten aller Kreise.
Berechnen Sie das Gradmaß des Winkels, unter dem die Tangente t die x-Achse schneidet. (3 BE)
(10 BE)

Tipps und Hinweise zum Lösen von Wahlpflichtaufgabe G4.2: Analytische Geometrie

a) *Ermitteln der Koordinaten der Mittelpunkte und der Radien*

 ✔ **Tipps:**
 - Formen Sie die Kreisgleichung k_1 mittels quadratischer Ergänzung in die Form $(x - c)^2 + (y - d)^2 = r^2$ um.
 - Die y-Koordinate von k_2 erhalten Sie durch Einsetzen von x_M in die Geradengleichung g.
 - r_2 ergibt sich als Betrag aus der gerade errechneten y-Koordinate.

Untersuchen der Lage beider Kreise

 ✔ **Tipp:** Zeichnen Sie beide Kreise in ein Koordinatensystem.

Angeben und Begründen

 ✔ **Tipps:**
 - Anhand der Mittelpunktskoordinaten von k_1 ist eine Aussage möglich.
 - Aufgrund der Lage beider Kreise und des Mittelpunktes von k_2 gelingt die Zuordnung.

b) *Berechnen des Gradmaßes des Winkels*

 ✔ **Tipps:**
 - Haben Sie erkannt, dass g Winkelhalbierende des gesuchten Winkels ist?
 - Der Anstieg von g ist durch die Geradengleichung gegeben.
 - Vergessen Sie nicht, den Winkel zu verdoppeln.

G 2008-18

Lösungen

a) **Ermitteln der Koordinaten der Mittelpunkte und der Radien:**

k_1: $\quad x^2 + y^2 + 4y = 0$
$\quad\quad x^2 + (y+2)^2 - 4 = 0 \quad$ (quadratische Ergänzung)
$\quad\quad x^2 + (y+2)^2 = 4 \quad M_1(0|-2), \; r_1 = 2$

k_2: $x_{M_2} = 2$ und $M \in y = \dfrac{1}{2}x - 2$

$\Rightarrow y = \dfrac{1}{2} \cdot 2 - 2 = 1 \quad M_2(2|-1)$

Kreis berührt x-Achse, also $r_2 = 1$

Untersuchen der Lage der Kreise:
1. Möglichkeit: zeichnerisch

Die Kreise schneiden einander.

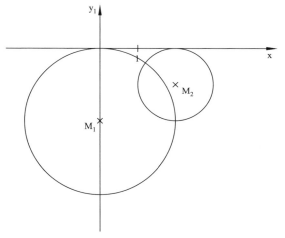

2. Möglichkeit:
$r_1 = 2, \; r_2 = 1$
$|\overrightarrow{M_1M_2}| = \left|\begin{pmatrix} 2 \\ 1 \end{pmatrix}\right| = \sqrt{5} \approx 2{,}24$ $\quad\Big\}\; r_1 + r_2 > |\overrightarrow{M_1M_2}|$ und $r_1 - r_2 < |\overrightarrow{M_1M_2}|$

$\Rightarrow k_1 \cap k_2 = \{S_1; S_2\}$

3. Möglichkeit: rechnerisch

$k_1: \quad x^2 + y^2 + 4y = 0$
$k_2: \quad (x-2)^2 + (y+1)^2 = 1$

$k_1: \quad x^2 \quad\quad + y^2 + 4y \quad = 0 \quad |\cdot(-1)$
$k_2: \quad x^2 - 4x + 4 + y^2 + 2y + 1 = 1 \quad\quad\quad\quad]+$

$\quad\quad\quad -4x + 4 \quad\quad - 2y + 1 = 1$
$\quad\quad\quad\quad\quad\quad y = -2x + 2 \quad \text{in } k_1$

$x^2 + (-2x+2)^2 + 4(-2x+2) = 0$
$x^2 + 4x^2 - 8x + 4 - 8x + 8 = 0$
$5x^2 - 16x + 12 = 0$
$x^2 - \frac{16}{5}x + \frac{12}{5} = 0$

$x_{1,2} = \frac{8}{5} \pm \sqrt{\frac{64}{25} - \frac{12}{5}}$

$x_{1,2} = \frac{8}{5} \pm \frac{2}{5}$

$x_1 = 2, \quad x_2 = \frac{6}{5}$

$\Rightarrow$ zwei Lösungen, also schneiden sich die Kreise k_1 und k_2.

Angeben und Begründen:
Die Mittelpunktskoordinate des Kreises k_1 ist $x_{M_1} = 0$, daher muss der Kreis k_1 die x-Achse im Koordinatenursprung berühren.

Der Kreis k_1 wird somit durch den Kreis b veranschaulicht.

Da die Kreise einander schneiden und $x_{M_2} > 0$, wird der Kreis k_2 durch den Kreis c veranschaulicht.

b) **Berechnen des Gradmaßes des Winkels:**
Skizze:

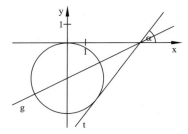

Da die Gerade g Winkelhalbierende von α ist, gilt:

$m_g = \frac{1}{2} = \tan\frac{\alpha}{2}, \quad \alpha \approx 53{,}13°$

Kernfach Mathematik (Sachsen-Anhalt): Abiturprüfung 2009
Grundkursniveau – Pflichtaufgabe G1: Analysis

Gegeben sind die Funktionen f und g_a durch

$$y = f(x) = \frac{3}{32}x^3 - \frac{9}{16}x^2 + 3, \quad x \in \mathbb{R},$$

$$y = g_a(x) = e^{ax+1}, \quad x \in \mathbb{R}, a \in \mathbb{R}.$$

a) Berechnen Sie für den Graphen der Funktion f die Koordinaten der lokalen Extrempunkte und des Wendepunktes sowie den Anstieg der Tangente im Wendepunkt.
Untersuchen Sie die Funktionen g_a auf Monotonie.
Die dargestellten Kurven sind Graphen der Funktion f bzw. einer der Funktionen g_a im Intervall [0; 4].
Geben Sie drei Eigenschaften der Funktion f an, mit denen man begründen kann, dass die Kurve K_2 Graph der Funktion f ist.
Ermitteln Sie unter Verwendung des dargestellten Graphen einer Funktion g_a den zu diesem Graphen zugehörigen Wert des Parameters a.

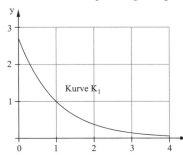
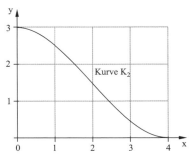

(20 BE)

b) Berechnen Sie die Maßzahl des Inhaltes derjenigen Fläche, die von der Kurve K_1, den Koordinatenachsen und der Geraden mit der Gleichung x = 4 vollständig eingeschlossen wird. (4 BE)

Ein Designer will die Kurven K_1 und K_2 als Profile von Rutschen wählen und benötigt Aussagen über deren Gefälle. Ein Maß für das Gefälle sei der entgegengesetzte Wert des Anstieges der Kurven K_1 bzw. K_2.

c) Geben Sie für jede Rutsche an, an welcher Stelle das Gefälle am größten ist und berechnen Sie jeweils das Maß dieses Gefälles.
Berechnen Sie das durchschnittliche Gefälle derjenigen Rutsche, deren Profil durch die Kurve K_2 bestimmt ist. (6 BE)

(30 BE)

Tipps und Hinweise zum Lösen von Pflichtaufgabe G1: Analysis

a) *Extrempunkte, Wendepunkt*

Hinweis:
Verwenden Sie beim Ableiten die Potenz- und Summenregel:
$f(x) = x^n \quad \Rightarrow \quad f'(x) = n \cdot x^{n-1}$
$f(x) = u(x) + v(x) \quad \Rightarrow \quad f'(x) = u'(x) + v'(x)$

Tipps:
- Hinreichende Bedingung für lokale Extrema:
  $f'(x) = 0 \,\wedge\, f''(x) \neq 0$
- Klammern Sie x aus und lesen Sie die Extremstellen ab.
- Berechnen Sie die vollständigen Koordinaten der Extrempunkte.
- Hinreichende Bedingung für Wendepunkte:
  $f''(x) = 0 \,\wedge\, f'''(x) \neq 0$

Anstieg der Tangente im Wendepunkt

Tipp: Der Anstieg ergibt sich aus $m = f'(x_W)$.

Monotonie von g_a

Hinweis:
Monotoniekriterium
Der Funktionswert der Funktion g' an der Stelle x gibt den Anstieg der Funktion g an eben-dieser Stelle x an. Nimmt g' also in einem Intervall nur negative (positive) Funktionswerte an, so ist der Graph von g in diesem Intervall streng monoton fallend (steigend).

Tipps:
- Beachten Sie, dass eine Funktionenschar g_a vorliegt.
- Nehmen Sie eine Fallunterscheidung vor:
  $a > 0, \ a < 0, \ a = 0$
- Haben Sie erkannt, dass $e^{ax+1} > 0$ für $x, a \in \mathbb{R}$ ist?

Angeben von Eigenschaften

Tipps:
- Denken Sie an die Koordinaten der Schnittpunkte mit den Koordinatenachsen.
- Sie haben Extrem- und Wendestellen berechnet.

Ermitteln des Wertes des Parameters

Tipps:
- Suchen Sie einen gut ablesbaren Punkt aus der Zeichnung heraus.
- Setzen Sie die Koordinaten des Punktes in die gegebene Gleichung ein.

b) *Berechnen der Maßzahl des Inhalts der Fläche*

Hinweis:
Der Inhalt der Fläche unter dem Graphen einer Funktion g lässt sich berechnen nach

$$A = \left| \int_a^b g(x)\, dx \right|.$$

G 2009-2

c) *Gefälle der Rutschen*

   ✎ **Tipps:**
- Haben Sie für die Kurve K_1 das maximale Gefälle an der Stelle $x = 0$ erkannt?
- Für die Kurve K_2 liegt das maximale Gefälle an der Wendestelle.
- Berechnen Sie jeweils das Maß der Gefälle.
- Denken Sie daran, wie der Begriff Gefälle definiert ist.

Lösungen

$$y = f(x) = \frac{3}{32}x^3 - \frac{9}{16}x^2 + 3, \ x \in \mathbb{R}$$

$$f'(x) = \frac{9}{32}x^2 - \frac{9}{8}x$$

$$f''(x) = \frac{9}{16}x - \frac{9}{8}$$

$$f'''(x) = \frac{9}{16}$$

$$y = g_a(x) = e^{ax+1}, \ x \in \mathbb{R}, \ a \in \mathbb{R}$$

$$g_a'(x) = ae^{ax+1}$$

a) **Extrempunkte:**

$$f'(x) = 0, \quad \frac{9}{32}x^2 - \frac{9}{8}x = 0, \quad x\left(\frac{9}{32}x - \frac{9}{8}\right) = 0, \quad x_1 = 0, \quad x_2 = 4$$

$$f''(0) = -\frac{9}{8} < 0 \quad \Rightarrow \quad H(0 \,|\, 3)$$

$$f''(4) = \frac{9}{16} \cdot 4 - \frac{9}{8} = \frac{9}{8} > 0 \quad \Rightarrow \quad T(4 \,|\, 0)$$

Wendepunkt:

$$f''(x) = 0, \quad \frac{9}{16}x - \frac{9}{8} = 0, \quad x = 2$$

$$f'''(2) = \frac{9}{16} \neq 0 \quad \Rightarrow \quad W\left(2 \,\Big|\, \frac{3}{2}\right)$$

Anstieg der Tangente im Wendepunkt:

$$m = f'(2) = \frac{9}{32} \cdot 2^2 - \frac{9}{8} \cdot 2 = -\frac{9}{8}$$

Monotonie von g_a:

$m = g_a'(x) = ae^{ax+1}$

(1) für $a = 0$ konstante Funktion, da $m = 0$

(2) für $a > 0$ streng monoton steigend, da $e^{ax+1} > 0$ für $a, x \in \mathbb{R}$ $\Rightarrow$ $m > 0$

(3) für $a < 0$ streng monoton fallend, da $e^{ax+1} > 0$ für $a, x \in \mathbb{R}$ $\Rightarrow$ $m < 0$

G 2009-3

Angeben von Eigenschaften, z. B.:
– es existiert eine Wendestelle bei $x_W = 2$
– der Punkt $S_y(0\,|\,3)$ gehört zum Graphen von f
– der Punkt $S_x(4\,|\,0)$ gehört zum Graphen von f
$\Rightarrow$ Der Graph der Funktion f ist die Kurve K_2.

Ermitteln des Wertes des Parameters, z. B.:
Der Punkt $P(1\,|\,1)$ wird aus der Kurve K_1 abgelesen und in $g_a(x)$ eingesetzt, also
$1 = e^{a \cdot 1 + 1}, \quad \ln 1 = \ln e^{a+1}, \quad 0 = a + 1, \quad a = -1.$

b) **Berechnen der Maßzahl des Inhalts der Fläche:**

$$A = \int\limits_0^4 e^{-x+1}\, dx = \left[-e^{-x+1} \right]_0^4 = -e^{-4+1} - (-e^{-0+1})$$

$$A = -e^{-3} + e \approx 2,67$$

c) **Gefälle der Rutschen:**
K_1: maximales Gefälle an der Stelle $x = 0$, also
$$-g'_{-1}(0) = -(-e^{-1 \cdot 0 + 1}) = e \approx 2,7$$

K_2: maximales Gefälle an der Stelle $x = 2$, also
$$-f'(2) = -\left(\frac{9}{32} \cdot 2^2 - \frac{9}{8} \cdot 2 \right) = \frac{9}{8} \approx 1,1$$

Durchschnittliches Gefälle für Kurve K_2:

$$-\frac{\Delta y}{\Delta x} = \frac{3}{4} \text{ mit } S_y(0\,|\,3) \text{ und } S_x(4\,|\,0).$$

Kernfach Mathematik (Sachsen-Anhalt): Abiturprüfung 2009
Grundkursniveau – Pflichtaufgabe G2: Analytische Geometrie

In einem kartesischen Koordinatensystem ist ein Rechteck ABCD durch die Eckpunkte $A(0\,|\,0\,|\,0)$, $B(2\,|\,4\,|\,4)$, $C(-2\,|\,8\,|\,2)$ und $D(-4\,|\,4\,|-2)$ gegeben.

a) Berechnen Sie das Gradmaß des Schnittwinkels der Diagonalen des Rechtecks ABCD und schlussfolgern Sie auf die spezielle Form des Rechtecks.
   Eine Gerade h verlaufe durch den Schnittpunkt der Diagonalen des Rechtecks ABCD und stehe senkrecht auf der Ebene, in der das Rechteck ABCD liegt.
   Ermitteln Sie eine Gleichung dieser Geraden h. (7 BE)

b) Eine Ebene E enthalte den Punkt $P(-9\,|\,0\,|\,9)$. Jeder Punkt der Ebene E sei Spitze je einer Pyramide mit der Grundfläche ABCD. Diese Pyramiden sollen jeweils das gleiche Volumen haben.
   Ermitteln Sie eine Koordinatengleichung der Ebene E.
   Zeigen Sie, dass der Punkt P auf der Geraden h liegt und berechnen Sie die Maßzahl des Volumens der Pyramide ABCDP. (8 BE)
   (15 BE)

G 2009-5

Tipps und Hinweise zum Lösen von Pflichtaufgabe G2: Analytische Geometrie

a) *Berechnen des Gradmaßes des Schnittwinkels*

Hinweis:

Die Formel zur Berechnung des Gradmaßes eines Winkels zwischen zwei Geraden lautet:

$$\cos\alpha = \frac{\vec{u} \circ \vec{v}}{|\vec{u}| \cdot |\vec{v}|}$$

Dabei bezeichnen $\vec{u}$ und $\vec{v}$ die Richtungsvektoren der beiden Geraden.

Tipp: Was bedeutet, die Diagonalen stehen senkrecht aufeinander?

Ermitteln einer Gleichung der Geraden h

Tipps:
- Berechnen Sie die Koordinaten des Schnittpunkts S der Diagonalen.
- Sehen Sie den Zusammenhang zwischen dem Richtungsvektor der Geraden h und dem Normalenvektor der Ebene ε: $\vec{v}_h = k \cdot \vec{n}_\varepsilon$, da $h \perp \varepsilon$.

b) *Ermitteln einer Koordinatengleichung der Ebene E*

Tipps:
- Fertigen Sie sich eine Skizze an.
- Haben Sie erkannt, dass beide Ebenen parallel zueinander verlaufen?
- Dies bedeutet, die Ebene E enthält den Punkt P und besitzt den Normalenvektor $\vec{n}_\varepsilon$.

Zeigen, dass der Punkt P auf h liegt

Tipp: Führen Sie eine Punktprobe durch.

Berechnen der Maßzahl des Volumens

Hinweis:

Das Volumen einer Pyramide mit quadratischer Grundfläche lässt sich berechnen mit der Formel $V = \frac{1}{3}a^2 \cdot h$.

Tipp: Es ist eine gerade Pyramide; die Höhe ist der Abstand der Punkte S und P.

Lösungen

a) **Berechnen des Gradmaßes des Schnittwinkels:**

$$\cos\alpha = \frac{\overrightarrow{AC}\circ\overrightarrow{DB}}{|\overrightarrow{AC}|\cdot|\overrightarrow{DB}|}$$

$$\cos\alpha = \frac{\begin{pmatrix}-2\\8\\2\end{pmatrix}\circ\begin{pmatrix}6\\0\\6\end{pmatrix}}{\left|\begin{pmatrix}-2\\8\\2\end{pmatrix}\right|\cdot\left|\begin{pmatrix}6\\0\\6\end{pmatrix}\right|} = 0$$

$\alpha = 90°$

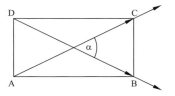

Stehen die Diagonalen im Rechteck senkrecht aufeinander, so ist dieses Rechteck ein Quadrat.

Ermitteln einer Gleichung der Geraden h:

(1) Ein Punkt der Geraden ist der Schnittpunkt S der Diagonalen, also

$$\overrightarrow{OS} = \overrightarrow{OA} + \frac{1}{2}\overrightarrow{AC}$$

$$\overrightarrow{OS} = \begin{pmatrix}0\\0\\0\end{pmatrix} + \frac{1}{2}\begin{pmatrix}-2\\8\\2\end{pmatrix}, \quad S(-1|4|1)$$

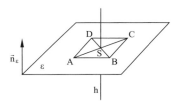

(2) Der Richtungsvektor der Geraden ist der Normalenvektor der Ebene ε, also

$\varepsilon: \vec{x} = \overrightarrow{OA} + r\overrightarrow{AB} + s\overrightarrow{AD}$

$$\vec{x} = \begin{pmatrix}0\\0\\0\end{pmatrix} + r\begin{pmatrix}2\\4\\4\end{pmatrix} + s\begin{pmatrix}-4\\4\\-2\end{pmatrix}$$

1. Möglichkeit:

$$\vec{n}_\varepsilon = \begin{pmatrix}2\\4\\4\end{pmatrix}\times\begin{pmatrix}-4\\4\\-2\end{pmatrix} = \begin{pmatrix}-8-16\\-16+4\\8+16\end{pmatrix} = \begin{pmatrix}-24\\-12\\24\end{pmatrix} = -12\begin{pmatrix}2\\1\\-2\end{pmatrix}$$

2. Möglichkeit:

Der Normalenvektor $\vec{n}_\varepsilon$ steht senkrecht auf den Spannvektoren der Ebene, also

$\vec{n}_\varepsilon \perp \begin{pmatrix}2\\4\\4\end{pmatrix}$ und $\vec{n}_\varepsilon \perp \begin{pmatrix}-4\\4\\-2\end{pmatrix}$, damit gilt $\vec{n}_\varepsilon \circ \begin{pmatrix}2\\4\\4\end{pmatrix} = 0$ und $\vec{n}_\varepsilon \circ \begin{pmatrix}-4\\4\\-2\end{pmatrix} = 0$

$\begin{array}{r} 2n_1 + 4n_2 + 4n_3 = 0 \quad |\cdot 2 \\ -4n_1 + 4n_2 - 2n_3 = 0 \\ \hline 12n_2 + 6n_3 = 0, \quad n_3 = -2, \; n_2 = 1 \end{array}$

und $2n_1 + 4\cdot 1 + 4\cdot(-2) = 0$

$n_1 = 2$, also $\vec{n}_\varepsilon = \begin{pmatrix}2\\1\\-2\end{pmatrix}$

Aus (1) und (2) folgt:

h: $\vec{x} = \begin{pmatrix}-1\\4\\1\end{pmatrix} + t\begin{pmatrix}2\\1\\-2\end{pmatrix}, \quad t\in\mathbb{R}$

b) **Ermitteln einer Koordinatengleichung der Ebene E:**
Da die Pyramiden alle das gleiche Volumen haben sollen, müssen die Ebenen ε und E parallel verlaufen, also
$\vec{n}_E = k \cdot \vec{n}_\varepsilon$, $k \in \mathbb{R}$.

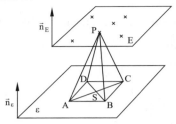

$E(P, \vec{n}_\varepsilon)$:
$2x + y - 2z = d$, mit $P(-9|0|9)$ ergibt sich
$2 \cdot (-9) + 0 - 2 \cdot 9 = d$, $d = -36$
E: $2x + y - 2z = -36$

Zeigen, dass der Punkt P auf h liegt:
Punktprobe, P in h einsetzen, also
$$\begin{pmatrix} -9 \\ 0 \\ 9 \end{pmatrix} = \begin{pmatrix} -1 \\ 4 \\ 1 \end{pmatrix} + t \begin{pmatrix} 2 \\ 1 \\ -2 \end{pmatrix}$$

$-9 = -1 + 2t \quad t = -4$
$0 = 4 + t \quad t = -4$
$9 = 1 - 2t \quad t = -4$ \quad w. A., $P \in h$.

Berechnen der Maßzahl des Volumens, z. B.:
Da der Punkt $P \in h$ und $h \perp \varepsilon$ durch S ist die Pyramide ABCDP gerade.
$V = \frac{1}{3} A_G \cdot h$ mit $A_G = a^2$ und $h = |\overrightarrow{SP}|$

$$a = |\overrightarrow{AB}| = \left| \begin{pmatrix} 2 \\ 4 \\ 4 \end{pmatrix} \right| = 6$$

$$h = |\overrightarrow{SP}| = \left| \begin{pmatrix} -8 \\ -4 \\ 8 \end{pmatrix} \right| = 12$$

$V = \frac{1}{3} \cdot 6^2 \cdot 12$
$V = 144$

Andere Möglichkeit – Spatprodukt:
$V = \frac{1}{3} (\overrightarrow{AB} \times \overrightarrow{AD}) \circ \overrightarrow{AP}$

$$V = \frac{1}{3} \left[\begin{pmatrix} 2 \\ 4 \\ 4 \end{pmatrix} \times \begin{pmatrix} -4 \\ 4 \\ -2 \end{pmatrix} \right] \circ \begin{pmatrix} -9 \\ 0 \\ 9 \end{pmatrix}$$

$$V = \frac{1}{3} \begin{pmatrix} -24 \\ -12 \\ 24 \end{pmatrix} \circ \begin{pmatrix} -9 \\ 0 \\ 9 \end{pmatrix} = 144$$

Kernfach Mathematik (Sachsen-Anhalt): Abiturprüfung 2009
Grundkursniveau – Pflichtaufgabe G3: Stochastik

Zur Herstellung von Getränkeflaschen wird ein Kunststoffgemisch PET aus farblosen und farbigen Chips verwendet, das nach Einschmelzen einen einheitlichen Farbton ergibt.
Für Flaschen eines bestimmten Getränkes wird eine Mischung aus farblosen und farbigen Chips im Verhältnis 5:1 verwendet.
In Stichproben mit einem Umfang von n Chips beschreibe die Zufallsgröße X_n die Anzahl der farbigen Chips.

a) Begründen Sie, dass die Zufallsgröße X_n als binomialverteilt mit den Parametern n und $p = \frac{1}{6}$ (kurz: $X_n \sim B_{n;\frac{1}{6}}$) angenommen werden kann.
Berechnen Sie die Wahrscheinlichkeit dafür, dass sich in einer Stichprobe von 200 Chips mindestens 35 farbige Chips befinden. (5 BE)

b) An einer Stichprobe von 50 Chips soll geprüft werden, ob sich weniger farbige Chips, als oben angegeben, in der Mischung befinden.
Ermitteln Sie den größtmöglichen Ablehnungsbereich für die Nullhypothese $H_0: p \geq \frac{1}{6}$ bei einem Signifikanztest mit dem Signifikanzniveau $\alpha = 0{,}05$. (4 BE)

c) Von einer binomialverteilten Zufallsgröße $Y_{30} \sim B_{30;\,0{,}2}$, die die Anzahl der farbigen Chips in einer Stichprobe vom Umfang $n = 30$ eines anderen Mischungsverhältnisses angibt, ist die Wahrscheinlichkeitsverteilung in einem Histogramm gegeben.
Geben Sie das neue Mischungsverhältnis an und berechnen Sie den Erwartungswert der Zufallsgröße Y_{30}.
Ermitteln Sie anhand des Histogramms die Wahrscheinlichkeit $P(|Y_{30} - 6| \leq 2)$.
Nennen Sie zwei Merkmale, in denen sich die Histogramme der Wahrscheinlichkeitsverteilungen für die Zufallsgrößen X_{30} und Y_{30} voneinander unterscheiden.

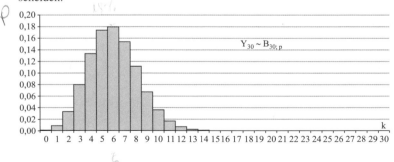

(6 BE)
(15 BE)

Tipps und Hinweise zum Lösen von Pflichtaufgabe G3: Stochastik

a) *Begründen der Binomialverteilung der Zufallsgröße X_n mit den Parametern n und $p = \frac{1}{6}$ (Vorliegen einer BERNOULLI-Kette der Länge n)*

Hinweis:
Die zu einer BERNOULLI-Kette der Länge n mit der Erfolgswahrscheinlichkeit p gehörende Verteilung heißt Binomialverteilung mit den Parametern n und p. Die zugehörige Zufallsgröße wird als binomialverteilt bezeichnet.

Tipps:
- Überlegen Sie, unter welchen Bedingungen ein BERNOULLI-Experiment vorliegt (mögliche Versuchsausgänge, zugehörige Wahrscheinlichkeiten, Besonderheiten, ...).
- Mit welchen Parameterwerten ist die Zufallsgröße binomialverteilt?
- Haben Sie erkannt, warum $p = \frac{1}{6}$ gilt? Beachten Sie das Mischungsverhältnis $5:1$.

Berechnen der gesuchten Wahrscheinlichkeit

Hinweis:
Prüfen Sie zunächst, ob die Nutzung von Tabellen zur Binomialverteilung möglich ist.

Tipps:
- Ermitteln Sie, mit welchen Parameterwerten für n und p die Zufallsgröße X_n verteilt ist.
- Nutzen Sie bei der Berechnung eine entsprechende Tabelle der kumulierten (aufsummierten) Binomialverteilung.
- Möglicher Lösungsansatz: $P(X_{200} \geq 35) = 1 - P(X_{200} \leq 34)$

b) *Ermitteln des größtmöglichen Ablehnungsbereiches*

Hinweis:
An der Nullhypothese wird festgestellt, welche Werte der Zufallsgröße (ZG) gegen die Nullhypothese sprechen. Daraus folgt, ob der Ablehnungsbereich linksseitig (kleine Werte der ZG), rechtsseitig (große Werte der ZG) oder zweiseitig (sowohl große als auch kleine Werte der ZG) ist.

Tipps:
- Legen Sie die Zufallsgröße X_n fest.
  Die Zufallsgröße X_n ist $B_{50;\frac{1}{6}}$-verteilt (bei wahrer Nullhypothese).
- Haben Sie erkannt, dass gegen die Nullhypothese kleine Werte der Zufallsgröße X_n sprechen? Der Ablehnungsbereich $\overline{A}$ ist linksseitig: $\overline{A} = \{0; 1; \ldots; k\}$
- Ermitteln Sie den kritischen Wert k des linksseitigen Ablehnungsbereiches $\overline{A}$.
- Möglicher Lösungsansatz: $P(X_{50} \leq k) = B_{50;\frac{1}{6}}(\{0; 1; \ldots; k\}) \leq 0,05$

c) *Angeben des neuen Mischungsverhältnisses und Berechnen des Erwartungswertes*

Hinweis:
Für den Erwartungswert einer $B_{n;p}$-verteilten Zufallsgröße Y gilt: $\mu = E(Y) = n \cdot p$

Tipps:
- Mit welchen Parameterwerten n und p ist die Zufallsgröße Y_{30} binomialverteilt?
- Haben Sie erkannt, dass auf das neue Mischungsverhältnis aus dem Parameterwert p geschlossen werden kann?
  Erinnern Sie sich an Teilaufgabe a: Aus dem Mischungsverhältnis $5:1$ folgte $p = \frac{1}{6}$ (wegen $5 + 1 = 6$). Hier bedeutet $\frac{1}{6}$, dass 1 Chip von 6 Chips farbig ist, also sind 5 von 6 Chips farblos.
- Berechnen Sie den Erwartungswert mithilfe der Formel aus dem obigen Hinweis.

G 2009-10

Ermitteln der gesuchten Wahrscheinlichkeit

Hinweis:
Jede Betragsungleichung der Form $|Y - \mu| \leq k$ lässt sich als Ungleichungskette $\mu - k \leq Y \leq \mu + k$ schreiben.

Tipps:
- Haben Sie erkannt, dass $P(|Y_{30} - 6| \leq 2)$ in der Form $P(4 \leq Y_{30} \leq 8)$ geschrieben werden kann?
- Warum gilt $P(4 \leq Y_{30} \leq 8) = P(Y_{30} \leq 8) - P(Y_{30} \leq 3)$?
- Lesen Sie aus dem gegebenen Histogramm zunächst Näherungswerte für die benötigten Wahrscheinlichkeiten $P(Y_{30} = k)$ ab.
- Berechnen Sie die gesuchte Wahrscheinlichkeit aus der Summe $P(Y_{30} = 4) + P(Y_{30} = 5) + P(Y_{30} = 6) + P(Y_{30} = 7) + P(Y_{30} = 8)$.

Nennen von zwei unterscheidenden Merkmalen der Histogramme

Tipps:
- Haben Sie bemerkt, dass sich die Verteilung der beiden Zufallsgrößen X_{30} und Y_{30} für $n = 30$ und $p = \frac{1}{6}$ bzw. $p = 0,2 = \frac{1}{5}$ nur in Abhängigkeit von p unterscheidet?
- Beachten Sie die Erwartungswerte der beiden Zufallsgrößen und überlegen Sie, welche Besonderheiten die jeweils zugehörige Säule im Histogramm aufweist.
- Überlegen Sie, wie sich die Symmetrieverhältnisse eines Histogramms in Abhängigkeit von p (bei festem n) ändern.

Lösungen

a) **Begründen der Binomialverteilung der Zufallsgröße X_n mit den Parametern n und $p = \frac{1}{6}$ (Vorliegen einer BERNOULLI-Kette der Länge n):**
- Die Zufallsgröße X_n beschreibt in einer Stichprobe mit dem Umfang n Chips die Anzahl der farbigen Chips und somit die „Anzahl der Treffer" in einer BERNOULLI-Kette der Länge n.
- Für jeden der n Chips wird in genau zwei Ereignisse unterschieden, nämlich das Ereignis „Chip farblos" und das zugehörige Gegenereignis „Chip farbig".
- Die Wahrscheinlichkeit für das Ereignis bzw. Gegenereignis bleibt (aufgrund der voneinander unabhängigen n Entscheidungen/Stufen des Zufallsversuchs) für jeden entnommenen Chip unverändert.
- Der Stichprobenumfang bestimmt den Wert des Parameters n. Der Wert des Parameters p folgt mit $p = \frac{1}{5+1}$ aus dem gegebenen Mischungsverhältnis; also $X_n \sim B_{n;\frac{1}{6}}$.

Berechnen der gesuchten Wahrscheinlichkeit:
Die Zufallsgröße X_{200} ist binomialverteilt mit $n = 200$ und $p = \frac{1}{6}$; $X_{200} \sim B_{200;\frac{1}{6}}$.

$$P(X_{200} \geq 35) = 1 - P(X_{200} \leq 34)$$
$$= 1 - B_{200;\frac{1}{6}}(\{0; 1; \ldots; 34\}) = 1 - 0,59535 = 0,40465$$
$$\text{(Tabellenwert)}$$

$$\mathbf{P(X_{200} \geq 35) = 0,40465 \approx 40,5\,\%}$$

b) **Ermitteln des größtmöglichen Ablehnungsbereiches:**
Die Zufallsgröße X_{50} beschreibt die Anzahl der farbigen Chips in der Stichprobe. Sie ist binomialverteilt mit $n = 50$ und $p = \frac{1}{6}$; $X_{50} \sim B_{50;\frac{1}{6}}$ (bei wahrer Nullhypothese).

(1) Nullhypothese H_0: $p \geq \frac{1}{6}$ [Gegenhypothese H_1: $p < \frac{1}{6}$]

(2) Stichprobenumfang n: $n = 50$;   Signifikanzniveau α: $\alpha = 0,05$
Da kleine Werte der Zufallsgröße X_{50} gegen die Nullhypothese sprechen, ist der Signifikanztest linksseitig mit dem größtmöglichen Ablehnungsbereich $\overline{A}$:
$\overline{A} = \{0; 1; \ldots; k\}$

(3) Ermitteln des kritischen Wertes k und Angeben des Ablehnungsbereiches $\overline{A}$:
Die Ungleichung $P(X_{50} \leq k) = B_{50;\frac{1}{6}}(\{0; 1; \ldots; k\}) \leq 0,05$ ist letztmalig für den Wert $k = 3$ erfüllt [Tabellenwert: $B_{50;\frac{1}{6}}(\{0; 1; 2; 3\}) = 0,02382$].
Für den größtmöglichen Ablehnungsbereich $\overline{A}$ folgt somit $\overline{A} = \{0; 1; 2; 3\}$.

c) **Angeben des neuen Mischungsverhältnisses und Berechnen des Erwartungswertes:**
Die Zufallsgröße Y_{30} ist binomialverteilt mit $n = 30$ und $p = 0,2 = \frac{1}{5}$.
Wegen $p = \frac{1}{5} = \frac{1}{4+1}$ folgt für **das neue Mischungsverhältnis 4 : 1** (4 von 5 Chips sind farblos, 1 Chip ist farbig).
Aus $\mu = E(Y_{30}) = n \cdot p$ erhält man mit $p = 0,2$ und $n = 30$ den **Erwartungswert $\mu = 6$**.

Ermitteln der gesuchten Wahrscheinlichkeit:
Die Betragsungleichung $|Y_{30} - 6| \leq 2$ steht für $6 - 2 \leq Y_{30} \leq 6 + 2$, also $4 \leq Y_{30} \leq 8$.
Gesucht ist somit die Wahrscheinlichkeit
$P(4 \leq Y_{30} \leq 8) = P(Y_{30} = 4) + P(Y_{30} = 5) + P(Y_{30} = 6) + P(Y_{30} = 7) + P(Y_{30} = 8)$.
Aus dem gegebenen Histogramm liest man Näherungswerte für die einzelnen Wahrscheinlichkeiten ab:
$P(Y_{30} = 4) \approx 0,13$; $P(Y_{30} = 5) \approx 0,17$; $P(Y_{30} = 6) \approx 0,18$; $P(Y_{30} = 7) \approx 0,15$; $P(Y_{30} = 8) \approx 0,11$
$P(|Y_{30} - 6| \leq 2) = P(4 \leq Y_{30} \leq 8) \approx 0,13 + 0,17 + 0,18 + 0,15 + 0,11 = 0,74$
$P(|Y_{30} - 6| \leq 2) \approx 0,74$

Nennen von zwei unterscheidenden Merkmalen der Histogramme:

Histogramm für die Wahrscheinlichkeitsverteilung der Zufallsgröße Y_{30} $Y_{30} \sim B_{30;p}$, wobei $p = 0,2 = \frac{1}{5}$	Histogramm für die Wahrscheinlichkeitsverteilung der Zufallsgröße X_{30} $X_{30} \sim B_{30;\frac{1}{6}}$
Erwartungswert: $E(Y_{30}) = 6$ Maximum von Y_{30} (Histogramm-Säule mit der größten Wahrscheinlichkeit) bei $k = 6$	Erwartungswert: $E(X_{30}) = 5$ Maximum von X_{30} (Histogramm-Säule mit der größten Wahrscheinlichkeit) bei $k = 5$
Histogramm unsymmetrisch (da $p = \frac{1}{5} \neq \frac{1}{2}$)	Histogramm „stärker unsymmetrisch" (da $p = \frac{1}{6}$ stärker von $\frac{1}{2}$ abweicht als $p = \frac{1}{5}$)

Kernfach Mathematik (Sachsen-Anhalt): Abiturprüfung 2009	
Grundkursniveau – Wahlpflichtaufgabe G4.1: Analysis	

Gegeben sind die Funktionen f_a und h_a durch

$$y = f_a(x) = \ln ax, \qquad x \in \mathbb{R},\ x > 0 \text{ und } a \in \mathbb{R},\ a \geq 1,$$

$$y = h_a(x) = f_a(x) - f_1(x), \qquad x \in \mathbb{R},\ x > 0 \text{ und } a \in \mathbb{R},\ a > 1.$$

Berechnen Sie die Nullstellen der Funktionen f_a und zeichnen Sie die Graphen der Funktionen f_1 und $f_{1,5}$ im Intervall $0 < x \leq 8$ in ein und dasselbe Koordinatensystem.

Zeigen Sie, dass die Funktion $H_{1,5}$ mit $y = H_{1,5}(x) = x \ln 1,5$, $x \in \mathbb{R}$, $x > 0$, eine Stammfunktion der Funktion $h_{1,5}$ ist.

Die Graphen der Funktionen f_1 und $f_{1,5}$ sowie die Gerade mit der Gleichung $x = 1$ und die Gerade mit der Gleichung $x = 5$ schließen eine Fläche vollständig ein. Berechnen Sie die Maßzahl des Inhalts dieser Fläche.

(10 BE)
(10 BE)

Tipps und Hinweise zum Lösen von Wahlpflichtaufgabe G4.1: Analysis

Nullstellen von f_a

Hinweis:
Die Nullstelle einer Funktion ist die Abszisse des Schnittpunktes des Graphen der Funktion mit der x-Achse.

✦ **Tipp:** Nutzen Sie die Umkehrfunktion.

Zeichnen der Graphen

✦ **Tipp:** Erstellen Sie Wertetabellen, berechnen Sie auch die Funktionswerte an der Intervallgrenze $x = 8$ und in der Nähe von $x = 0$ mit $x > 0$.

Nachweisen der Stammfunktion durch Ableiten

✦ **Tipps:**
- Leiten Sie die Funktion $H_{1,5}(x)$ ab.
- Haben Sie erkannt, dass $\ln 1,5$ ein konstanter Faktor ist?
- Vergessen Sie nicht, $h_{1,5}(x)$ auszurechnen. Haben Sie das Logarithmengesetz erkannt?
  $\ln(a \cdot b) = \ln a + \ln b$

Berechnen der Maßzahl des Inhalts der Fläche

Hinweis:
Die Maßzahl des Inhalts der Fläche, die von zwei Graphen von Funktionen eingeschlossen wird, lässt sich berechnen nach $A = \left| \int_a^b (f(x) - g(x))\,dx \right|$.

✦ **Tipps:**
- Es ist alles gegeben: die Integrationsgrenzen und die Stammfunktion.
- Wenden Sie den Hauptsatz der Differenzial- und Integralrechnung an.

G 2009-13

Lösungen

$y = f_a(x) = \ln(ax)$, $\quad x \in \mathbb{R}, x > 0$ und $a \in \mathbb{R}, a \geq 1$
$y = h_a(x) = f_a(x) - f_1(x)$, $\quad x \in \mathbb{R}, x > 0$ und $a \in \mathbb{R}, a > 1$

Nullstellen von f_a:
$f_a(x) = 0$, $\ln(ax) = 0$, $e^{\ln(ax)} = e^0$, $ax = 1$, $x = \dfrac{1}{a}$

Zeichnen der Graphen:
Wertetabelle für $f_1(x)$ und $f_{1,5}(x)$ im Intervall $0 < x \leq 8$:

x	0,5	1	1,5	2	3	4	5	6	7	8
$f_1(x)$	−0,7	0	0,4	0,7	1,1	1,4	1,6	1,8	1,9	2,1
$f_{1,5}(x)$	−0,3	0,4	0,8	1,1	1,5	1,8	2,0	2,2	2,4	2,5

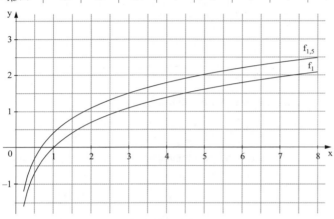

Nachweisen der Stammfunktion durch Ableiten:
$H'_{1,5}(x) = \ln 1{,}5 = h_{1,5}(x)$, denn
$h_{1,5}(x) = f_{1,5}(x) - f_1(x) = \ln(1{,}5x) - \ln x = \ln 1{,}5 + \ln x - \ln x$
$\phantom{h_{1,5}(x)} = \ln 1{,}5$

Berechnen der Maßzahl des Inhalts der Fläche:
$$A = \int_1^5 (f_{1,5}(x) - f_1(x))\,dx = \int_1^5 \ln 1{,}5\,dx$$
$A = [x \cdot \ln 1{,}5]_1^5 = 5\ln 1{,}5 - \ln 1{,}5 = 4\ln 1{,}5 \approx 1{,}62$

Kernfach Mathematik (Sachsen-Anhalt): Abiturprüfung 2009
Grundkursniveau – Wahlpflichtaufgabe G4.2: Analytische Geometrie

Der Verlauf von zwei Transportbändern im ebenen Gelände wird in einem kartesischen Koordinatensystem durch die Strecken s_1 und s_2 beschrieben.

s_1: $\vec{x} = \begin{pmatrix} -15 \\ -20 \end{pmatrix} + u \begin{pmatrix} 3 \\ 4 \end{pmatrix}$, $u \in \mathbb{R}, 0 \leq u \leq 5$,

s_2: $\vec{x} = \begin{pmatrix} 20 \\ 4 \end{pmatrix} + v \begin{pmatrix} -1 \\ 0 \end{pmatrix}$, $v \in \mathbb{R}, 0 \leq v \leq 12$.

a) Jeder der Punkte $A(8|4)$ und $B(0|0)$ liegt auf genau einer der Strecken s_1 und s_2.
   Ermitteln Sie, welcher Punkt auf welcher Strecke liegt.
   Weisen Sie rechnerisch nach, dass die Strecken s_1 und s_2 einander nicht schneiden. (5 BE)

b) Vom Punkt A zum Punkt B verläuft ein Transportband kreisförmig, sodass die Geraden, auf denen die Strecken s_1 und s_2 liegen, Tangenten des entsprechenden Kreises sind (siehe Abbildung).
   Berechnen Sie die Koordinaten des Mittelpunktes und den Radius dieses Kreises.

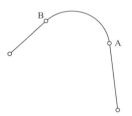

(5 BE)
(10 BE)

Tipps und Hinweise zum Lösen von Wahlpflichtaufgabe G4.2: Analytische Geometrie

a) *Ermitteln der Lage der Punkte*
   ✎ **Tipp:** Führen Sie eine Punktprobe durch.

   Nachweisen, dass sich die Strecken nicht schneiden
   ✎ **Tipps:**
   - Stellen Sie ein Gleichungssystem auf und lösen Sie es.
   - Beachten Sie die gegebenen Einschränkungen der Parameter u und v.

b) *Berechnen der Koordinaten des Mittelpunktes und der Maßzahl des Radius*
   ✎ **Tipps:**
   - Fertigen Sie eine Skizze an bzw. vervollständigen Sie die gegebene Abbildung.
   - Stellen Sie jeweils eine senkrechte Gerade zu s_1 durch B und zu s_2 durch A auf.
   - Der Schnittpunkt dieser beiden senkrechten Geraden ist der Mittelpunkt des Kreises.

Lösungen

a) Ermitteln der Lage der Punkte – Punktprobe:
$A \in s_2$, A in s_2 einsetzen:
$$\binom{8}{4} = \binom{20}{4} + v\binom{-1}{0} \qquad 8 = 20 - v, \quad v = 12$$
$$4 = 4 \quad \text{w. A.}$$

$B \in s_1$, B in s_1 einsetzen:
$$\binom{0}{0} = \binom{-15}{-20} + u\binom{3}{4} \qquad 0 = -15 + 3u, \quad u = 5$$
$$0 = -20 + 4u, \quad u = 5 \quad \text{w. A.}$$

$\Rightarrow$ Der Punkt A liegt auf s_2 und der Punkt B liegt auf s_1.

Nachweisen, dass sich die Strecken nicht schneiden:
$s_1 \cap s_2 = \emptyset$, gleichsetzen:
$$\binom{-15}{-20} + u\binom{3}{4} = \binom{20}{4} + v\binom{-1}{0}$$
$$-15 + 3u = 20 - v$$
$$\underline{-20 + 4u = 4}$$
$$u = 6, \quad v = 17, \quad \text{aber}$$
$0 \le u \le 5$ für $u = 6$ falsche Aussage bzw.
$0 \le v \le 12$ für $v = 17$ falsche Aussage, also die Strecken schneiden sich nicht.

b) Berechnen der Koordinaten des Mittelpunktes und der Maßzahl des Radius:
(1) senkrechte Gerade zu s_1 durch B:
$$\binom{3}{4} \circ \vec{k} = 0, \quad \vec{k} = \binom{-4}{3}$$
$$\vec{x} = \binom{0}{0} + r\binom{-4}{3}, \quad r \in \mathbb{R}$$

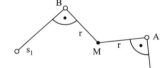

(2) senkrechte Gerade zu s_2 durch A:
$$\binom{-1}{0} \circ \vec{\ell} = 0, \quad \vec{\ell} = \binom{0}{1}$$
$$\vec{x} = \binom{8}{4} + s\binom{0}{1}, \quad s \in \mathbb{R}$$

Die Koordinaten des Mittelpunktes erhält man durch Gleichsetzen:
$$\binom{0}{0} + r\binom{-4}{3} = \binom{8}{4} + s\binom{0}{1}$$
$$-4r = 8$$
$$\underline{3r = 4 + s}$$
$$r = -2, \quad s = -10, \quad \text{also}$$
$M(8|-6)$ und
$r = |\overrightarrow{AM}| = |\overrightarrow{BM}|$
$r = \left|\binom{8}{-6}\right| = \sqrt{64 + 36} = 10$.

Kernfach Mathematik (Sachsen-Anhalt): Abiturprüfung 2010
Grundkursniveau – Pflichtaufgabe G1: Analysis

Gegeben sind die Funktionen f_b durch

$$y = f_b(x) = \frac{5}{x} - 5bx \quad \text{mit } x \in \mathbb{R}, x \neq 0, b \in \mathbb{R}, b > 0.$$

Ihre Graphen seien G_b.

a) Untersuchen Sie die Funktionen f_b auf Nullstellen, Polstellen sowie auf das Verhalten für $x \to \pm\infty$.
   Weisen Sie die folgenden Eigenschaften nach:
   (1) Die Funktionen f_b sind monoton fallend.
   (2) Die Graphen G_b sind punktsymmetrisch zum Koordinatenursprung.
   Zeichnen Sie den Graphen G_b für $b = \frac{1}{5}$ im Intervall $-4 \leq x \leq 4$. (15 BE)

b) Der Graph G_b für $b = \frac{1}{5}$, die Gerade mit der Gleichung $x = 1$ und die x-Achse schließen eine Fläche vollständig ein.
   Berechnen Sie die Maßzahl des Inhaltes dieser Fläche. (5 BE)

Eine Firma produziert Garderobenspiegel in Form eines Rechtecks mit aufgesetztem Halbkreis (vgl. Abbildung). Die Spiegelfläche von 2 m² wird von einem Spiegelrahmen vollständig eingefasst. Die Kosten für die Herstellung eines Spiegelrahmens werden wie folgt kalkuliert:

– kreisförmig gebogener Teil des Rahmens mit dem Radius x (in m): 50 € pro Meter
– übrige Rahmenteile: 25 € pro Meter

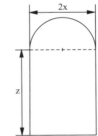

c) Die Längen z und x stehen in einem funktionalen Zusammenhang, der zum Aufstellen einer Funktionsgleichung für die Kosten eines Spiegelrahmens benötigt wird.
   Entwickeln Sie eine Gleichung, die z in Abhängigkeit von x beschreibt.
   Die Funktion K mit

$$y = K(x) = 50 \cdot \left(\frac{3}{4}\pi \cdot x + x + \frac{1}{x} \right) \quad \text{und } x > 0$$

   beschreibt die Kosten y (in €) für einen Spiegelrahmen in Abhängigkeit von x (in m). Ermitteln Sie die Längen x und z für den Fall, dass die Kosten für einen Spiegelrahmen minimal sind. (10 BE)

(30 BE)

G 2010-1

Tipps und Hinweise zum Lösen von Pflichtaufgabe G1: Analysis

a) *Nullstellen der Funktionen f_b*

Hinweis:
Die Nullstelle einer Funktion ist die Abszisse des Schnittpunktes des Graphen der Funktion mit der x-Achse.

Tipps:
- Haben Sie erkannt, dass nach dem Umformen eine quadratische Gleichung entsteht?
- Denken Sie an beide Lösungen.

Polstelle

Hinweis:
Die Polstelle einer gebrochenrationalen Funktion ist eine Nullstelle x_0 der Nennerfunktion, wenn x_0 nicht gleichzeitig eine Nullstelle der Zählerfunktion ist.

Tipp: Setzen Sie dazu die Nennerfunktion gleich 0.

Verhalten im Unendlichen

Tipp: Beachten Sie, dass $\lim\limits_{x \to \pm\infty} \dfrac{1}{x} = 0$ ist.

Nachweisen der Eigenschaften

(1) Monotonie

Hinweis:
Eine differenzierbare Funktion ist genau dann monoton fallend, wenn $f'(x) \le 0$ für alle $x \in D_f$.

Tipp: Berechnen und untersuchen Sie $f_b'(x)$.

(2) Punktsymmetrie zum Koordinatenursprung

Hinweis:
Die Graphen der Funktionen f_b sind symmetrisch zum Koordinatenursprung, wenn für alle $x \in D_f$ gilt: $f_b(x) = -f_b(-x)$.

Tipp: Setzen Sie für x den Term $(-x)$ ein.

Zeichnen des Graphen

Tipps:
- Erstellen Sie eine Wertetabelle, berechnen Sie auch die Funktionswerte an den Intervallgrenzen.
- Beachten Sie, dass die y-Achse senkrechte Asymptote ist.

b) *Berechnen der Maßzahl des Inhalts der Fläche*

Hinweis:
Die Fläche, die von dem Graphen einer Funktion f, der x-Achse und einer Geraden mit der Gleichung $x = x_1$ begrenzt wird, lässt sich berechnen nach der Formel

$$A = \left| \int_{x_1}^{x_0} f(x)\, dx \right|, \text{ wobei } x_0 \text{ die Nullstelle der Funktion ist.}$$

Tipps:
- Ermitteln Sie eine Stammfunktion, denken Sie daran, dass gilt $\int \dfrac{1}{x}\, dx = \ln |x| + c$.
- Haben Sie die obere und untere Grenze erkannt?

G 2010-2

c) *Entwickeln einer Gleichung*

✦ **Tipps:**
- Haben Sie erkannt, dass die Fläche des Spiegels eine Rolle spielt?
- Notieren Sie sich zunächst die entsprechenden Flächenformeln und entwickeln Sie daraus die Nebenbedingung für z.

Ermitteln der Längen

Hinweis:
Es liegt eine Extremwertaufgabe vor, also $K'(x_E) = 0$ und $K''(x_E) > 0 \Rightarrow$ Minimum

✦ **Tipps:**
- Berechnen Sie z durch Einsetzen in die Nebenbedingung.
- Überlegen Sie, warum nicht beide Ergebnisse Lösungen sein können.

Lösungen

$$y = f_b(x) = \frac{5}{x} - 5bx, \quad x \in \mathbb{R}, \, x \neq 0, \, b \in \mathbb{R}, \, b > 0$$

$$f_b'(x) = -\frac{5}{x^2} - 5b$$

a) **Nullstellen der Funktionen f_b:**

$$f_b(x) = 0, \quad \frac{5}{x} - 5bx = 0, \quad 5 - 5bx^2 = 0, \quad x^2 = \frac{1}{b}, \quad x_1 = \sqrt{\frac{1}{b}}, \, x_2 = -\sqrt{\frac{1}{b}}$$

Polstelle:

$$x_P = 0$$

Verhalten im Unendlichen:

$$\lim_{x \to +\infty} \left(\frac{5}{x} - 5bx \right) = -\infty, \quad \text{da} \quad \lim_{x \to +\infty} \frac{5}{x} = 0$$

$$\lim_{x \to -\infty} \left(\frac{5}{x} - 5bx \right) = +\infty, \quad \text{da} \quad \lim_{x \to -\infty} \frac{5}{x} = 0$$

Nachweisen der Eigenschaften:

(1) Monotonie: $m = f_b'(x) \leq 0 \Rightarrow$ monoton fallend

$-\dfrac{5}{x^2} - 5b < 0$, da $b > 0$ und für $x \in \mathbb{R}, \, x \neq 0$ ist auch $x^2 > 0$; beide Summanden sind also negativ und damit ist auch die Summe kleiner 0, w. A.

(2) Punktsymmetrie zum Koordinatenursprung

Bedingung $f_b(x) = -f_b(-x)$, also

$$\frac{5}{x} - 5bx = -\left[\frac{5}{-x} - 5b(-x) \right]$$

$$\frac{5}{x} - 5bx = -\left(-\frac{5}{x} + 5bx \right)$$

$$\frac{5}{x} - 5bx = \frac{5}{x} - 5bx \quad \text{w. A.}$$

Wertetabelle und Graph für $f_{\frac{1}{5}}(x) = \frac{5}{x} - x$:

x	−4	−3	−2	−1	0	1	2	3	4
$f_{\frac{1}{5}}(x)$	2,75	1,3	−0,5	−4	−	4	0,5	−1,3	−2,75

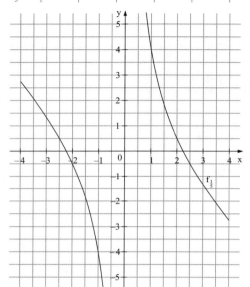

b) **Berechnen der Maßzahl des Inhalts der Fläche:**

untere Grenze: $x = 1$, obere Grenze: Nullstelle $x = \sqrt{5}$

$$A = \int_{1}^{\sqrt{5}} \left(\frac{5}{x} - x\right) dx = \left[5\ln|x| - \frac{1}{2}x^2\right]_{1}^{\sqrt{5}}$$

$$A = 5\ln\sqrt{5} - \frac{1}{2}(\sqrt{5})^2 - \left(5\ln 1 - \frac{1}{2}\cdot 1^2\right)$$

$$A = 5\ln\sqrt{5} - \frac{5}{2} + \frac{1}{2} = 5\ln\sqrt{5} - 2$$

$$A \approx 2{,}02$$

c) **Entwickeln einer Gleichung:**

Die Spiegelfläche von 2 m² setzt sich aus einem Halbkreis und einem Rechteck zusammen, also

Halbkreis: $A_1 = \frac{1}{2}\pi r^2$ mit $d = 2x$, $r = x$

$\qquad\qquad A_1 = \frac{1}{2}\pi x^2$

Rechteck: $A_2 = a \cdot b = 2x \cdot z$, also

$$A_{ges} = A_1 + A_2$$

$$2 = \frac{1}{2}\pi x^2 + 2xz, \quad \text{umstellen nach z}$$

$$2xz = 2 - \frac{1}{2}\pi x^2$$

$$z = \frac{1}{x} - \frac{1}{4}\pi x \quad \text{(Nebenbedingung)}$$

Ermitteln der Längen (Extremwertaufgabe):

$$K(x) = 50 \cdot \left(\frac{3}{4}\pi x + x + \frac{1}{x} \right), \ x > 0$$

$$K'(x) = 50 \cdot \left(\frac{3}{4}\pi + 1 - \frac{1}{x^2} \right), \quad \text{da} \ \left(\frac{1}{x} \right)' = (x^{-1})' = -1x^{-2} = -\frac{1}{x^2}$$

$$0 = 50 \left(\frac{3}{4}\pi + 1 - \frac{1}{x^2} \right)$$

$$\frac{1}{x^2} = \frac{3}{4}\pi + 1, \quad x^2 = \frac{1}{\frac{3}{4}\pi + 1}, \quad x^2 \approx 0,298, \quad x \approx 0,546, \ \text{da } x > 0$$

$$K''(x) = 50 \cdot \frac{2}{x^3}, \quad \text{da} \ \left(-\frac{1}{x^2} \right)' = (-x^{-2})' = 2x^{-3} = \frac{2}{x^3}$$

$$K''(0,546) = 50 \cdot \frac{2}{(0,546)^3} = 614,4 > 0 \ \text{Minimum}$$

Das lokale Minimum ist zugleich das globale Minimum.

Berechnen von z durch Einsetzen in die Nebenbedingung:

$$z = \frac{1}{0,546} - \frac{1}{4}\pi \cdot 0,546 \approx 1,403$$

Ergebnis:
Länge x: 0,546 m = 546 mm
Länge z: 1,403 m = 1 403 mm

G 2010-5

Kernfach Mathematik (Sachsen-Anhalt): Abiturprüfung 2010
Grundkursniveau – Pflichtaufgabe G2: Analytische Geometrie

In einem ebenen kartesischen Koordinatensystem sind ein Kreis k mit der Gleichung $x^2 + y^2 + 2x - 8y - 8 = 0$ sowie der Punkt P($-4\,|\,0$) des Kreises k gegeben.

a) Ermitteln Sie die Koordinaten des Mittelpunktes M sowie den Radius r dieses Kreises und entwickeln Sie eine Gleichung der Tangente an den Kreis k im Punkt P. (5 BE)

Das oben verwendete Koordinatensystem wird zu einem kartesischen Koordinatensystem des Raumes unter Beibehaltung der xy-Ebene erweitert.

b) Begründen Sie, dass die Gerade mit der Gleichung

$$\vec{x} = \begin{pmatrix} -4 \\ 0 \\ 0 \end{pmatrix} + \lambda \cdot \begin{pmatrix} 4 \\ -3 \\ 0 \end{pmatrix}, \ \lambda \in \mathbb{R},$$

und der Punkt Q($3\,|\,1\,|\,4$) eindeutig eine Ebene E bestimmen.
Ermitteln Sie eine Koordinatengleichung der Ebene E. (5 BE)

[Zur Kontrolle: $12x + 16y - 25z + 48 = 0$]

c) Der Punkt S($-1\,|\,4\,|\,8$) sei Spitze eines geraden Kreiskegels, dessen Grundfläche durch den Kreis k begrenzt wird.
Weisen Sie nach, dass die Ebene E diesen Kreiskegel schneidet und veranschaulichen Sie diese Lagebeziehung in einer Skizze. (5 BE)

(15 BE)

G 2010-6

Tipps und Hinweise zum Lösen von Pflichtaufgabe G2: Analytische Geometrie

a) *Ermitteln von M und r des Kreises*

   Tipps:
  - Nutzen Sie zum Umformen die quadratische Ergänzung.
  - Lesen Sie Mittelpunkt und Radius ab.

Tangentengleichung im Punkt P

   Tipp: Beachten Sie, dass gilt: $t \perp r$

b) *Begründen, dass durch die Gerade und den Punkt eine Ebene eindeutig bestimmt ist*

   Tipp: Führen Sie eine Punktprobe durch.

Ermitteln einer Koordinatengleichung für E

Hinweis:
Stellen Sie zunächst eine vektorielle Ebenengleichung (Parametergleichung) der Ebene auf, in der die Gerade und der Punkt liegen. Ermitteln Sie dann eine Koordinatengleichung der Form $ax + by + cz = d$.

   Tipps:
  - Ein Normalenvektor der Ebene lässt sich mit dem Vektorprodukt der Spannvektoren berechnen.
  - Beachten Sie den obigen Hinweis und ermitteln Sie d durch Punktprobe mit Q.

c) *Nachweisen, dass die Ebene E den Kreiskegel schneidet*

   Tipps:
  - Fertigen Sie sich eine beschriftete Skizze an.
  - Haben Sie erkannt, dass die Gerade durch M und S die Ebene E in einem Punkt R durchstößt?
  - Berechnen Sie den Durchstoßpunkt, indem Sie die Gerade in die Ebene einsetzen.
  - Überprüfen Sie, ob der Durchstoßpunkt auf $\overline{MS}$ liegt.

Veranschaulichung der Lagebeziehung

   Tipp: Überprüfen Sie die Lage der Ebene zum Grundkreis.

Lösungen

a) **Ermitteln von M und r des Kreises:**

$$x^2 + 2x + y^2 - 8y - 8 = 0$$

$$(x+1)^2 - 1 + (y-4)^2 - 16 - 8 = 0 \qquad \text{(quadratische Ergänzung)}$$

$$(x+1)^2 + (y-4)^2 = 25, \text{ also}$$

$$M(-1\,|\,4), r = 5$$

Tangentengleichung im Punkt P:

t: $\vec{x} = \overrightarrow{OP} + t \cdot \vec{u}$ mit

$\vec{u} \circ \overrightarrow{PM} = 0$

$\vec{u} \circ \begin{pmatrix} 3 \\ 4 \end{pmatrix} = 0, \quad \vec{u} = \begin{pmatrix} -4 \\ 3 \end{pmatrix}$

$\vec{x} = \begin{pmatrix} -4 \\ 0 \end{pmatrix} + t \begin{pmatrix} -4 \\ 3 \end{pmatrix}, \quad t \in \mathbb{R}$

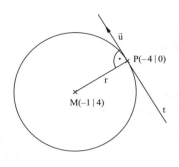

Andere Möglichkeit (vektorfrei):

Gerade g durch P und M:

g: $y = mx + n$ mit $m = \dfrac{\Delta y}{\Delta x} = \dfrac{4-0}{-1-(-4)} = \dfrac{4}{3}$

und $g \perp t$, also $m \cdot m_t = -1$, $m_t = -\dfrac{3}{4}$, also

$y = -\dfrac{3}{4}x + n$ mit $P(-4|0)$

$0 = -\dfrac{3}{4} \cdot (-4) + n, \quad n = -3$

t: $y = -\dfrac{3}{4}x - 3$

Zeichnerische Lösung:

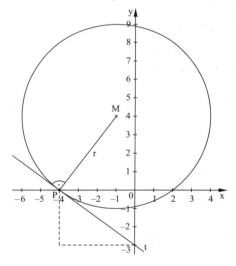

t: $y = mx + n$, abgelesen $n = -3$ und Steigungsdreieck $m = -\dfrac{3}{4}$

$y = -\dfrac{3}{4}x - 3$

b) **Begründen, dass durch die Gerade und den Punkt eine Ebene eindeutig bestimmt ist:**

Punktprobe $Q \notin g$, also Q in g einsetzen:

$$\begin{pmatrix} 3 \\ 1 \\ 4 \end{pmatrix} = \begin{pmatrix} -4 \\ 0 \\ 0 \end{pmatrix} + \lambda \begin{pmatrix} 4 \\ -3 \\ 0 \end{pmatrix}, \quad 4 = 0 \text{ Widerspruch}$$

Q liegt nicht auf g, also existiert Ebene.

Ermitteln einer Koordinatengleichung für E:

Eine mögliche Parametergleichung der Ebene E lautet:

$$\vec{x} = \begin{pmatrix} -4 \\ 0 \\ 0 \end{pmatrix} + \lambda \begin{pmatrix} 4 \\ -3 \\ 0 \end{pmatrix} + r \begin{pmatrix} 7 \\ 1 \\ 4 \end{pmatrix}, \quad \lambda, r \in \mathbb{R}$$

1. Möglichkeit:
Einen Normalenvektor $\vec{n}$ von E berechnet man mithilfe des Vektorprodukts aus den Spannvektoren der Ebene E:

$$\begin{pmatrix} 4 \\ -3 \\ 0 \end{pmatrix} \times \begin{pmatrix} 7 \\ 1 \\ 4 \end{pmatrix} = \begin{pmatrix} -3 \cdot 4 - 1 \cdot 0 \\ 0 \cdot 7 - 4 \cdot 4 \\ 4 \cdot 1 - 7 \cdot (-3) \end{pmatrix} = \begin{pmatrix} -12 \\ -16 \\ 25 \end{pmatrix}$$

Mit dem Ansatz $-12x - 16y + 25z = d$ und durch Einsetzen der Koordinaten des Punktes $Q \in E$ ergibt sich
$-12 \cdot 3 - 16 \cdot 1 + 25 \cdot 4 = d, \quad d = 48, \quad$ also
E: $-12x - 16y + 25z = 48 \quad$ oder
$\qquad 12x + 16y - 25z = -48.$

2. Möglichkeit:
Der Normalenvektor $\vec{n}$ steht senkrecht auf den Spannvektoren der Ebene E, also

$$\vec{n} \perp \begin{pmatrix} 4 \\ -3 \\ 0 \end{pmatrix} \text{ und } \vec{n} \perp \begin{pmatrix} 7 \\ 1 \\ 4 \end{pmatrix}, \text{ damit gilt } \vec{n} \circ \begin{pmatrix} 4 \\ -3 \\ 0 \end{pmatrix} = 0 \text{ und } \vec{n} \circ \begin{pmatrix} 7 \\ 1 \\ 4 \end{pmatrix} = 0$$

$$\begin{array}{rl} 4n_1 - 3n_2 & = 0 \\ 7n_1 + n_2 + 4n_3 & = 0 \\ \hline 25n_1 \qquad + 12n_3 & = 0 \end{array} \quad \Big| \cdot 3 \quad +$$

Eine mögliche Lösung ist $n_1 = 12$, $n_3 = -25$, $n_2 = 16$, d. h. $\vec{n} = \begin{pmatrix} 12 \\ 16 \\ -25 \end{pmatrix}$.

Mit dem Ansatz $12x + 16y - 25z = d$ und durch Einsetzen der Koordinaten des Punktes $Q \in E$ ergibt sich
$12 \cdot 3 + 16 \cdot 1 - 25 \cdot 4 = d, \quad d = -48, \quad$ also
E: $12x + 16y - 25z = -48.$

3. Möglichkeit:
Aus der Parametergleichung von E

$$\vec{x} = \begin{pmatrix} x \\ y \\ z \end{pmatrix} = \begin{pmatrix} -4 \\ 0 \\ 0 \end{pmatrix} + \lambda \begin{pmatrix} 4 \\ -3 \\ 0 \end{pmatrix} + r \begin{pmatrix} 7 \\ 1 \\ 4 \end{pmatrix}$$

folgt das Gleichungssystem:

$$\begin{array}{lll} \text{I} & x = -4 + 4\lambda + 7r \\ \text{II} & y = \qquad -3\lambda + r \\ \underline{\text{III}} & \underline{z = \qquad\qquad\quad 4r} \end{array}$$

G 2010-9

Aus Gleichung III folgt $r = \frac{1}{4}z$; eingesetzt in II:

$y = -3\lambda + \frac{1}{4}z$, umgestellt nach λ:

$y - \frac{1}{4}z = -3\lambda$

$\lambda = -\frac{1}{3}y + \frac{1}{12}z$

eingesetzt in I:

$x = -4 + 4 \cdot \left(-\frac{1}{3}y + \frac{1}{12}z\right) + 7 \cdot \frac{1}{4}z$

$x = -4 - \frac{4}{3}y + \frac{1}{3}z + \frac{7}{4}z$

$x = -4 - \frac{4}{3}y + \frac{25}{12}z \qquad |\cdot 12$

$12x = -48 - 16y + 25z$, also

E: $12x + 16y - 25z = -48$.

c) **Nachweisen, dass die Ebene E den Kreiskegel schneidet, z. B.:**
Wenn die Ebene den Kreiskegel schneidet, dann muss der Durchstoßpunkt R der Geraden h(M, S) auf der Strecke $\overline{MS}$ liegen.

(1) $h(M, S) \cap E = \{R\}$

$\vec{x} = \overrightarrow{OM} + s\overrightarrow{MS}$,

h: $\vec{x} = \begin{pmatrix} -1 \\ 4 \\ 0 \end{pmatrix} + s\begin{pmatrix} 0 \\ 0 \\ 8 \end{pmatrix}$, $s \in \mathbb{R}$, eingesetzt in E:

$12 \cdot (-1) + 16 \cdot 4 - 25 \cdot 8s = -48$

$-12 + 64 - 200s = -48$

$-200s = -100$

$s = \frac{1}{2}$

und damit R(-1 | 4 | 4).

(2) Da $s = \frac{1}{2}$, liegt R in der Mitte der Strecke $\overline{MS}$.

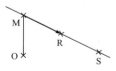

Aus (1) und (2) folgt:
Die Ebene schneidet den Kreiskegel.

Veranschaulichung der Lagebeziehung:

Liegt die Ebene E parallel zum Grundkreis, dann gilt:

$\vec{n}_E = k \cdot \vec{v}_h$, also $\begin{pmatrix} 12 \\ 16 \\ -25 \end{pmatrix} = k \cdot \begin{pmatrix} 0 \\ 0 \\ 8 \end{pmatrix}$, $12 = 0$

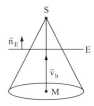

Widerspruch, also liegt die Ebene nicht parallel zum Grundkreis.

Skizze:

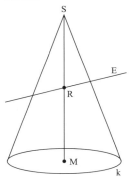

Beachtet man außerdem, dass $P \in E$ gilt, könnte die Veranschaulichung auch so aussehen:

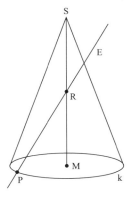

Kernfach Mathematik (Sachsen-Anhalt): Abiturprüfung 2010
Grundkursniveau – Pflichtaufgabe G3: Stochastik

Studien zufolge treten allergische Erkrankungen immer häufiger auf.

a) Heuschnupfen ist die häufigste Allergieform. Davon sind 20 % der Bevölkerung betroffen.
   Die Zufallsgröße X beschreibe die Anzahl der von Heuschnupfen betroffenen Personen in einer Stichprobe.
   Begründen Sie, dass die Zufallsgröße X als binomialverteilt angesehen werden kann.
   Berechnen Sie die Wahrscheinlichkeiten folgender Ereignisse.
   A: Von 28 zufällig ausgewählten Personen sind genau 5 von Heuschnupfen betroffen.
   B: Von 200 zufällig ausgewählten Personen sind mehr als 30 aber höchstens 50 von Heuschnupfen betroffen.
   C: Von 5 000 zufällig ausgewählten Personen sind höchstens 1 050 von Heuschnupfen betroffen. (9 BE)

b) Obwohl Allergien verstärkt auftreten, vermuten Mediziner, dass weniger als 40 % aller Personen von einer Allergie betroffen sind.
   Zur Beurteilung dieser Vermutung sollen 100 Personen auf Allergien untersucht werden.

   Ermitteln Sie den größtmöglichen Ablehnungsbereich für einen linksseitigen Signifikanztest, bei dem die Wahrscheinlichkeit für die irrtümliche Ablehnung der Nullhypothese H_0: $p \geq 0,4$ höchstens 5 % beträgt.

   Formulieren Sie eine zugehörige Entscheidungsregel und begründen Sie die Wahl der Nullhypothese. (6 BE)

(15 BE)

G 2010-12

Tipps und Hinweise zum Lösen von Pflichtaufgabe G3: Stochastik

a) *Begründen der Binomialverteilung der Zufallsgröße X (Vorliegen einer BERNOULLI-Kette der Länge n)*

Hinweis:
Die zu einer BERNOULLI-Kette der Länge n mit der Erfolgswahrscheinlichkeit p gehörende Verteilung heißt Binomialverteilung mit den Parametern n und p. Die zugehörige Zufallsgröße wird als binomialverteilt bezeichnet.

Tipps:
- Überlegen Sie, unter welchen Bedingungen ein BERNOULLI-Experiment vorliegt (mögliche Versuchsausgänge, zugehörige Wahrscheinlichkeiten, Besonderheiten, …).
- Erfassen Sie für die Begründung die Bedingungen sachbezogen (siehe Aufgabentext).

Berechnen der Wahrscheinlichkeiten der Ereignisse

Hinweise:
Prüfen Sie zunächst, ob die Nutzung von Tabellen zur Binomialverteilung möglich ist.

Die BERNOULLI-Formel lautet: $P(X = k) = \binom{n}{k} \cdot p^k \cdot (1-p)^{n-k}$; $0 \le k \le n$

Die Näherungsformel nach dem Grenzwertsatz von DE MOIVRE-LAPLACE lautet:

$$P(X \le k) = B_{n;\,p}(\{0; 1; \ldots; k\}) \approx \Phi\left(\frac{k + 0,5 - \mu}{\sigma}\right)$$

Die näherungsweise Berechnung ist im Allgemeinen bei genügend großen n-Werten sinnvoll. Ist das empirische Kriterium (Faustregel) $V(X) > 9$ erfüllt, gelten die Näherungswerte als hinreichend genau. Gelegentlich wird auch als Kriterium $V(X) > \frac{1}{2}\sqrt{n}$ verwendet.

Tipps:
- Ermitteln Sie, mit welchen Parameterwerten für n und p die Zufallsgröße X_n jeweils verteilt ist.
- Beachten Sie die obigen Hinweise und nutzen Sie bei der Berechnung eine entsprechende Tabelle der kumulierten (aufsummierten) Binomialverteilung, die BERNOULLI-Formel bzw. die Näherungsformel.
- Nutzen Sie eine Tabelle der Funktionswerte $\Phi(x)$ der Normalverteilung.
- Mögliche Lösungsansätze:
  $P(A) = P(X_{28} = 5)$, BERNOULLI-Formel nutzen;
  $P(B) = P(31 \le X_{200} \le 50)$, Tabelle der kumulierten Binomialverteilung nutzen;
  $P(C) = P(X_{5\,000} \le 1\,050)$, Näherungsformel und Tabelle der Normalverteilung nutzen.

b) *Ermitteln des größtmöglichen Ablehnungsbereichs*

Hinweise:
Durch die Nullhypothese ist festgelegt, mit welchen Parameterwerten n und p die Zufallsgröße (bei wahrer Nullhypothese) binomialverteilt ist.

Tipps:
- Legen Sie die Zufallsgröße fest. (Was wird durch sie beschrieben?)
- Warum ist der Signifikanztest linksseitig zu führen?
- Haben Sie erkannt, dass ausschließlich kleine Werte der Zufallsgröße gegen die Nullhypothese sprechen?
- Der Ablehnungsbereich ist linksseitig: $\overline{A} = \{0; 1; \ldots; k\}$
- Möglicher Lösungsansatz: $P(Y \le k) = B_{100;\,0,4}(\{0; 1; \ldots; k\}) \le 0,05$

G 2010-13

Formulieren der zugehörigen Entscheidungsregel und Begründen der Wahl der Nullhypothese

Hinweise:
Formulieren Sie die Entscheidungsregel sachbezogen unter Beachtung des ermittelten Ablehnungsbereichs.
Begründen Sie die Wahl der Nullhypothese unter Beachtung der möglichen Fehlentscheidungen.

Tipps:
- Überlegen Sie für das Formulieren der Entscheidungsregel, unter welchen Bedingungen die Vermutung der Mediziner abzulehnen ist.
- Überlegen Sie für die Begründung der Wahl der Nullhypothese, welcher Zusammenhang zur Vermutung der Mediziner besteht und ob bei ihrer irrtümlichen Ablehnung der schwerwiegendere Fehler durch das Signifikanzniveau abgesichert ist.

Lösungen

a) **Begründen der Binomialverteilung der Zufallsgröße X (Vorliegen einer BERNOULLI-Kette der Länge n):**
   - Die Zufallsgröße X beschreibt in einer Stichprobe mit dem Umfang n Personen die Anzahl der von Heuschnupfen betroffenen Personen und somit die „Anzahl der Treffer" in einer BERNOULLI-Kette der Länge n.
   - Für jede der n Personen werden genau zwei Ereignisse unterschieden: das Ereignis „Person von Heuschnupfen betroffen" und das zugehörige Gegenereignis „Person *nicht* von Heuschnupfen betroffen".
   - Die Wahrscheinlichkeiten der beiden Ereignisse bleiben (aufgrund der voneinander unabhängigen n Entscheidungen/Stufen des Zufallsversuchs) für jede Person der Stichprobe unverändert.

Berechnen der Wahrscheinlichkeiten der Ereignisse:

Ereignis A:
Die Zufallsgröße X_{28} ist binomialverteilt mit $n = 28$ und $p = 0,2$; $X_{28} \sim B_{28;\,0,2}$.

$P(A) = P(X_{28} = 5) = B_{28;\,0,2}(\{5\})$

$P(A) = P(X_{28} = 5) = \binom{28}{5} \cdot 0,2^5 \cdot 0,8^{23} \approx 0,18565$ (Anwenden der BERNOULLI-Formel)

$P(A) = 0,18565 \approx 18,6\,\%$

Ereignis B:
Die Zufallsgröße X_{200} ist binomialverteilt mit $n = 200$ und $p = 0,2$; $X_{200} \sim B_{200;\,0,2}$.
$P(B) = P(31 \le X_{200} \le 50) = P(X_{200} \le 50) - P(X_{200} \le 30) = 0,96550 - 0,04302 = 0,92248$
                                                     (Tabellenwerte)

$P(B) = 0,92248 \approx 92,2\,\%$

Ereignis C:
Die Zufallsgröße $X_{5\,000}$ ist binomialverteilt mit $n = 5\,000$ und $p = 0,2$; $X_{5\,000} \sim B_{5\,000;\,0,2}$.
$P(C) = P(X_{5\,000} \le 1\,050) = B_{5\,000;\,0,2}(\{0; 1; \dots; 1\,050\})$
Zur Berechnung wird die Näherungsformel nach dem Grenzwertsatz von DE MOIVRE-LAPLACE verwendet.

$$P(X \le k) = B_{n;\,p}(\{0; 1; \ldots; k\}) \approx \Phi\left(\frac{k + 0,5 - \mu}{\sigma}\right)$$

k – kritischer Wert   0,5 – Korrektursummand

μ – Erwartungswert $\mu = E(X_{5\,000}) = n \cdot p = 5\,000 \cdot 0,2 = 1\,000$

σ – Standardabweichung $\sigma = \sqrt{V(X_{5\,000})} = \sqrt{n \cdot p \cdot (1-p)} = \sqrt{5\,000 \cdot 0,2 \cdot 0,8} = \sqrt{800}$

Mit der Näherungsformel erhält man wegen $V(X_{5\,000}) = 800 > 9$ (empirisches Kriterium erfüllt) den hinreichend genauen Näherungswert:

$$P(X_{5\,000} \le 1\,050) \approx \Phi\left(\frac{1\,050 + 0,5 - 1\,000}{\sqrt{800}}\right) \approx \Phi(1,79)$$

Aus einer Tabelle der Funktionswerte $\Phi(x)$ der Normalverteilung entnimmt man den Tabellenwert $\Phi(1,79) = 0,9633$.

$P(C) \approx 0{,}9633 \approx 96{,}3\ \%$

b) **Ermitteln des größtmöglichen Ablehnungsbereichs:**
Die Zufallsgröße Y beschreibe die Anzahl der Personen mit Allergie in der Stichprobe.
Die Zufallsgröße Y kann als binomialverteilt angenommen werden mit n = 100 und p = 0,4;
d. h. $Y \sim B_{100;\,0,4}$ (bei wahrer Nullhypothese).

(1) Nullhypothese H_0: $p \ge 0,4$ [Gegenhypothese H_1: $p < 0,4$]

(2) Stichprobenumfang n: n = 100;   Signifikanzniveau α: $\alpha = 0,05$

Der Test wird als *linksseitiger Signifikanztest* durchgeführt, da ausschließlich kleine Werte der Zufallsgröße Y gegen die Nullhypothese (und somit für die Gegenhypothese) sprechen. Der größtmögliche Ablehnungsbereich ist dann $\overline{A} = \{0; \ldots; k\}$.

(3) Ermitteln des kritischen Werts k und des größtmöglichen Ablehnungsbereichs $\overline{A}$:
Es gilt $P(Y \le k) = B_{100;\,0,4}(\{0; 1; \ldots; k\}) \le 0,05$.
Diese Ungleichung ist letztmalig für den Wert **k = 31** erfüllt [Tabellenwert: $B_{100;\,0,4}(\{0; 1; \ldots; 31\}) = 0,03985$].
Für den größtmöglichen **Ablehnungsbereich** $\overline{A}$ folgt somit $\overline{A} = \{0; 1; \ldots; 31\}$.

Formulieren der zugehörigen Entscheidungsregel:
Wenn mehr als 31 Personen von einer Allergie betroffen sind, dann kann die Vermutung der Mediziner, dass es weniger als 40 % der Personen sind, nicht mit einer Irrtumswahrscheinlichkeit von höchstens 5 % aufrecht erhalten werden.

Begründen der Wahl der Nullhypothese:
Die statistische Absicherung der Vermutung (p < 0,4) erfolgt durch Ablehnung der Nullhypothese (p ≥ 0,4) auf dem Signifikanzniveau α = 5 %.
Bei irrtümlicher Ablehnung dieser Nullhypothese wird der schwerwiegendere Fehler begangen, weil dann eine tatsächlich höhere Allergiewahrscheinlichkeit (p ≥ 0,4) nicht erkannt wird.

Kernfach Mathematik (Sachsen-Anhalt): Abiturprüfung 2010
Grundkursniveau – Wahlpflichtaufgabe G4.1: Analysis

Gegeben ist die Funktion f mit $y = f(x) = 4 \cdot (1 - x) \cdot e^x$, $x \in \mathbb{R}$.

a) Der Graph der Funktion f besitzt genau einen Wendepunkt.
   Ermitteln Sie eine Gleichung der Tangente an diesen Graphen in seinem Wendepunkt. (6 BE)

b) Aus den Regelmäßigkeiten der Gleichungen der Funktion f und ihrer Ableitungs-
   funktionen f' und f" kann man auf eine Gleichung einer Stammfunktion F von f
   schließen.
   Geben Sie eine Vermutung für eine Gleichung von F an und überprüfen Sie diese. (4 BE)

   (10 BE)

Tipps und Hinweise zum Lösen von Wahlpflichtaufgabe G4.1: Analysis

a) *Ermitteln einer Gleichung der Tangente*

   Wendepunkt

   Hinweis:
   Verwenden Sie beim Ableiten die Faktor- und Produktregel:
   $f(x) = k \cdot u(x) \implies f'(x) = k \cdot u'(x)$
   $f(x) = u(x) \cdot v(x) \implies f'(x) = u'(x) \cdot v(x) + u(x) \cdot v'(x)$

   Für die Ableitung der e-Funktion gilt:
   $f(x) = e^x \implies f'(x) = e^x$

   Tipps:
   - Es wird nur die notwendige Bedingung für Wendepunkte benötigt: $f''(x) = 0$
   - Berechnen Sie die Koordinaten des Wendepunktes, nicht nur die Wendestelle x_W.

   Aufstellen der Tangentengleichung

   Tipps:
   - Eine Tangentengleichung hat die Form $y = mx + n$.
   - Der Anstieg ergibt sich aus $m = f'(x_W)$.

b) *Angeben und Überprüfen einer Vermutung*

   Tipps:
   - Haben Sie erkannt, dass für die gesuchte Stammfunktion F gelten muss $F'(x) = f(x)$?
   - Schreiben Sie sich die Funktion f und deren Ableitungen untereinander.
   - Führen Sie einen Rückschluss durch.

Lösungen

$y = f(x) = 4(1-x) \cdot e^x, \quad x \in \mathbb{R}$

$\quad f(x) = (4-4x) \cdot e^x$

$\quad f'(x) = -4xe^x$

$\quad f''(x) = (-4-4x)e^x = -4(1+x)e^x$

a) **Ermitteln einer Gleichung der Tangente:**

Wendepunkt:

Bilden der 1. und 2. Ableitung mit der Produktregel, also

$f(x) = 4(1-x)e^x = (4-4x)e^x \qquad\qquad u = 4-4x \qquad u' = -4$

$\qquad\qquad\qquad\qquad\qquad\qquad\qquad\qquad\quad v = e^x \qquad\quad v' = e^x$

$f'(x) = u'v + uv'$

$f'(x) = -4e^x + (4-4x)e^x$

$f'(x) = e^x(-4+4-4x)$

$f'(x) = -4xe^x \qquad\qquad\qquad\qquad\qquad u = -4x \qquad u' = -4$

$\qquad\qquad\qquad\qquad\qquad\qquad\qquad\qquad\quad v = e^x \qquad\quad v' = e^x$

$f''(x) = -4e^x + (-4x)e^x$

$f''(x) = e^x(-4-4x)$

$f''(x) = 0, \quad e^x(-4-4x) = 0, \quad -4-4x = 0, \text{ da } e^x \neq 0, \quad x = -1$

und $f(-1) = 4(1-(-1))e^{-1} = 8e^{-1}$, also $W(-1\,|\,8e^{-1})$

Aufstellen der Tangentengleichung $y = mx + n$ mit

$m = f'(-1) = -4 \cdot (-1) \cdot e^{-1} = 4e^{-1}$

$y = 4e^{-1}x + n$ mit W

$8e^{-1} = 4e^{-1} \cdot (-1) + n, \quad n = 12e^{-1}, \text{ also}$

$y = 4e^{-1}x + 12e^{-1} \quad \text{oder}$

$y = \dfrac{4}{e}x + \dfrac{12}{e}$

b) **Angeben und Überprüfen einer Vermutung, z. B.:**

Gesucht wird die Gleichung einer Stammfunktion F, für die gilt $F'(x) = f(x)$, also

$F(x) = ?$

$f(x) = (4-4x)e^x$

$f'(x) = (0-4x)e^x$ $\qquad$ ableiten

$f''(x) = (-4-4x)e^x$

Man führt einen Rückschluss durch und erkennt anhand der Terme:

e^x und $(-4x)$ bleiben erhalten, es ändert sich nur $4 \rightarrow 0 \rightarrow (-4)$.

G 2010-17

Man kann vermuten:

$F(x) = (8 - 4x)e^x$, also

$u = 8 - 4x$	$u' = -4$
$v = e^x$	$v' = e^x$

$F'(x) = -4e^x + (8 - 4x)e^x$

$F'(x) = e^x(-4 + 8 - 4x)$

$F'(x) = (4 - 4x)e^x = f(x)$

Kernfach Mathematik (Sachsen-Anhalt): Abiturprüfung 2010
Grundkursniveau – Wahlpflichtaufgabe G4.2: Analytische Geometrie

Drei gleich hohe Masten M_1, M_2 und M_3 einer geplanten Seilbahn werden als Strecken $\overline{F_1S_1}$, $\overline{F_2S_2}$ bzw. $\overline{F_3S_3}$ betrachtet. Diese Strecken liegen in einer Ebene E und sind paarweise parallel zueinander (siehe Abbildung). Die Beschreibung der Lage erfolgt in einem kartesischen Koordinatensystem. Die xy-Ebene entspricht der Horizontalebene.

Gegeben sind die Punkte $F_1(5|3|1)$, $S_1(5|3|2)$ und $S_2(35|-7|42)$ sowie die Ebene E mit der Gleichung $x + 3y - 14 = 0$.

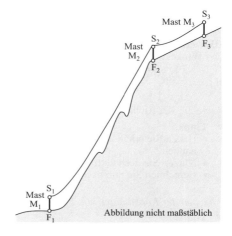

Abbildung nicht maßstäblich

a) Begründen Sie, dass alle Masten senkrecht zur Horizontalebene sind.
   Der durchschnittliche Anstieg der Seilbahn zwischen den Masten M_1 und M_2 wird durch den Winkel zwischen der Geraden S_1S_2 und der xy-Ebene beschrieben.
   Berechnen Sie das Gradmaß dieses Winkels. (5 BE)

b) Die Masten M_2 und M_3 sollen auf ebenem Gelände errichtet werden, dessen Lage durch die Ebene H mit der Gleichung $x - 3y - 4z + 108 = 0$ beschrieben wird.
   Geben Sie die Koordinaten des Punktes F_2 an und ermitteln Sie die Koordinaten eines Richtungsvektors der Geraden F_2F_3. (5 BE)
   (10 BE)

Tipps und Hinweise zum Lösen von Wahlpflichtaufgabe G4.2: Analytische Geometrie

a) *Begründen, dass alle Masten senkrecht sind*

    Tipp: Haben Sie erkannt, dass der Richtungsvektor $\overrightarrow{F_1S_1}$ ein Vielfaches des Normalenvektors der xy-Ebene ist?

Berechnen des Gradmaßes des Winkels

Hinweis:
Der Winkel zwischen einer Geraden und der xy-Ebene lässt sich berechnen mit der Formel

$$\sin\alpha = \frac{|\vec{u}_g \circ \vec{n}_{xy}|}{|\vec{u}_g| \cdot |\vec{n}_{xy}|},$$

wobei $\vec{u}_g$ der Richtungsvektor der Geraden und $\vec{n}_{xy}$ der Normalenvektor der xy-Ebene ist.

    Tipps:
- Haben Sie erkannt, dass es sich bei Gerade und Ebene um unterschiedliche Objekte handelt?
- Nutzen Sie deshalb für die Winkelberechnung den Sinus.
- Berechnen Sie nun nach obiger Formel das Gradmaß des Winkels.

b) *Angeben der Koordinaten von F_2*

    Tipps:
- Stellen Sie die Geradengleichung durch S_2 mit dem Richtungsvektor $\overrightarrow{F_1S_1}$ auf.
- Die Gerade durchstößt die Ebene H im gesuchten Punkt.

Ermitteln der Koordinaten eines Richtungsvektors der Geraden F_2F_3

    Tipps:
- Haben Sie erkannt, dass die Punkte F_2 und F_3 sowohl in der Ebene H als auch in der Ebene E liegen?
- Ziehen Sie eine Schlussfolgerung: Schnitt Ebene/Ebene

Lösungen

a) **Begründen, dass alle Masten senkrecht sind, z. B.:**

(1) $\vec{v} = \overrightarrow{F_1S_1}$ und $\vec{v} = k \cdot \vec{n}_{xy}$

$\begin{pmatrix} 0 \\ 0 \\ 1 \end{pmatrix} = k \begin{pmatrix} 0 \\ 0 \\ 1 \end{pmatrix}$, $k = 1$ w.A.

(2) $\overrightarrow{F_1S_1} \parallel \overrightarrow{F_2S_2} \parallel \overrightarrow{F_3S_3}$
Masten paarweise parallel

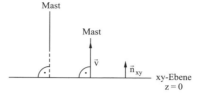

Aus (1) und (2) folgt: Alle Masten sind senkrecht zur Horizontalebene.

Berechnen des Gradmaßes des Winkels:
Es handelt sich um einen Winkel zwischen einer Geraden und einer Ebene, also unterschiedlichen Objekten:

$\sin \alpha = \dfrac{|\vec{u}_{S_1S_2} \circ \vec{n}_{xy}|}{|\vec{u}_{S_1S_2}| \cdot |\vec{n}_{xy}|}$

$\sin \alpha = \dfrac{\left| \begin{pmatrix} 30 \\ -10 \\ 40 \end{pmatrix} \circ \begin{pmatrix} 0 \\ 0 \\ 1 \end{pmatrix} \right|}{\left| \begin{pmatrix} 30 \\ -10 \\ 40 \end{pmatrix} \right| \cdot \left| \begin{pmatrix} 0 \\ 0 \\ 1 \end{pmatrix} \right|} = \dfrac{40}{10\sqrt{26} \cdot 1} = \dfrac{4}{\sqrt{26}}$

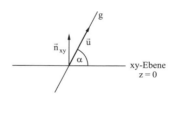

$\alpha \approx 51{,}7°$

b) **Angeben der Koordinaten von F_2, z. B.:**

Die Gerade $h(S_2, \overrightarrow{F_1S_1})$ durchstößt die Ebene H im Punkt F_2, also h in H einsetzen:

h: $\vec{x} = \overrightarrow{OS_2} + r \overrightarrow{F_1S_1}$

$\vec{x} = \begin{pmatrix} 35 \\ -7 \\ 42 \end{pmatrix} + r \begin{pmatrix} 0 \\ 0 \\ 1 \end{pmatrix}$ in H

$35 \cdot 1 - 3(-7) - 4(42 + r) + 108 = 0$

$35 + 21 - 168 - 4r + 108 = 0$

$-4r = 4$

$r = -1$ und damit

$F_2(35 \mid -7 \mid 41)$

Einfachere Möglichkeit:

Aus den drei Bedingungen (1) alle Masten gleich hoch,
(2) alle Masten parallel zueinander und
(3) alle Masten senkrecht zur xy-Ebene

lassen sich die Koordinaten von F_2 direkt angeben:
Länge der Masten $\overset{\wedge}{=} 1$, also

$\left. \begin{matrix} S_1(5 \mid 3 \mid 2) \\ F_1(5 \mid 3 \mid 1) \end{matrix} \right\} \Rightarrow \begin{matrix} S_2(35 \mid -7 \mid 42) \\ F_2(35 \mid -7 \mid 41) \end{matrix}$

Ermitteln der Koordinaten eines Richtungsvektors der Geraden F_2F_3, z. B.:

Da F_2 und F_3 in der Ebene H und gleichzeitig in der Ebene E liegen, gilt $H \cap E = g(F_2, F_3)$, also Schnitt Ebene/Ebene:

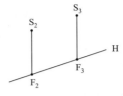

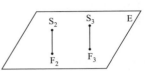

H: $x - 3y - 4z + 108 = 0$
E: $x + 3y \quad\quad - 14 = 0$
$\overline{}$
$\ 2x \quad\quad - 4z + 94 = 0$
$\ x = 2z - 47$, setze $z = t$

und damit ergibt sich für y (in E):
$2t - 47 + 3y - 14 = 0$
$\ 3y = -2t + 61$
$\ y = -\frac{2}{3}t + \frac{61}{3}$, also

$x = 2t - 47$
$y = -\frac{2}{3}t + \frac{61}{3}$
$z = t$

$\vec{x} = \begin{pmatrix} x \\ y \\ z \end{pmatrix} = \begin{pmatrix} 2 \\ -\frac{2}{3} \\ 1 \end{pmatrix} t + \begin{pmatrix} -47 \\ \frac{61}{3} \\ 0 \end{pmatrix}$

Die Koordinaten eines Richtungsvektors lauten:

$\begin{pmatrix} 2 \\ -\frac{2}{3} \\ 1 \end{pmatrix}$ oder $\begin{pmatrix} 6 \\ -2 \\ 3 \end{pmatrix}$.

Ihre Meinung ist uns wichtig!

Ihre Anregungen sind uns immer willkommen. Bitte informieren Sie uns mit diesem Schein über Ihre Verbesserungsvorschläge!

Titel-Nr.	Seite	Vorschlag

Bitte hier abtrennen

Lernen ▪ Wissen ▪ Zukunft
STARK

20-VMN

Bitte ausfüllen und im frankierten Umschlag
an uns einsenden. Für Fensterkuverts geeignet.

Zutreffendes bitte ankreuzen!
Die Absenderin/der Absender ist:

- ☐ Lehrer/in in den Klassenstufen:
- ☐ Fachbetreuer/in
  Fächer:
- ☐ Seminarlehrer/in
  Fächer:
- ☐ Regierungsfachberater/in
  Fächer:
- ☐ Oberstufenbetreuer/in

- ☐ Schulleiter/in
- ☐ Referendar/in, Termin 2. Staatsexamen:
- ☐ Leiter/in Lehrerbibliothek
- ☐ Leiter/in Schülerbibliothek
- ☐ Sekretariat
- ☐ Eltern
- ☐ Schüler/in, Klasse:
- ☐ Sonstiges:

Unterrichtsfächer: (Bei Lehrkräften)

STARK Verlag
Postfach 1852
85318 Freising

Kennen Sie Ihre Kundennummer?
Bitte hier eintragen.

Absender (Bitte in Druckbuchstaben)

Name/Vorname

Straße/Nr.

PLZ/Ort/Ortsteil

Telefon privat   Geburtsjahr

E-Mail

Schule/Schulstempel (Bitte immer angeben!)

Bitte hier abtrennen

Sicher durch das Abitur!

Klare Fakten, systematische Methoden, prägnante Beispiele sowie Übungsaufgaben auf Abiturniveau mit erklärenden <u>Lösungen zur Selbstkontrolle</u>.

Mathematik

Analysis – LK .... Best.-Nr. 940021
Analysis – GK .... Best.-Nr. 94001
Analysis mit CAS .... Best.-Nr. 540021
Analytische Geometrie (G9) .... Best.-Nr. 40075
Analytische Geometrie und lineare Algebra 1 ... Best.-Nr. 94005
Analytische Geometrie und lineare Algebra 2 ... Best.-Nr. 54008
Stochastik (G8) .... Best.-Nr. 94009
Stochastik – LK (G9) .... Best.-Nr. 94003
Stochastik – GK (G9) .... Best.-Nr. 94007
Wahrscheinlichkeitsrechnung und Statistik GK ... Best.-Nr. 40055
Kompakt-Wissen Abitur Analysis .... Best.-Nr. 900151
Kompakt-Wissen Abitur Analytische Geometrie Best.-Nr. 900251
Kompakt-Wissen Abitur
Wahrscheinlichkeitsrechnung und Statistik .... Best.-Nr. 900351
Klausuren Mathematik Oberstufe .... Best.-Nr. 900461

Physik

Mechanik .... Best.-Nr. 94307
Elektrisches und magnetisches Feld – LK .... Best.-Nr. 94308
Elektromagnetische Schwingungen
und Wellen – LK .... Best.-Nr. 94309
Atom- und Quantenphysik – LK .... Best.-Nr. 943010
Kernphysik – LK .... Best.-Nr. 94305
Elektromagnetische Felder,
Schwingungen und Wellen · Photonen – GK ..... Best.-Nr. 94321
Quanten-, Atom- und Kernphysik – GK .... Best.-Nr. 94322
Physik – Übertritt in die Oberstufe .... Best.-Nr. 80301
Abitur-Wissen Elektrodynamik .... Best.-Nr. 94331
Kompakt-Wissen Abitur Physik 1
Mechanik, Wärmelehre, Relativitätstheorie ...... Best.-Nr. 943012
Kompakt-Wissen Abitur Physik 2
Elektrizität, Magnetismus und Wellenoptik .... Best.-Nr. 943013
Kompakt-Wissen Abitur Physik 3
Quanten, Kerne und Atome .... Best.-Nr. 943011

Erdkunde

Erdkunde Atmosphäre · Relief- und Hydrosphäre · Wirtschafts-
prozesse und -strukturen · Verstädterung .... Best.-Nr. 94909
Abitur-Wissen Entwicklungsländer .... Best.-Nr. 94902
Abitur-Wissen Die USA .... Best.-Nr. 94903
Abitur-Wissen Europa .... Best.-Nr. 94905
Abitur-Wissen Der asiatisch-pazifische Raum .... Best.-Nr. 94906
Abitur-Wissen GUS-Staaten/Russland .... Best.-Nr. 94908
Kompakt-Wissen Abitur Erdkunde .... Best.-Nr. 949010
Lexikon Erdkunde .... Best.-Nr. 94904

Wirtschaft/Recht

Wirtschaft – Unternehmen im Wirtschaftsgeschehen ·
Internationale Wirtschaftsbeziehungen .... Best.-Nr. 84852
Abitur-Wissen Volkswirtschaft .... Best.-Nr. 94881
Abitur-Wissen Rechtslehre .... Best.-Nr. 94882
Kompakt-Wissen Abitur Volkswirtschaft .... Best.-Nr. 948501
Kompakt-Wissen Abitur Betriebswirtschaft ...... Best.-Nr. 924801

Chemie

Chemie 1 – Gleichgewichte · Energetik ·
Säuren und Basen · Elektrochemie .... Best.-Nr. 84731
Chemie 2 – Ncturstoffe · Aromatische Verbindungen ·
Kunststoffe .... Best.-Nr. 84732
Rechnen in der Chemie .... Best.-Nr. 84735
Methodentraining Chemie .... Best.-Nr. 947308
Abitur-Wissen Protonen und Elektronen .... Best.-Nr. 947301
Abitur-Wissen
Struktur der Materie und Kernchemie .... Best.-Nr. 947303
Abitur-Wissen
Stoffklassen organischer Verbindungen .... Best.-Nr. 947304
Abitur-Wissen Biomoleküle .... Best.-Nr. 947305
Abitur-Wissen
Biokatalyse und Stoffwechselwege .... Best.-Nr. 947306
Abitur-Wissen
Chemie am Menschen – Chemie im Menschen ... Best.-Nr. 947307
Kompakt-Wissen Abitur Chemie Organische Stoffklassen ·
Natur-, Kunst- und Farbstoffe .... Best.-Nr. 947309
Kompakt-Wissen Abitur Chemie Anorganische Chemie ·
Energetik · Kinetik · Kernchemie .... Best.-Nr. 947310

Biologie

Biologie 1 – LK K 12
Genetik · Stoffwechsel · Ökologie .... Best.-Nr. 94701
Biologie 2 – LK K 13
Verhaltensbiologie · Evolution .... Best.-Nr. 94702
Biologie 1 – GK K 12
Zellbiologie · Genetik · Stoffwechsel · Ökologie ... Best.-Nr. 94715
Biologie 2 – GK K 13
Neurobiologie · Verhaltensbiologie · Evolution ... Best.-Nr. 94716
Methodentraining Biologie .... Best.-Nr. 94710
Chemie für den LK Biologie .... Best.-Nr. 94705
Abitur-Wissen Genetik .... Best.-Nr. 94703
Abitur-Wissen Neurobiologie .... Best.-Nr. 94705
Abitur-Wissen Verhaltensbiologie .... Best.-Nr. 94706
Abitur-Wissen Evolution .... Best.-Nr. 94707
Abitur-Wissen Ökologie .... Best.-Nr. 94708
Abitur-Wissen Zell- und Entwicklungsbiologie ... Best.-Nr. 94709
Kompakt-Wissen Abitur Biologie
Zellen und Stoffwechsel ·
Nerven · Sinne und Hormone · Ökologie .... Best.-Nr. 94712
Kompakt-Wissen Abitur Biologie
Genetik und Entwicklung ·
Immunbiologie · Evolution · Verhalten .... Best.-Nr. 94713
Kompakt-Wissen Biologie
Fachbegriffe der Biologie .... Best.-Nr. 94714
Kompakt-Wissen Biologie – Mittelstufe .... Best.-Nr. 907001

(Bitte blättern Sie um)

Geschichte

Geschichte 1 – Deutschland vom 19. Jahrhundert
bis zum Ende des Nationalsozialismus .... Best.-Nr. 84763
Geschichte 2 – Deutschland seit 1945 · Europäische
Einigung · Weltpolitik der Gegenwart .... Best.-Nr. 84764
Methodentraining Geschichte .... Best.-Nr. 94789
Abitur-Wissen Die Antike .... Best.-Nr. 94783
Abitur-Wissen Das Mittelalter .... Best.-Nr. 94788
Abitur-Wissen Französische Revolution .... Best.-Nr. 947812
Abitur-Wissen Die Ära Bismarck: Entstehung und
Entwicklung des deutschen Nationalstaats .... Best.-Nr. 94784
Abitur-Wissen Imperialismus und Erster Weltkrieg Best.-Nr. 94785
Abitur-Wissen Die Weimarer Republik .... Best.-Nr. 47815
Abitur-Wissen
Nationalsozialismus und Zweiter Weltkrieg .... Best.-Nr. 94786
Abitur Wissen
Deutschland von 1945 bis zur Gegenwart .... Best.-Nr. 947811
Abitur Wissen USA .... Best.-Nr. 947813
Abitur Wissen Naher Osten .... Best.-Nr. 947814
Kompakt-Wissen Abitur Geschichte Oberstufe ... Best.-Nr. 947601
Lexikon Geschichte .... Best.-Nr. 94787

Politik

Abitur-Wissen Demokratie .... Best.-Nr. 94803
Abitur-Wissen Sozialpolitik .... Best.-Nr. 94804
Abitur-Wissen Die Europäische Einigung .... Best.-Nr. 94805
Abitur-Wissen Politische Theorie .... Best.-Nr. 94806
Abitur-Wissen Internationale Beziehungen .... Best.-Nr. 94807
Kompakt-Wissen Abitur Politik/Sozialkunde ..... Best.-Nr. 948001

Fachübergreifend

Richtig Lernen
Tipps und Lernstrategien – Oberstufe .... Best.-Nr. 10483
Referate und Facharbeiten – Oberstufe .... Best.-Nr. 10484
Training Methoden
Meinungen äußern, Ergebnisse präsentieren ... Best.-Nr. 10486

Abitur-Prüfungsaufgaben

Von den Kultusministerien zentral
gestellte Abitur-Prüfungsaufgaben, einschließlich des **aktuellen Jahrgangs**.
Mit **schülergerechten Lösungen**.

Sachsen

Abiturprüfung Mathematik – LK Sachsen .... Best.-Nr. 145000
Abiturprüfung Mathematik – GK Sachsen .... Best.-Nr. 145100
Abiturprüfung Deutsch – GK/LK Sachsen .... Best.-Nr. 145400
Abiturprüfung Englisch – LK Sachsen .... Best.-Nr. 145460
Abiturprüfung Physik – LK Sachsen .... Best.-Nr. 145300
Abiturprüfung Chemie – GK/LK Sachsen .... Best.-Nr. 145730
Abiturprüfung Biologie – GK Sachsen .... Best.-Nr. 145700
Abiturprüfung Geschichte – GK/LK Sachsen ..... Best.-Nr. 145760

Sachsen-Anhalt

Abiturprüfung Mathematik – LKN
Sachsen-Anhalt .... Best.-Nr. 155000
Abiturprüfung Mathematik – GKN
Sachsen-Anhalt .... Best.-Nr. 155100
Abiturprüfung Deutsch – GKN/LKN
Sachsen-Anhalt .... Best.-Nr. 155400
Abiturprüfung Englisch – GKN/LKN
Sachsen-Anhalt .... Best.-Nr. 155460
Abiturprüfung Physik – LKN
Sachsen-Anhalt .... Best.-Nr. 155300
Abiturprüfung Chemie – GKN/LKN
Sachsen-Anhalt .... Best.-Nr. 155730
Abiturprüfung Biologie – GKN/LKN
Sachsen-Anhalt .... Best.-Nr. 155700
Abiturprüfung Geschichte – GKN/LKN
Sachsen-Anhalt .... Best.-Nr. 155760

Thüringen

Abiturprüfung Mathematik – Thüringen .... Best.-Nr. 165100
Abiturprüfung Deutsch – Thüringen .... Best.-Nr. 165400
Abiturprüfung Englisch – gA/eA Thüringen
mit Audio-Dateien zum Downloaden .... Best.-Nr. 165460
Abiturprüfung Physik – gA/eA Thüringen .... Best.-Nr. 165300
Abiturprüfung Biologie – gA/eA Thüringen ...... Best.-Nr. 165700
Abiturprüfung Geschichte – eA Thüringen .... Best.-Nr. 165760

Mecklenburg-Vorpommern

Abiturprüfung Mathematik
Mecklenburg-Vorpommern .... Best.-Nr. 135000
Abiturprüfung Deutsch
Mecklenburg-Vorpommern .... Best.-Nr. 135410
Abiturprüfung Englisch
mit Audio-Dateien zum Downloaden
Mecklenburg-Vorpommern .... Best.-Nr. 135460
Abiturprüfung Biologie
Mecklenburg-Vorpommern .... Best.-Nr. 135700

Berlin/Brandenburg

Abiturprüfung Mathematik mit CD-ROM – LK
Berlin/Brandenburg .... Best.-Nr. 125000
Abiturprüfung Mathematik mit CD-ROM – GK
Berlin/Brandenburg .... Best.-Nr. 125100
Abiturprüfung Deutsch
Berlin/Brandenburg .... Best.-Nr. 125400
Abiturprüfung Englisch
Berlin/Brandenburg .... Best.-Nr. 125460
Abiturprüfung Biologie – GK/LK
Berlin/Brandenburg .... Best.-Nr. 125700

Bestellungen bitte direkt an:
STARK Verlagsgesellschaft mbH & Co. KG · Postfach 1852 · 85318 Freising
Tel. 0180 3 179000* · Fax 0180 3 179001* · www.stark-verlag.de · info@stark-verlag.de
*9 Cent pro Min. aus dem deutschen Festnetz, Mobilfunk bis 42 Cent pro Min.
Aus dem Mobilfunknetz wählen Sie die Festnetznummer: 08167 9573-0

Lernen • Wissen • Zukunft